LOTHAR WOLF · WERNER HUPKA
ALTFRANZÖSISCH
ENTSTEHUNG UND CHARAKTERISTIK

# DIE ROMANISTIK

Einführungen in Gegenstand,
Methoden und Ergebnisse ihrer Teildisziplinen

1981
WISSENSCHAFTLICHE BUCHGESELLSCHAFT
DARMSTADT

LOTHAR WOLF · WERNER HUPKA

# ALTFRANZÖSISCH ENTSTEHUNG UND CHARAKTERISTIK

EINE EINFÜHRUNG

1981
WISSENSCHAFTLICHE BUCHGESELLSCHAFT
DARMSTADT

CIP-Kurztitelaufnahme der Deutschen Bibliothek

**Wolf, Lothar:**
Altfranzösisch. Entstehung und Charakteristik: e. Einf. / Lothar Wolf; Werner Hupka. — Darmstadt: Wissenschaftliche Buchgesellschaft, 1981.
(Die Romanistik)
ISBN 3-534-07998-1

NE: Hupka, Werner; GT

1 2 3 4 5

Bestellnummer 7998-1

© 1981 by Wissenschaftliche Buchgesellschaft, Darmstadt
Satz: Maschinensetzerei Janß, Pfungstadt
Druck und Einband: Wissenschaftliche Buchgesellschaft, Darmstadt
Printed in Germany
Schrift: Linotype Garamond, 9/11

ISBN 3-534-07998-1

# INHALTSVERZEICHNIS

Vorwort . . . . . . . . . . . . . . . . . . . . . . . IX

Zeichen und Abkürzungen . . . . . . . . . . . . . . . . . XI

I. Zum historischen Hintergrund . . . . . . . . . . . . . . 1
1. Die lateinische Grundlage . . . . . . . . . . . . . 1
1.1. Epochen der lateinischen Sprachgeschichte . . . . . . 1
1.2. Geschriebenes und gesprochenes Latein. Vulgärlatein . . 5
2. Die Romanisierung Galliens . . . . . . . . . . . . 9
2.1. Eroberung, kulturelle und zivilisatorische Assimilation . 9
2.2. Der keltische Einfluß auf das Latein Galliens . . . . 11
3. Die germanische Eroberung und ihre sprachlichen Folgen 13
3.1. Eroberung, Siedlung, Zweisprachigkeit . . . . . . . 13
3.2. Der sprachliche Einfluß . . . . . . . . . . . . 15
4. Das Auftreten der französischen Sprache . . . . . . . 17
4.1. Die ersten Zeugnisse . . . . . . . . . . . . . . 17
4.2. Einheit und dialektale Vielfalt . . . . . . . . . . 19
4.3. Vom Franzischen zum Französischen . . . . . . . . 29
4.3.1. Wertende Aussagen aus dem 12. Jh. . . . . . . . . . 29
4.3.2. Endgültige Lokalisierung von „gutem Sprachgebrauch" 31
4.4. Zur Abgrenzung der altfr. Epoche gegenüber dem Mfr. 32

II. Lautlehre . . . . . . . . . . . . . . . . . . . . . 35
5. Zum Verhältnis von Lautung und Graphie; zur Transkription . . . . . . . . . . . . . . . . . . . . 35
6. Akzent und Silbenzahl . . . . . . . . . . . . . 36
7. Die Entwicklung der Konsonanten . . . . . . . . . 41
7.1. Die lateinische Grundlage . . . . . . . . . . . . 41
7.1.1. Die Konsonanten des klassischen Latein . . . . . . . 41
7.1.2. Die Konsonanten des Vulgärlatein . . . . . . . . . 44
7.2. Die Herausbildung des altfranzösischen Konsonantensystems . . . . . . . . . . . . . . . . . . . . 46
7.2.1. Die Konsonanten im Anlaut . . . . . . . . . . . 47
7.2.2. Die Konsonanten in vorkonsonantischer Stellung . . . 51
7.2.3. Die Konsonanten in zwischenvokalischer Stellung . . . 54
7.2.4. Konsonant plus Jot in zwischenvokalischer Stellung . 57
7.2.5. Die Konsonanten in zwischenkonsonantischer Stellung 59
7.2.6. Die Konsonanten im Auslaut . . . . . . . . . . . 59

## Inhaltsverzeichnis

| | | |
|---|---|---|
| 7.3. | Absolute und relative Chronologie von Lautgesetzen | 62 |
| 7.4. | Das altfranzösische Konsonantensystem und die Entwicklung der Silbenstruktur | 63 |
| 8. | Die Entwicklung der Vokale | 66 |
| 8.1. | Die lateinische Grundlage | 66 |
| 8.1.1. | Die Vokale des klassischen Latein | 66 |
| 8.1.2. | Die Vokale des Vulgärlatein | 67 |
| 8.2. | Die Herausbildung des altfranzösischen Vokalsystems | 70 |
| 8.2.1. | Die Haupttonvokale in gedeckter Silbe | 71 |
| 8.2.2. | Die Nebentonvokale | 71 |
| 8.2.3. | Die Haupttonvokale in freier Silbe | 72 |
| 8.2.4. | Die bedingte Diphthongierung | 76 |
| 8.2.5. | Die altfranzösischen Diphthonge anderen Ursprungs | 78 |
| 8.2.6. | Vokalentwicklung nach palatalem Konsonanten | 79 |
| 8.2.7. | Die Nasalierung | 80 |
| 8.3. | Das altfranzösische Vokalsystem und seine Entwicklung | 84 |
| 8.3.1. | Charakteristik des altfranzösischen Vokalsystems | 84 |
| 8.3.2. | Entwicklung des altfranzösischen Vokalsystems | 87 |
| III. Formenlehre | | 90 |
| 9. | Das Nomen | 90 |
| 9.1. | Die lateinische Grundlage | 90 |
| 9.2. | Prä- vs. Postdetermination, synthetisch vs. analytisch | 94 |
| 9.3. | Die Herausbildung der altfranzösischen Deklinationsparadigmen | 94 |
| 9.4. | Charakteristik der altfranzösischen Zweikasusdeklination | 98 |
| 10. | Das Adjektiv | 101 |
| 10.1. | Die altfranzösischen Deklinationsparadigmen | 101 |
| 10.2. | Stammverschiedenheit — Stammausgleich | 103 |
| 11. | Die Steigerung der Adjektive | 104 |
| 11.1. | Die lateinische Grundlage | 104 |
| 11.2. | Die Herausbildung des altfranzösischen Paradigmas | 105 |
| 12. | Das Adverb | 106 |
| 12.1. | Die synthetischen Formen im Lateinischen und Französischen | 106 |
| 12.2. | Die analytische Bildungsweise | 107 |
| 13. | Der Artikel | 109 |
| 13.1. | Die Entstehung des Artikels | 109 |
| 13.2. | Die Herausbildung der altfranzösischen Formen | 110 |
| 14. | Das Demonstrativpronomen | 111 |
| 14.1. | Die lateinische Grundlage | 111 |
| 14.2. | Die Herausbildung der altfranzösischen Paradigmen | 113 |
| 14.3. | Charakteristik des altfranzösischen Demonstrativsystems und seine Entwicklung | 114 |

Inhaltsverzeichnis VII

| | | |
|---|---|---|
| 15. | Das Possessivpronomen | 115 |
| 15.1. | Die Herausbildung der altfranzösischen Formen | 115 |
| 15.2. | Die Funktion der Formen im Lateinischen und Altfranzösischen | 117 |
| 16. | Das Relativ- und Interrogativpronomen | 119 |
| 16.1. | Die Veränderungen im Lateinischen | 119 |
| 16.2. | Die Herausbildung der altfranzösischen Formen | 119 |
| 16.3. | Bildung neuer Formen | 120 |
| 17. | Das Personalpronomen | 120 |
| 17.1. | Die 1., 2., 4., 5. Person | 120 |
| 17.2. | Die 3. und 6. Person | 122 |
| 17.3. | Charakteristik der Entwicklung | 123 |
| 18. | Das Verbum | 124 |
| 18.1. | Die lateinische Grundlage | 124 |
| 18.1.1. | Rekomposition | 124 |
| 18.1.2. | Unregelmäßige Konjugationen | 125 |
| 18.1.3. | Konjugationsklassen | 125 |
| 18.1.4. | Perfektbildung | 127 |
| 18.1.5. | Genera Verbi | 129 |
| 18.1.6. | Tempora und Modi | 130 |
| 18.1.7. | Infinite Formen | 132 |
| 18.1.8. | Analytische Neubildungen | 133 |
| 18.1.8.1. | Periphrastisches Perfekt | 133 |
| 18.1.8.2. | Analytisches Futur und Conditionnel | 134 |
| 18.1.9. | Vergleich des klassisch-lateinischen und französischen Tempussystems | 137 |
| 18.2. | Die Herausbildung der altfranzösischen Konjugationsparadigmen | 138 |
| 18.2.1. | Die Formen des Präsenssystems | 138 |
| 18.2.2. | Lautgesetzlich entstandene Unregelmäßigkeiten | 143 |
| 18.2.3. | Die Formen des Perfektsystems | 145 |
| IV. Syntax | | 150 |
| 19. | Das Substantiv | 150 |
| 20. | Der Artikel | 152 |
| 20.1. | Der bestimmte Artikel | 152 |
| 20.2. | Der unbestimmte Artikel | 153 |
| 21. | Der Teilungsartikel | 155 |
| 22. | Das Adjektiv | 155 |
| 23. | Die Partizipien | 156 |
| 23.1. | -ant-Formen | 156 |
| 23.2. | Das Partizip Perfekt | 158 |
| 24. | Das Personalpronomen | 159 |
| 24.1. | Das Subjektspronomen | 159 |
| 24.2. | Das Objektspronomen | 161 |

| | | |
|---|---|---|
| 24.2.1. | Die starken Formen | 162 |
| 24.2.2. | Die schwachen Formen | 164 |
| 24.2.3. | Zusammentreffen zweier Objektspronomen | 166 |
| 24.2.4. | Funktionstausch zwischen Subjekts- und Objektspronomen | 167 |
| 25. | Das Possessivpronomen | 167 |
| 26. | Das Demonstrativpronomen | 168 |
| 27. | Das Relativpronomen | 170 |
| 27.1. | Die Rektusformen | 170 |
| 27.2. | Die Obliquusformen | 171 |
| 28. | Die Interrogativpronomen | 173 |
| 29. | Die wichtigsten Indefinita | 174 |
| 30. | Die Negativadverbien | 176 |
| 31. | Die Zahlen | 178 |
| 31.1. | Die Kardinalzahlen | 178 |
| 31.2. | Die Ordinalzahlen | 179 |
| 32. | Das Verbum | 179 |
| 32.1. | Person und Numerus | 179 |
| 32.2. | Die Modi | 180 |
| 32.2.1. | Konjunktiv und Konditional | 180 |
| 32.2.2. | Die übrigen Modi | 183 |
| 32.3. | Die Tempora des Indikativs | 184 |
| 33. | Die Wortfolge im Aussagesatz | 186 |
| 33.1. | Zwischen Latein und Neufranzösisch. Die altfranzösischen Konstruktionstypen | 186 |
| 33.2. | Verb–Subjekt–Ergänzung / Ergänzung–Verb–Subjekt. Die Inversion als Charakteristikum | 187 |
| 33.3. | Subjekt–Ergänzung–Verb | 189 |
| 33.4. | Die selteneren Konstruktionen | 189 |
| 34. | Die Wortfolge im Fragesatz | 190 |

Bibliographie . . . . . . . . . . . . . . . . . . . . . . . . . 193

Wortregister . . . . . . . . . . . . . . . . . . . . . . . . . . 207

# VORWORT

Ziel des vorliegenden Bändchens ist eine Orientierung über den sprachgeschichtlichen Hintergrund und eine Darstellung der Grammatik des Altfranzösischen in den Bereichen Lautlehre, Formenlehre und Syntax.

Wesentliches Anliegen war es, Altfranzösisch nicht als erratischen Block in der Vergangenheit zu sehen, losgelöst vom zeitgenössischen Hintergrund, von seiner eigenen Vergangenheit und ohne Blick auf das Neufranzösische. Diesem Anliegen versucht einerseits die Darstellung der Entwicklung der sprachlichen Situation (Kap. 1—4) zu entsprechen, sowie der historische Zugang bei der grammatikalischen Beschreibung. In Laut- und Formenlehre ist diese historische Perspektive stets zentrales Forschungsthema gewesen und kann aus Informationsgründen und auch zum besseren Verständnis nicht fehlen. Im Rahmen einer Charakteristik der altfranzösischen Syntax hingegen erweist sie sich nicht immer in gleicher Weise als sinnvoll. Andererseits ist in der Syntax der Einbezug neufranzösischer Restkonstruktionen — und damit deren Erklärung aus früheren Verhältnissen — auch als eine entscheidende Motivation für die Beschäftigung mit dem Altfranzösischen mehr denn je begründet.

Die im Untertitel angestrebte Charakteristik findet in Laut- und Formenlehre besonders in zusammenfassenden Kapiteln ihren Niederschlag, da diese Bereiche der Grammatik — dem Forschungsstand und folglich den Erwartungen des Benutzers entsprechend — eine detaillierte Behandlung unumgänglich machen. In der Syntax ist die Darstellung selbst bereits auf Charakteristisches abgehoben, soweit in dieser Hinsicht bei den vorliegenden materiellen und methodologischen Grundlagen überhaupt Einmütigkeit möglich ist.

Die Teile ›Zum historischen Hintergrund‹ und ›Syntax‹ sind von L. Wolf verfaßt, die Teile ›Lautlehre‹ und ›Formenlehre‹ von W. Hupka.

Augsburg, im September 1979                    Die Autoren

# ZEICHEN UND ABKÜRZUNGEN

*Abkürzungen*

| | | | |
|---|---|---|---|
| agn. | anglonormannisch | lt. | lateinisch |
| afr. | altfranzösisch | lothr. | lothringisch |
| altlt. | altlateinisch | mfr. | mittelfranzösisch |
| apr. | altprovenzalisch | mhd. | mittelhochdeutsch |
| bourg. | Mundart der Bourgogne | nfr. | neufranzösisch |
| champ. | champagnisch | nhd. | neuhochdeutsch |
| dt. | deutsch | norm. | normannisch |
| e. | englisch | npr. | neuprovenzalisch |
| fr. | französisch | okz. | okzitanisch |
| frcomt. | Mundart der Franche-Comté | pg. | portugiesisch |
| frk. | fränkisch | pik. | pikardisch |
| frpr. | frankoprovenzalisch | pr. | provenzalisch |
| frz. | franzisch | rät. | rätoromanisch |
| germ. | germanisch | rum. | rumänisch |
| gr. | griechisch | sard. | sardisch |
| it. | italienisch | sp. | spanisch |
| kat. | katalanisch | splt. | spätlateinisch |
| klt. | klassisch-lateinisch | vlt. | vulgärlateinisch |
| | | wall. | wallonisch |

*Transkriptionszeichen*

Außer dem fr. Alphabet der API werden folgende Transkriptionszeichen benutzt:

| | |
|---|---|
| β | stimmhafter bilabialer ungerundeter Reibelaut, sp. *saber* |
| γ | stimmhafter Zungenrückenreibelaut, sp. *luego* |
| δ/ϑ | stimmhafter/stimmloser Zungenspitzenreibelaut, e. *the/thing* |
| λ | ł, palatales *l*, it. *figlia* |
| χ | ach-Laut, dt. *Nacht* |
| ç | ich-Laut, dt. *nicht* |
| dʒ | präpalataler stimmhafter Verschlußreibelaut, Affrikata, fr. *jazz* |
| L | velares, dunkles *l*, e. *full* (dark *l*) |
| tʃ | präpalataler stimmloser Verschlußreibelaut, Affrikata, dt. *Peitsche* |

## Zeichen und Abkürzungen

### Diakritische Zeichen

| | |
|---|---|
| ę | offenes e *(a, o, i, ...)* |
| ẹ | geschlossenes e |
| ē | [e:] : langes e |
| ĕ | [e] : kurzes e |
| é | Haupttonsilbe, klt. *retinére* |
| è | Nebentonsilbe, klt. *rètinére* |
| dèút | 2silbig, [de-ýt] zu sprechen |
| ẽ | nasales *e, a, o,* etc., fr. *pain* |
| i̯, u̯ | [j, w], Halbvokale, Halbkonsonanten, fr. *bien, oui* |
| ñ | [ɲ] : palatales *n*, fr. *vigne* |
| ļ | palatales *l*, it. *figlia* |

### Weitere Zeichen

| | |
|---|---|
| \*simlare | nicht belegt (§ 48) |
| a > e | [a] wird zu [e] |
| e < a | [e] entsteht aus [a] |
| á[ > e | [a] im Hauptton und in freier Silbe wird zu [e] |
| a] = a | [a] in geschlossener Silbe bleibt unverändert |
| à = a | [a] im Nebenton bleibt unverändert |
| t- | [t] im Wortanlaut |
| -t- | [t] in zwischenvokalischer Stellung |
| -t | [t] im Wortauslaut |
| -t > — | [t] im Wortauslaut verstummt |

## I. ZUM HISTORISCHEN HINTERGRUND

### 1. Die lateinische Grundlage

#### 1.1. *Epochen der lateinischen Sprachgeschichte* [1]

§ 1. Die lateinische Sprache, aus der sich die romanischen Sprachen entwickelt haben, kann historisch in verschiedene Epochen aufgeteilt werden. Sowohl im Hinblick auf den Zeitraum der Entstehung des Römischen Reiches (vom 3. Jh. v. Chr. bis zur Eroberung Dakiens 107 n. Chr.) und der Romanisierung der unterworfenen Völker als auch im Hinblick auf den späteren steten Kontakt zwischen der lateinischen Sprache und den sich ausbildenden romanischen Sprachen ist die Betrachtung dieser Epochen unumgänglich. Bei aller Problematik ihrer teilweise außersprachlichen Abgrenzungskriterien nennen sie doch im Kern sprachlich zu unterscheidende Phasen der Geschichte der lateinischen Schriftsprache, deren Darstellung im Hinblick auf die weitere Entwicklung jeweils auch einen Seitenblick auf ihr Verhältnis zur gesprochenen Umgangssprache (vgl. Näheres § 9—13) erfordert.

| | |
|---|---|
| *Vorliterarisches Latein* | Von den Anfängen bis zur Mitte des 3. Jh. v. Chr. |
| *Altlatein (vorklassisches Latein)* | Von der Mitte des 3. Jh. bis ca. 100 v. Chr. |
| *Klassisches Latein* („Goldene Latinität") | Von ca. 100 v. Chr. bis 14 n. Chr. (Tod des Augustus) |
| *Nachklassisches Latein* („Silberne Latinität") | Von 14 n. Chr. bis 117 (Regierungsantritt Hadrians) |
| *Spätlatein* | Vom 2.—5. Jh. |
| *Mittellatein (Lateinische Sprache des Mittelalters)* | Von ca. 500—1500 |
| *Neulatein* | Ab 1500 |

---

[1] Vgl. hierzu die wenigstens bis zum beginnenden Spätlatein reichenden Gesamtdarstellungen von G. Devoto ²1944; A. Meillet ⁶1952; Stolz/Debrunner/Schmid 1966, sowie mit romanistischer Sicht vor allem G. Reichenkron, 1965; zu letzterem noch K. Langosch (Mlt. Jahrbuch, 3. Jg., 1966, 294 f.).

**§ 2.** Das *vorliterarische* Latein ist nur durch Inschriften — die älteste wird auf das 6. Jh. datiert —, Namen, einzelne Wörter und spätere Zitate bekannt. Laut- und Formenstand erscheinen noch wesentlich dem Gemeinitalischen verbunden und wirken daher aus klassisch-lateinischer Sicht sehr archaisch, z. B. *im, em* (klt. *eum*) als Akkusativ zu *is* (vgl. *turrim, hostem* < *\*hostim* zu *turris, hostis*).

**§ 3.** Mit dem *Altlatein* beginnt unter griechischem Einfluß die römische Literaturgeschichte, repräsentiert durch Autoren wie L i v i u s   A n d r o n i c u s, der Übersetzer der Odyssee, E n n i u s, C a t o der Ältere, P l a u t u s, der in seinen Komödien vieles aus der gesprochenen Alltagssprache festhält, und T e r e n z, der ungleich der spontanen Ausdrucksweise eines Plautus in kunstmäßiger Stilisierung ebenfalls viele volkstümliche Elemente in seinen Komödien verwendet. Das Latein durchläuft in dieser Zeit eine Reihe von Entwicklungen (z. B. im Lautstand Monophthongierung von *ei* > *ī* : *eira* > *īra*, von *ou* > *u* : *ious* > *ius*; Assimilation und Vereinfachung von Konsonantengruppen, etc.), bleibt aber in seiner geschriebenen Form der gesprochenen Sprache näher als die darauffolgende klassische Schriftsprache. Denn die Ausarbeitung einer Schriftsprache setzt mit der beginnenden Literatur erst ein. Sie erfolgt allmählich durch wertende Auswahl und Formung des Materials nach griechischem Vorbild, so z. B. die Doppelschreibung für lange Konsonanten (*esse* für *ese, vellet* für *velet*), die Ennius zugeschrieben wird.

**§ 4.** Das *klassische Latein* stellt den Höhepunkt dieser normativen Tätigkeit in Grammatik, Stilistik und Wortwahl dar. Die in bewußtem Gegensatz zur Volkssprache elaborierte und kodifizierte Schriftsprache, die in der Prosa C i c e r o s und C a e s a r s ihren vollendeten Ausdruck findet, erreicht mit ihren besonders im Wortschatz puristischen Tendenzen denn auch zwangsläufig den bisher größten Abstand zur gesprochenen Umgangssprache. Lediglich der gebildete Römer — darin dem Honnête Homme im Frankreich des 17. Jh. vergleichbar — eifert in seinem mündlichen Sprachgebrauch dem literarisch geschaffenen Vorbild nach. In noch höherem Maße gilt der genannte Abstand für die poetische Sprache eines V e r g i l, für den Terenz und Ennius den Weg bereitet hatten. H o r a z hingegen folgt in seinen Satiren sprachlich auf Plautus, so daß sein Werk genügend Hinweise auf die gesprochene Alltagssprache enthält. Das geschaffene sprachliche Ideal dient somit durchaus nicht allen Autoren dieser Epoche in gleichem Maße als Vorbild. L i v i u s weist mit seiner Darstellung der römischen Geschichte sprachlich bereits in die „Silberne Latinität"; er steht in der von Ennius herkommenden historiographischen Tradition, in der C a e s a r die sprachliche Ausnahme ist. Auch in dieser Tradition wird der bisweilen gemachte Vergleich des klassischen Lateins mit einer Insel — hier repräsentiert durch Caesar — deutlich, die auf dem gesamtlateinischen sprachlichen Entwicklungsstrom schwimmt.

§ 5. Im *nachklassischen Latein* ist lexikalisch und stilistisch die klassische Trennung von Prosa und Poesie weitgehend unberücksichtigt (z. B. S e n e c a ,  Q u i n t i l i a n ,  T a c i t u s ,  J u v e n a l). Diese Vermischung erklärt sich durch das Streben nach Originalität, nach neuen stilistischen Effekten, zu deren Erreichung außerdem nicht nur rhetorische Figuren, sondern auch Regionalismen aus den Provinzen, Ausdrucksweisen der Volkssprache (die vor allem bei P e t r o n i u s festgehalten ist) sowie Archaismen herangezogen werden.

§ 6. Im *Spätlatein*[2] ist vor allem die erste Zeit, das 2. Jh., sowohl literarisch durch den Rückgriff auf die Poesie der Klassik und auf die Prosa der Vorklassik als auch sprachlich von besonders archaisierenden Tendenzen geprägt. Unter Verachtung des klassischen Stils wird die Literatursprache mit Archaismen altlateinischer Herkunft durchsetzt (G e l l i u s ,  A p u l e i u s). — Besonders stark tritt dann im 3. und 4. Jh. aufgrund veränderter sozialer Verhältnisse das volkssprachliche Element in der geschriebenen Sprache zutage, wodurch eine sich stets vergrößernde Distanz zur klassischen Sprache geschaffen wird. Vor allem bei den teilweise aus dem mittleren und unteren Teil der Sozialhierarchie stammenden christlichen Autoren zeigt sich dieser volkssprachliche Einfluß, z. B. in den Predigten A u g u s t i n s und in Bibelübersetzungen. Er kennzeichnet zusammen mit dem Einfluß des hellenistischen Bibelgriechisch das christliche Latein. Unter der Hand der rhetorisch geschulten kirchlichen Schriftsteller entwickelt dieses Latein (seit C y p r i a n) aber auch eine Stilart, ein Hochlatein (z. B. in Augustins ›De civitate Dei‹ und in den ›Confessiones‹), das zur offiziellen Sprache der Bischöfe und Päpste und — seit Constantin — auch der christlichen Kaiser wird.

Literarisch wird diese Epoche, die durch das Nebeneinander der Pflege antiker Tradition (Textausgaben, Kommentare zu den klassischen Autoren, Rhetoriken und Grammatiken: D o n a t u s ,[3] S y m m a c h u s) und christlicher Themen (z. B. Hagiographie, christliche Dichtung, Historiographie: P r u d e n t i u s ,  H i e r o n y m u s ,  S u l -

---

[2] Einführender Überblick bei E. Löfstedt 1959.
[3] Sein Lehrbuch der Grammatik, aufgeteilt in einen Einführungskurs *(Ars minor)* und einen Fortgeschrittenenkurs *(Ars maior),* war während des gesamten Mittelalters das maßgebende lateinische Unterrichtswerk, so daß *Donat(us)* schlechthin für „Grammatik" steht.

picius, Severus) sowie ihrer teilweisen Synthese bestimmt ist, als Spätantike eingeordnet. Sie wird indessen über das 5. Jh. hinaus bis zur Mitte des 7. Jh. gerechnet, schließt also Autoren wie Boethius, Cassiodor, Isidor von Sevilla und Gregor von Tours noch mit ein.

§ 7. Das *Mittellatein*[4] entwickelt sich auf der spätlateinischen Grundlage, besonders auf jenem Latein, das sich mit der Entwicklung des Christentums in Wort und Schrift im religiösen Alltag ausgebildet hatte. Der Gegensatz zum Spätlatein ist vor allem darin zu sehen, daß das Mittellatein zunehmend als Sekundärsprache zu betrachten ist, die in der Schule gelehrt und von den Gebildeten neben ihrer Muttersprache beherrscht wird. Obwohl das antike Latein in diesem Unterricht nicht die Stellung einer präskriptiven Norm hatte und diese aus theologischer Sicht aufgrund seiner Verbundenheit mit dem Heidentum und heidnischem Gedankengut auch nicht haben konnte, war sein Einfluß auf das Mittellatein doch stets präsent. Besonders mit der Karolingischen Renaissance, ihrer bewußten Abkehr vom als „verwildert" betrachteten Latein der Merowingerzeit und mit ihrer Organisation des Schulwesens erhält das klassische Latein in dieser Hinsicht neue Bedeutung, wenn auch seine sklavische Nachahmung wie in Einhards ›Vita Caroli Magni‹ in der Prosa die Ausnahme blieb. Die Nachahmung der Klassiker findet sich vor allem in der Poesie (Theodulf von Orléans u. a.), wo entweder Vergil oder Ovid als Vorbild dienen. In der Prosa schrieben die Gelehrten die zeitgenössische, von den Auswüchsen des Merowingerlateins gereinigte Gebrauchssprache. Doch bewirkte diese Reinigung in Grammatik und Orthographie (vor allem durch Alkuin aus York) eine noch größere Distanz zur Volkssprache, die 813 im Konzil von Tours (§ 29) ihre ersten Auswirkungen zeigt. Als Verkehrs- und Literatursprache der Geistlichen und Gelehrten des Abendlandes bleibt das Mittellatein über Jahrhunderte hinweg die einzige übernationale Sprache. Auf nationaler Ebene tritt in Frankreich seit dem 9. Jh. die geschriebene französische Volkssprache neben das Mittellatein, breitet sich zunächst im literarischen Bereich aus und gewinnt dann auch als Urkundensprache zunehmend an Boden.

§ 8. Das *Neulatein*, dessen Epoche mit dem Humanismus und der Renaissance einsetzt, bedeutet einen erneuten Rückgriff auf die klassische Sprache. Dieser Rückgriff liegt in der abschätzigen Wertung des

---

[4] Vgl. dazu den Überblick bei K. Langosch 1969; ferner (mit weiterführender Bibliographie) A. Önnerfors 1975; die verschiedenen Definitionen stellt G. Reichenkron (1965, 149 f.) zusammen.

Mittelalters durch die Humanisten begründet, einer Wertung, in die seit Petrarcas Polemik auch die lateinische Sprache des Mittelalters miteinbezogen wird. (Die Ausdrücke *Mittel*alter und *Mittel*latein gehören zu demselben Geschichtsbild.) Die puristische Neuorientierung an der klassischen Sprache aber hat einen erheblichen Vitalitätsverlust zur Folge, der für die Entwicklung des Lateins zu einer 'toten Sprache' zweifellos mitverantwortlich ist. Hauptursache für die genannte Entwicklung ist jedoch die Emanzipation der neuen Nationalsprachen, durch die das Latein allmählich aus allen Bereichen als Kommunikationsmittel verdrängt wird und lediglich im Rahmen der katholischen Kirche bis in die Gegenwart einige Funktionen beibehält. Zur Vermittlung der geistigen und kulturellen Grundlagen des Abendlandes freilich wird die Kenntnis des Lateins unerläßlich bleiben.

### 1.2. *Geschriebenes und gesprochenes Latein. Vulgärlatein*

§ 9. In der Geschichte der geschriebenen lateinischen Sprache treten in den literarischen und nichtliterarischen Dokumenten immer wieder Phänomene auf, die von der jeweils üblichen schriftlichen Ausdrucksweise abweichen und teilweise auch von zeitgenössischen Grammatikern einer anderen Sprachlehre zugewiesen werden. Es handelt sich hier um Erscheinungen der primär gesprochenen lateinischen Volkssprache im weitesten Sinne, welche die Hauptgrundlage für die romanischen Sprachen abgibt. Sie wird — trotz unterschiedlicher Definitionen — gemeinhin mit dem Ausdruck *Vulgärlatein* bezeichnet.[5] Der so bezeichnete Begriff bezieht sich auf eine Sprachebene, deren Entstehung und Entwicklung im Verhältnis zur Literatursprache zu sehen ist (§ 10), die verschiedentlich auch als Quelle dafür (oben § 4, 6; § 12) herangezogen werden kann. Vor allem aber steht immer wieder der mit diesem Begriff abgedeckte Zeitraum und die daraus folgende Heterogenität (§ 11) zur Debatte.

§ 10. Zur *Entstehung* des Vulgärlateins verweist Altheim (1951, 395) grundsätzlich auf die gegenseitige Bedingtheit von Literatursprache und Volkssprache. „Sie können darum nicht in einem einseitigen Abhängigkeitsverhältnis stehen. Volkssprache ist keine Entartung der höheren, ist niemals aus ihr entsprungen." Diese Aussage kann in der Regel durch die Geschichte vieler Sprachen bestätigt werden, und sie

---

[5] Vgl. für die ältere Zeit F. Altheim 1951, Kap. 16; ferner die Einführung von V. Väänänen 1963 sowie die ausführliche Diskussion bei G. Reichenkron 1965.

gilt auch für das Latein. Schon aus dieser Sicht ist eine Herleitung, z. B.: klt. *mensem* >*vlt. mese* > fr. *mois* diachronisch prinzipiell falsch, da sie die Volkssprache aus der Literatursprache herleitet. Hinzu kommt der chronologische Aspekt (vgl. auch § 11 und 58).

Für das Latein spricht Altheim von einer älteren Stufe, der *prisca latinitas*, aus der Literatur- und Volkssprache gleichzeitig hervorwachsen. Bereits in Inschriften begegnen seit der Mitte des 3. Jh. v. Chr. typisch volkssprachliche und für die romanische Sprachentwicklung grundlegende Erscheinungen, wie z. B. der Wandel von *ai* > *e* (vgl. vlt. *Caesar* [e], aber klt. [ai], daher dt. *Kaiser*, § 115 und 119) oder der Nasalschwund vor *s* (vlt. *cosol, cesor;* klt. *consul, censor,* § 57); auch der Zusammenfall des Nominativs mit dem Akkusativ im Plural der *a*-Stämme (vlt. -*as*; aber klt. -*ae*:-*as*, § 177); ferner der Abfall von Endkonsonanten (§ 12) sowie die Synkope von nachtonigem Vokal (§ 46), etc. — Der Zusammenfall des Nominativs mit dem Akkusativ z. B. setzt also nicht erst in spätlateinischer Zeit ein, sondern bereits im 3. Jh. v. Chr. und führt organisch zum völligen Zerfall der Kasusendungen in den romanischen Sprachen. Bleiben diese Erscheinungen des frühen Vulgärlateins unberücksichtigt, so kann der Eindruck entstehen, daß sich die volkssprachlichen Formen aus den klassischen entwickelt haben. Dieser Eindruck hat zweierlei Gründe:

(1) Von der vorklassischen bis zur nachklassischen Periode, während der Zeit der römischen Weltherrschaft, steht die lateinische Schriftsprache im Vordergrund. Erst mit dem allmählichen Auseinanderfallen des Weltreiches und seinen sozialen Veränderungen tritt die Volkssprache wieder mehr zutage, so daß viele volkssprachliche Erscheinungen im Einklang mit den Lautgesetzen erst der spätlateinischen Periode (§ 7) zugewiesen werden, zumal die klassische Sprache auch die Vorstufen dieser Erscheinungen enthält.

(2) Der aus spätlateinischer Sicht zurückliegende klassische Sprachstand wird zu wenig von der Volkssprache abgesetzt. Nach der lateinischen Sprachgeschichte aber wird bei der bewußten Gestaltung der Literatursprache seit vorklassischer Zeit (§ 4) der Abstand zur Volkssprache gesucht und u. a. auch durch die Auswahl altertümlichen Sprachguts erreicht. Die von der altlateinischen Periode an durch normative Tätigkeit geschaffene klassische Sprache ist somit der *prisca latinitas* näher geblieben als die von normativen Eingriffen verschonte und sich daher frei weiterentwickelnde Volkssprache.[6] Die folgende Skizze ver-

---

[6] Vgl. als volkssprachliche Textsammlung Rohlfs 1951.

sucht, diesen Gesamtzusammenhang der Entwicklung des Verhältnisses von lateinischer Literatursprache (nach Epochen) und Volkssprache vereinfacht wiederzugeben.

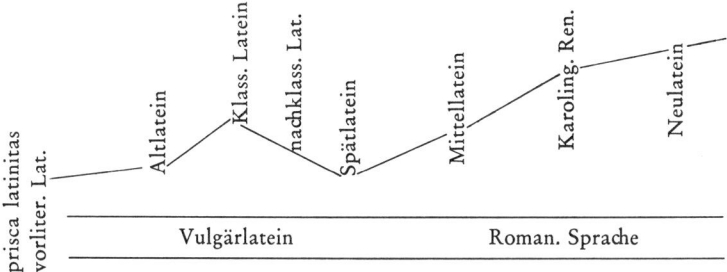

§ 11. Der bereits erwähnte große *Zeitraum,* den das Vlt. umfaßt, beinhaltet zwangsläufig eine zeitlich definierte sprachliche Variation, die sich bei der Romanisierung der unterworfenen Völker je nach dem Zeitpunkt der Romanisierung und dem kontinuierlichen oder unterbrochenen Kontakt mit der Hauptstadt denn auch in entsprechenden Fällen auswirkt. So erklärt Löfstedt die Tatsache, daß *comedere* (sp. pg. *comer*) in dem früh romanisierten Spanien weiterlebt, dadurch, daß „es dem älteren Gebrauch entsprach. . . . *manducare* hingegen, in seiner abgeschwächten Bedeutung 'essen', gelangt erst mit dem Christentum (der Itala) zu weiter Verbreitung".[7] Vgl. fr. *manger* (> it. *mangiare*), apr. *manjar,* kat. *menjar,* sard. *mandicare,* rum. *mînca.*[8] Innerhalb Galliens wiederum zeigt sich aufgrund einer Durchsicht des Wortmaterials lateinischer Herkunft, daß in den früh romanisierten Gebieten (Südfrankreich) drei Viertel des Materials in altlateinischer Zeit bereits belegt sind. Demgegenüber präsentiert der französische Wortschatz — abgesehen vom (nach Schmitt ebenfalls früh romanisierten) pikardisch-wallonischen Norden — lediglich zu einem Drittel Wörter aus altlateinischer Zeit.[9]

§ 12. Auch aus *soziolinguistischer Perspektive* lassen sich Unterschiede unter den romanischen Sprachen schon vom Latein her erklären. So wurde z. B. das auslautende -s nach v. Wartburg (1970, 26) schon in

---

[7] E. Löfstedt 1975, 388 im Gegensatz zur Erklärung v. Wartburgs (ZrP 55, 375) und wichtig für die grundsätzliche Problematik.
[8] Vgl. auch Rohlfs 1971 mit weiteren Beispielen.
[9] Schmitt 1974, 328 f., soweit die Statistik als Tendenz haltbar (vgl. 77ᵉ rapport annuel du GPSR 1975, 9—10), und nicht anders zu interpretieren ist.

vorklassischer Zeit vor folgendem konsonantischen Anlaut (z. B. *omnibu princeps*) fallengelassen. In der Sprache der Gebildeten ist in klassischer Zeit dieses -*s* wieder restituiert worden, während sich in der Sprache der Ungebildeten die -*s*-lose Form auch vor folgendem vokalischen Anlaut und schließlich generell durchsetzte. Da nun die sprachliche Romanisierung nicht nur durch einen einzigen, auch linguistisch homogenen Bevölkerungsteil erfolgte, ergibt sich in bezug auf das -*s* ein Gegensatz zwischen denjenigen Gebieten, die es übernommen haben, und denjenigen, in denen die weniger gebildete Aussprache ohne -*s* weiterlebt. „In Iberien, Gallien, Sardinien und Oberitalien ist die Latinisierung mehr von den Städten und von den höheren Schichten ausgegangen. Schule, Verwaltung, Kultus hatten hieran einen großen Anteil. In Dazien hingegen, das durch den langwierigen Krieg entvölkert war, wurden zahlreiche Siedler, also Leute aus den unteren Volksschichten, herbeigeführt.... [Die -*s*-losen Formen] siegten natürlich auch in Mittel- und Unteritalien, wo die Sprache der Landbevölkerung eben endgültig über die immer dünner werdende Schicht der Gebildeten siegte" (26). So hat sich ein soziolinguistisch definierter Unterschied schließlich zu einem geographischen entwickelt, nach dem u. a. die Romania in Ost und West geteilt zu werden pflegt.

§ 13. Was die *geographischen Unterschiede* im Latein betrifft, so ist es vor dem frühen Mittelalter, in dem die Aufspaltung in die romanischen Sprachen beginnt, nach Löfstedt (1975, 388 f.) unmöglich, „irgendeinen Text aus linguistischen Gründen einer bestimmten Provinz zuzuweisen". Da das sog. Vulgärlatein, die Grundlage der romanischen Sprachen, eine primär gesprochene Sprache ist und sich lokale Unterschiede zunächst vor allem als Unterschiede in der Aussprache dieses Lateins durch die romanisierten Völker einstellten (vgl. § 20), ist es nicht verwunderlich, daß die Texte der rhetorisch geschulten Autoren und Schreiber kaum gesicherte Hinweise für eine sprachliche Lokalisierung enthalten. Die auf lateinische Basis zurückzuführenden geographischen Unterschiede sind somit einerseits erst aus primären zeitlichen und/oder soziolinguistischen Unterschieden während des Romanisierungszeitraumes erwachsen (s. o.). Andererseits vergeht eine gewisse Zeit, bevor sich Substrateinflüsse, die eine Lokalisierung erleichtern, auch in der geschriebenen Sprache niederschlagen.

§ 14. Die *Quellen für die Volkssprache*,[10] die folglich erst in später Zeit auch lokalisierbare Fakten zeigen, sind nicht sehr reichhaltig. Neben den bereits erwähnten I n s c h r i f t e n (§ 2), den mit volks-

---

[10] Vgl. dazu die Anthologie von G. Rohlfs 1951.

tümlichen Elementen arbeitenden literarischen (z. B. Plautus, Petronius; vgl. § 3—6) oder sich an das Volk wendenden christlichen A u t o r e n , sind noch G r a m m a t i k e r zeugnisse zu nennen, in denen der nicht vorbildliche Sprachgebrauch getadelt wird. Zu ihnen gehört z. B. auch die sog. Appendix Probi, ein Fehlerverzeichnis eines sonst nicht bekannten Probus, das als Anhang einem grammatikalischen Traktat beigegeben ist: Darin wird z. B. korrigiert: *masculus* non *masclus*, *auris* non *oricla* etc. — Unter den weiteren Quellen, die kein oder nicht nur rhetorisch vorbildliches Latein enthalten, sind f a c h l i c h e  T r a k t a t e (z. B. aus Technik und Medizin) zu nennen; ferner G e s e t z e s t e x t e und U r k u n d e n , wie z. B. die Lex Salica und das Capitulare de villis, die Landgüterordnung Ludwigs des Frommen. Aufschlußreich sind schließlich besonders die G l o s s e n , Erklärungen veralteter oder schwerverständlicher Wörter eines Textes, die oft in Sammlungen zusammengestellt wurden, wie z. B. in den nach ihrem Fundort benannten, aber in Nordfrankreich Ende des 8. Jh. entstandenen Reichenauer Glossen.[11] Dort wird z. B. *in ore* durch *in bucca* (fr. *bouche*) oder *concidit* durch *taliavit* (cf. fr. *tailler*) erklärt.

Eine völlig andere Quelle stellen schließlich die r o m a n i s c h e n  S p r a c h e n dar, aus deren Sprachmaterial sich unter bestimmten Voraussetzungen vlt. Ausgangsformen rekonstruieren lassen. So wird z. B. aus fr. *abreuver*, it. *abbeverare*, kat. apr. *abeurar*, sp. *abrevar*, pg. *abeberar* u. a. eine Form *abbiberare* zu *biber* „Getränk" erschlossen.

## 2. Die Romanisierung Galliens

### 2.1. *Eroberung, kulturelle und zivilisatorische Assimilation*[12]

§ 15. Die in 70 Völkerschaften *(civitates)* zusammengefaßten fast 500 keltischen Stämme *(pagi)*, unter denen zur Zeit der römischen Eroberung — ca. 125 bis 52 v. Chr. — das Land aufgeteilt war, stellten keine politische Einheit dar. Was sie verband, vor allem Sprache und Druidentum, reichte zu einer innenpolitischen Einigung nicht aus, um einen von außen angreifenden Gegner, die Germanen am Rhein und die Römer im Süden, zurückzuschlagen. Die *politische Romanisierung* konnte denn zunächst auch relativ schnell im Süden mit Hilfe der verbündeten griechischen Kolonie (Marseille) erfolgen. Mit der Gründung

---

[11] Vgl. dazu die Ausgabe von H.-W. Klein 1968.
[12] Vgl. dazu u. a. Wartburg 1951 und Suchanek-Fröhlich.

dieser Provincia (cf. *Provence*), die nach der neuen Hauptstadt Narbo Martius (Narbonne) als *Narbonensis* bezeichnet wurde, war der Landweg nach dem bereits unterworfenen Hispanien geschaffen. In der Bezeichnung *Gallia togata*, das die Toga tragende Gallien, kommt die kulturelle und zivilisatorische Assimilation an Rom zum Ausdruck. Dieser Teil wird damit auch onomasiologisch von den später — in teilweise grausamen Schlachten — von Caesar (58—51 v. Chr.) eroberten Tres Galliae (Aquitania, Belgica und Lugdunensis) abgesetzt, die auch als *Gallia bracata*, das Hosen tragende Gallien (vgl. fr. *braie* < *braca*), oder *Gallia comata* unter Anspielung auf die lange Haartracht der Gallier bezeichnet werden. Damit sind bereits interne Romanisierungsgründe angesprochen, unter denen vor allem die Urbanisierung und das Christentum zu nennen sind.

§ 16. Die *Urbanisierung* war für den Gallier zweifellos der eindrucksvollste Faktor der Romanisierung. Seine „Städte" waren Ansammlungen von Hütten aus Holz, Lehm und Flechtwerk. Ursprünglich religiöse Versammlungsstätten, entwickelten sie sich zu Aufenthaltsorten für Handwerker und Kaufleute. In Kriegszeiten dienten sie als Zufluchtsstätte, denn sie waren befestigt und durch ihre natürliche Lage geschützt, z. B. Avaricum (Bourges) durch Sümpfe, Lutetia (Paris) durch Wasserläufe oder Gergovia durch seine Berglage. Demgegenüber schufen die Römer symmetrisch angelegte Städte als regionale Lebenszentren mit Bauten aus Stein, unter ihnen meist Theater, Zirkus, Arena, Tempel, Statuen, Triumphbögen, Schulen, Kasernen, Thermen und Wasserleitungen mit Aquädukten (Pont du Gard) für die Trinkwasserversorgung. In diesen Städten sitzt die Verwaltung, findet der Markt statt, trifft sich alles von Rang und Namen zu Geschäften, zum Amüsement und zur Bildung. Die Stadt wird zum politischen, wirtschaftlichen und kulturellen Zentrum. Von Wartburg (1951, 39) sieht in der Entwicklung des für den Gallier wichtigeren Stammesnamens zur Bezeichnung des Hauptortes — wie dies im Norden Galliens der Fall war — eine onomastische Folge dieses Urbanisierungsprozesses: *Parisiis* 'bei den Parisern' > *Paris*, *Andegavis* > *Angers* etc. Daneben bleibt die Gaubezeichnung bestehen: *Anjou* < *(pagus) Andegavum*.

§ 17. Für den jungen Gallier spielen die *Schulen* bei dieser internen Romanisierung eine entscheidende Rolle. Nur über sie — und das bedeutet vor allem Erlernung der lateinischen Sprache — kann er in der Stadt zu Ansehen gelangen, sozial aufsteigen, öffentliche Ämter bekleiden. Die Söhne gallischer Adliger und Großgrundbesitzer lernen so ihr Latein in den Schulen, verwenden es schließlich als einzige Sprache in ihrer Umgebung, so daß Bedienstete und Abhängige es von ihnen im

täglichen Umgang lernen können. Doch kann diese Art des Lateinerwerbs des Volkes nicht als einzige Möglichkeit betrachtet werden.
Über den *Verwaltungsapparat* und die *römischen Garnisonen*, in denen viele Gallier Militärdienst leisteten, mag eine ähnliche Streuung der Lateinkenntnisse erfolgt sein. Wenn die ältere Latinität im Osten und Norden als gesichert gelten kann (Schmitt 1974), so muß sie zweifellos im Zusammenhang mit den vor allem dort stationierten Garnisonen und damit einer früheren sprachlichen Romanisierung als in anderen Teilen gesehen werden. Während somit im oberen Teil der Sozialhierarchie die Romanisierung relativ schnell über die Schulen erfolgen konnte, hielt das Volk, vor allem auf dem Lande, teilweise noch über Jahrhunderte am Gallischen fest. Falc'hun (1977, 54) z. B. macht wahrscheinlich, daß die aus Britannien zurückkehrenden Kelten in der Bretagne noch gallisch sprechende Bevölkerung vorfanden.[13]

§ 18. Eine wesentliche Rolle spielt schließlich das *Christentum* für die Romanisierung, da es sich an alle in gleicher Weise wendet. Die ersten Prediger hatten sich noch um gallische Sprachkenntnisse zu bemühen, wie Irenäus am Ende des 2. Jh. in Lyon, um dem Volke predigen zu können. Da die Christianisierung aber in der Regel in lateinischer Sprache erfolgte, erklärt dies die teilweise bis ins 5. Jh. nur langsame Ausbreitung des Christentums. Im Vordergrund aber steht sein Beitrag zur Ausbildung des Gemeinschaftsgefühls, wie es schon das Edikt des Caracalla aus dem Jahre 212 im politischen Bereich erstrebte, das allen Bewohnern des Reiches römisches Bürgerrecht verlieh.

## 2.2. *Der keltische Einfluß auf das Latein Galliens*

§ 19. Soweit es überhaupt bekannt ist, läßt sich das Gallische innerhalb des Keltischen als eigene Sprache herausstellen, die nach der historisch-genealogischen Klassifikation wie folgt eingeordnet wird (siehe S. 12).
Das Gallische ist mit fortschreitender Romanisierung völlig untergegangen. Die Modalitäten dieses Vorgangs werden mangels ausreichender Quellen wohl weder sozialgeschichtlich im allgemeinen noch sprachgeschichtlich im besonderen in hinreichender Detailliertheit geklärt werden können. Die Untersuchung des keltischen Einflusses auf das in Gallien gesprochene Latein läßt nur wenige Rückschlüsse zu.

§ 20. Im Bereich der Aussprache ist die Diskussion nicht über Hypo-

---

[13] Für andere Gegenden vgl. Berschin/Felixberger/Goebl 162.

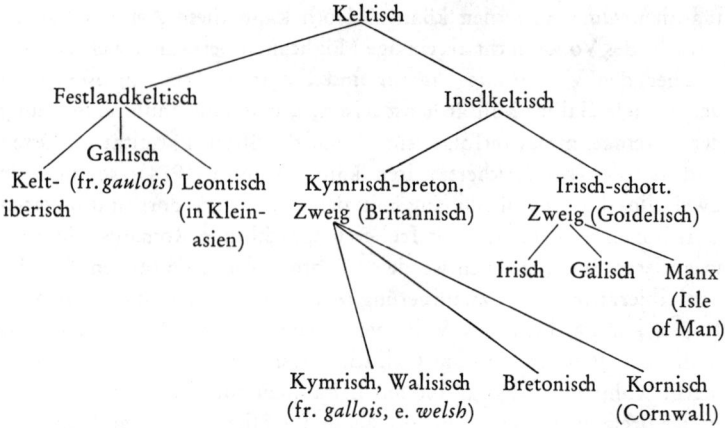

thesenbildungen hinausgekommen,[14] kann daher zu dem sprachlichen Romanisierungsvorgang wenig Gesichertes aussagen. Im Wortschatz können die über 200 erhaltenen Wörter gallischer Herkunft gewisse Aussagen erbringen, welche die städtische Basis der Romanisierung Galliens unterstreichen. So übernahmen nach v. Wartburg[15] die gallischen Bauern aus der Sprache ihrer städtischen Kunden z. B. die Ausdrücke für die Waren, die sie verkaufen wollten (*lac, mel, vinum* > fr. *lac, miel, vin,* etc.) sowie Ausdrücke der Allgemeinsprache (*campus, pratum, petra* > fr. *champ, pré, pierre,* etc.). Gallisches Vokabular aber lebt vor allem in spezielleren, meist ländlichen oder landwirtschaftlich-technischen Bereichen weiter, im Gegensatz zu den obigen Bezeichnungen z. B. in afr. *mesgue* < gall. *\*mesigus* 'Molken', *brèche* < *brisca* 'Wabe', *lie* < *\*līga* 'Trester', die im Sprachverkehr mit der Stadt keine Rolle spielten; ferner *sillon* < *\*selj-* 'Furche', *caillou* < *\*kaljávo* etc. Diese Bereiche sind — wie auch das heutige Regionalfranzösische zeigt — Rückzugsbereiche für den Wortschatz einer untergehenden Sprache. Ausgenommen davon bleiben sog. Kulturlehnwörter, welche die Römer relativ früh von den Kelten übernommen haben, z. B. *cervesia* (fr. *cervoise,* sp. *cerveza*), *camisia* (fr. *chemise*), *camminus* (fr. *chemin*), *carrus* (fr. *char*) etc. — Am Rande seien noch gallische Ortsnamen und Bestandteile in Ortsnamen erwähnt, z. B.

[14] Gallischem Einfluß werden z. B. oft der Wandel $u > ü$ (*mūrum* > *mur*, § 127; zu den Hypothesen vgl. Gebhard 1968; Berschin/Felixberger/Goebl, 165 ff.) und *-kt* > *it* (*factum* > *fait*, § 85) zugeschrieben.
[15] v. Wartburg 1951, S. 49; 1962, S. 108; die keltischen Elemente sind aufgezählt bei Kesselring 1973, bedürfen aber heute einer kritischen Sichtung; zur Interpretation auch v. Wartburg 1967, 25—31.

*dūnon* 'Festung' in: *Lugdunum* > *Lyon*, *Virodunum* > *Verdun* oder das den *Besitz* bezeichnende *-acum* in *Auriliacum* > *Aurillac, Orly* etc.

## 3. Die germanische Eroberung und ihre sprachlichen Folgen

### 3.1. *Eroberung, Siedlung, Zweisprachigkeit*

§ 21. Von den drei germanischen Stämmen, die sich in Gallien niederließen, haben lediglich die Franken größte Bedeutung für die weitere Geschichte des gallischen Lateins erlangt.[16] Die Burgunder siedelten im Gebiet Genf—Lyon und wurden 534 von den Franken endgültig unterworfen und in deren Reich eingegliedert. Ihr Beitrag zur Ausgliederung des Frankoprovenzalischen, das heute als ein in seiner Entwicklung stehengebliebenes Französisch betrachtet wird, ist umstritten.[17] Die Westgoten, die im Süden siedelten, blieben für die französische Sprachgeschichte ohne Bedeutung.

§ 22. Anders verhält es sich mit den von Norden (mit Zentrum im heutigen Tournai) nach Süden vorstoßenden Franken, die unter Chlodwig Nordgallien in ihre Hand bringen und 486/487 mit dem Sieg über den römischen Statthalter Syagrius (Sitz in Soissons) auch den letzten Rest römischer Herrschaft in Gallien beseitigen. Um so erstaunlicher ist auf den ersten Blick, daß sich in diesem expandierenden Merowingerreich an der Stellung der lateinischen Sprache nichts änderte. Diese setzt sich nach einer Epoche der Zweisprachigkeit, die bis in das 9. Jh. reicht, in ihrer romanischen Form denn auch durch. Unter den Herrschern ist erst von Hugo Capet (987—996) mit Sicherheit bekannt, daß er im Gegensatz zu seinen merowingischen und karolingischen Vorgängern nicht mehr fränkisch sprach.[18] Diese Entwicklung mag im Hinblick auf den Eroberstatus der Franken überraschen, wird jedoch auf dem Hintergrund der höher entwickelten römisch-romanischen Kultur und der sie maßgeblich repräsentierenden und lateinsprechenden Kirche verständlicher. Chlodwigs Taufe (497) ist — bei aller politischen Motivation für ein Bündnis Staat—Kirche gegenüber den arianischen germanischen Nachbarn — so gesehen auch Unter-

---

[16] Vgl. die Synthesen von Gamillscheg ²1970; Petri 1937; v. Wartburg 1950.
[17] Vgl. u. a. v. Wartburg 1951, 87—90 und 118—123; 1967, 81—94; Schüle 1971; Tuaillon 1972; zuletzt Jänicke 1979.
[18] Vgl. die Dokumentation (auch zu Karl d. Gr.) bei Berschin/Felixberger/Goebl 171.

ordnung unter diese von den Germanen durchaus bewunderte Kultur. Teilnahme an der neuen Kultur aber erfolgt in sinnvoller Weise über die Sprache, in der sie sich manifestiert, so daß für Könige und Adel die Zweisprachigkeit bald die Regel war. Der Schritt Chlodwigs ist deswegen nicht weniger Ausdruck für das friedliche Verschmelzen zweier Völker zu einer neuen Einheit und von der romanischen Bevölkerung in diesem Sinne begeistert aufgenommen worden. Da bei diesem Prozeß, der alle Lebensbereiche erfaßte, die römischen Organisationsformen des öffentlichen Lebens (Verwaltung, Finanzen, etc.) sachlich und auch personell weitgehend erhalten blieben, hatte die lateinische Sprache auch auf diesen Gebieten zweifellos einen starken Rückhalt, der ihren relativ unangefochtenen Fortbestand mitgesichert haben kann. Die jungen germanischen Adligen, die hier eine Funktion ausüben wollten, mußten zwangsläufig Latein lernen.

§ 23. Auf der anderen Seite gehen Jahrhunderte der Zweisprachigkeit in der Regel nicht spurlos an der sich schließlich durchsetzenden Sprache vorüber. Dabei bedeutet „in der Regel", daß u. a. die Anzahl der Sprecher der untergehenden Sprache über einen längeren Zeitraum hinweg nicht zu gering war. Über Umfang und Dichte der fränkischen Siedlung in Nordgallien ist viel geschrieben worden, doch fehlen die notwendigen Grundlagen, um hier prozentuale oder gar absolute Zahlenangaben[19] machen zu können. — Die Archäologie steht vor der Frage, inwieweit die Reihengräber mit ihren vorhandenen oder fehlenden Beigaben ethnisch ausgewertet werden können. — Die Ortsnamenforschung kennt einerseits Namen auf -anges (fränk. -ingas), das in Verbindung mit einem Namen die Zugehörigkeit bezeichnet, z. B. *Fouchanges* 'die zu Fulko gehörenden Leute', andererseits Bildungen vom Typus 'germanischer Personenname + -ville/-court', z. B.: *Faronville* (zu *Faro*). Da Neubildungen auf -ville und -court aber bis zum 14. Jh. erfolgen — zu -anges fehlen diesbezügliche Untersuchungen — und germanische Personennamen bald nicht mehr zwangsläufig germanische Herkunft ihrer Träger bedeuten, ist die zeitliche Einordnung im Zweifelsfalle äußerst schwierig und eine Verwertung für Siedlungsfragen nicht möglich. Hinzu kommt generell die Frage nach dem Anlaß des Ortsnamenwechsels, der im Pariser Becken, wo -anges-Namen fehlen, offenbar nicht gegeben war. Hier war Altsiedelland,

---

[19] v. Wartburg 1951, 124 f. spricht von einem fränkischen Bevölkerungsanteil von 15—25 % und nimmt damit unter den Schätzungen eine Mittelstellung ein. Nach Draye 1960, 177 f. schwanken die absoluten Angaben zwischen 30 000 und 150 000.

das Chlodwig für seine Domäne konfiszierte und von den vorgefundenen Bauern bewirtschaften ließ. Hier wie in anderen altbesiedelten Gebieten hat offenbar lediglich der fränkische Adel Land okkupiert, und nur in dünnbesiedelten Gegenden war für die Ansiedelung fränkischer Hintersassen noch Raum vorhanden. Die Interpretation der geographischen Verteilung der Ortsnamen ist jedenfalls in bezug auf die Siedlungsdichte — bei allem sich abzeichnenden Nord-Süd-Gefälle — nicht unproblematisch.[20]

### 3.2. *Der sprachliche Einfluß*

§ 24. Der sprachliche Einfluß der Germanen auf das Latein Galliens muß geographisch nicht zwangsläufig mit einer gleichmäßigen Siedlungsdichte Hand in Hand gehen. Dies ist aus dem Studium der geographischen und sozialen Verbreitungsmodalitäten sprachlicher Neuerungen hinreichend bekannt. So bedarf der Beitrag der Franken zur Ausbildung der französisch-okzitanischen Sprachgrenze nicht unbedingt einer siedlungsmäßigen Absicherung, sondern kann mit dem Begriff des sprachlichen Einflußbereichs aufrechterhalten werden. Die Besonderheiten im Latein der mehrheitlich fränkischen Führungskräfte konnten sich durch deren Sozialprestige auch ohne dichte Besiedlung unter den Galloromanen verbreitet haben. Daß der Einfluß an teilweise bereits vorgegebenen „Grenzen" zwischen Norden und Süden endet, ändert nichts an seiner den Norden weiter individualisierenden Wirkung.[21]

§ 25. In der Lautentwicklung verweist von Wartburg (1950, 12) auf den Gegensatz z. B. zwischen okz. *cor, mel, flor, mes* und frz. *cuer (cœur), miel, flour (fleur), meis (mois)*. Er erklärt die unterschiedliche Entwicklung dadurch, daß die Germanen die ihnen eigene starke Längung betonter Vokale in offener Silbe auf das Romanische übertragen hätten und „daß für mehrere Vokale aus dieser Längung schließlich eine Diphthongierung hervorging ($\varrho, \rho, \varrho, \rho$)" (S. 13, vgl. unten § 128 f.). — Weniger umstritten ist die germanische Herkunft des '*h aspiré*' (vgl. § 77) in Wörtern wie *haïr, hâte, honte*, etc., sowie das mit einem g-

---

[20] Vgl. zur Siedlungsfrage im Pariser Becken Roblin 1951; zu den Ortsnamen Johnson 1946; Beispiele aus v. Wartburg 1951, 105—112; vgl. ferner zu diesem Thema Kienast 1969, 13—18, sowie die betreffenden Beiträge in Petri (Hrsg.) 1973.
[21] Vgl. v. Wartburg 1950 und passim; zur Diskussion Müller 1971; Pfister 1978.

Vorschlag integrierte germanische *w-*, z. B. in *guerre* < *\*werra* (vgl. § 76).[22]

§ 26. In Morphologie und Syntax werden eine ganze Reihe von Erscheinungen mit dem germanischen Einfluß in Verbindung gebracht. So die Ausbildung eines zweistufigen Systems bei den Demonstrativpronomen (afr. *cist — cil* gegenüber dreistufigem lat. *hic — iste — ille*; vgl. § 205 ff.), die Erhaltung der Zweikasusflexion im Afr. (vgl. § 174 ff.), die Entwicklung des Indefinitums *on* (dt. *man*; vgl. § 176), die obligatorische Setzung des Personalpronomens beim Verbum (*je chante* — wie *ich singe* — gegenüber *canto*; vgl. § 306—309) und die Zweitstellung des Verbums im Satz (vgl. § 376). In all diesen Fällen zeigt das Afr. Besonderheiten, die im Germanischen Parallelen finden und in den anderen romanischen Sprachen nicht in gleicher Weise nachzuweisen sind. Da es sich aber nirgends um bisher völlig fremde Erscheinungen handelt, kann die Diskussion darüber in der Regel nur zu dem Schluß kommen, daß der fränkische Einfluß in diesem Bereich galloromanisch vorhandene Tendenzen und Anlagen zur Entfaltung gebracht oder die Entfaltung gefördert hat.[23]

§ 27. Für den Bereich der Wortbildung fehlen zwar einschlägige Untersuchungen zum germanischen Einfluß, doch steht die germanische Herkunft einiger Suffixe außer Frage. So z. B. *-ard* und *-aud*, die aus germanischen Personennamen *(Richard, Bonwalt)* — wohl infolge einer Uminterpretation (z. B. *riche* + *ard*) — abgelöst und in individualisierender Funktion an Appellativa angehängt werden konnten (afr. *couard, bastard*). Die pejorative Funktion ist sekundär. Ferner gehört hierher das die Zugehörigkeit bezeichnende Suffix *-enc* (< *-inc*), das mit *-an* homophon und dann auch so geschrieben wird (z. B. *païsenc* = *païsant, paysan*) sowie das Präfix *missi-*, das in *mesfaire, mesgarder* (cf. dt. *mißhandeln*) vorliegt.[24]

§ 28. Mehr als auf allen anderen Gebieten hat sich der fränkische Einfluß im Wortschatz niedergeschlagen.[25] In drei Bänden des FEW, die freilich auch die Elemente aus anderen germanischen Sprachen so-

---

[22] Dazu und zu anderen lautlichen Besonderheiten siehe zuletzt Keller 1979.

[23] Vgl. v. Wartburg 1967, 102—106; Hilty 1968 und 1975; Hunnius 1975; Rohlfs 1979.

[24] Vgl. u. a. Gamillscheg ²1970, III, § 55; zu *-ard* und *-aud* Baldinger 1959/60.

[25] Stimm 1968, 595 spricht von bis 300 Wörtern germanischer Herkunft in der Schriftsprache, von über 600 bei Einschluß der Dialekte. Zu bisherigen Synthesen vgl. Anm. 16.

wie die vor der fränkischen Eroberung von den Romanen ins Vlt. übernommenen Wörter[26] enthalten, ist er bestens inventarisiert und harrt nunmehr einer Gesamtinterpretation. Der Einfluß erfaßt praktisch alle Lebensbereiche,[27] z. B. Heerwesen *(épieu, heaume* u. a.), Justiz *(bannir, échevin),* Landwirtschaft *(blé, gerbe)* und Viehzucht *(troupeau, étalon),* Tier- und Pflanzenwelt *(troène, roseau; mésange, frelon),* Hausbau und Wohnung *(faîte, salle),* Kleidung *(gant),* Charaktereigenschaften und Empfindungen *(hardi; honte, orgueil),* etc., so daß zum lexikologischen Studium der germanisch-romanischen Kultursymbiose genügend Material zur Verfügung steht. Zu diesen Lehnwörtern kommt noch das kaum untersuchte semantische Lehngut wie Lehnübersetzungen (vgl. Rohlfs 1979), Lehnprägungen (dazu Stimm 1968), etc.

## 4. Das Auftreten der französischen Sprache

### 4.1. *Die ersten Zeugnisse*

§ 29. Einer der Beschlüsse der Provinzialsynode von Tours aus dem Jahre 813 bestimmte, daß die Homilien aus Gründen besserer Verständlichkeit in romanischer oder deutscher Volkssprache gehalten werden sollen:

Et ut easdem omelias quisque [episcopus] aperte transferre studeat in rusticam Romanam linguam aut Thiotiscam, quo facilius cuncti possint intellegere quae dicuntur (MHG, Conc. II, 1, 288 n° 38 § 17).

Der Geltungsbereich dieser Synode umfaßt die Kirchenprovinz Tours (mit den Bistümern Tours, Le Mans, Angers, Nantes und Rennes), innerhalb welcher fränkische Sprache für den Anfang des 9. Jahrhunderts somit bestens bezeugt ist (§ 22). Wichtiger aber ist, daß hier romanische Volkssprache und Latein als getrennt erscheinen. Es kommt ein neues Sprachbewußtsein zum Ausdruck, das der gesprochenen Sprache einen eigenen Status verleiht. Dieser läßt sich nicht zuletzt als Folge der karolingischen Renaissance begreifen, die den Abstand zwi-

---

[26] Z. B. die Farbbezeichnungen *blanc, brun, gris.* Die früh entlehnten Wörter sind zumeist auch in anderen romanischen Sprachen heimisch, z. B. it. *bianco,* kat. *blanc* (sp. *blanco,* pg. *branco* sind aus Frankreich entlehnt).
[27] Vgl. die — wenn auch unkritische, so doch wohl vollständigste — Aufzählung bei Kesselring 155—167 sowie die oben, Anm. 16 genannten Synthesen.

schen gesprochener Volkssprache und primär geschriebener Sprache durch ihre normativ-puristische Tätigkeit wohl entscheidend vergrößerte (§ 7).

§ 30. Knapp dreißig Jahre später ist denn auch das erste überlieferte Dokument mit „romanischer" Sprache entstanden, die Straßburger Eide von 842, mit denen sich Ludwig und Karl gegen ihren Bruder Lothar verbünden. Daß es sich bei diesem ersten Dokument um Eide handelt, ist sicher kein Zufall, da ein Eid, der nicht verstanden wird, juristisch ungültig und damit wertlos ist. Und genau diese Gefahr hätte bei einem Eid in lateinischer Sprache bestanden. So schwören denn Ludwig und sein Gefolge jeweils in romanischer, Karl und sein Gefolge jeweils in deutscher Sprache. Die ersten beiden Eidesformeln lauten[28]:

Pro Deo amur et pro christian poblo et nostro commun salvament, d'ist di in avant, in quant Deus savir et podir me dunat, si salvarai eo cist meon fradre Karlo et in aiudha et in cadhuna cosa, si cum om per dreit son fradra salvar dift, in o quid il mi altresi fazet et ab Ludher nul plaid nunquam prindrai, qui, meon vol, cist meon fradre Karle in damno sit.

Si Lodhuuigs sagrament que son fradre Karlo jurat conservat et Karlus, meos sendra, de suo part non l'ostanit, si io returnar non l'int pois, ne io ne neuls cui eo returnar int pois, in nulla aiudha contra Lodhuuuig nun li iu er.

Da es ein früher Versuch ist, Volkssprache zu schreiben, überrascht — neben lateinischen Wörtern (*pro, per, quid*, etc.) — die stark latinisierende Orthographie nicht. Sie macht einen Rückschluß auf die Lautung häufig unmöglich. Z. B. repräsentiert die Graphie *i* in *savir, podir* das Ergebnis von vlt. ẹ (vgl. § 117), die Graphie *e* in *Deo, meon* entsprechend vlt. ẹ (§ 117). Morphologie und Wortschatz hingegen entsprechen weitgehend der romanischen Entwicklung, z. B. das Futur *salvarai, prindrai* (§ 268), die Zweikasusdeklination bei *Karlus — Karlo* (§ 174), resp. im Wortschatz *savir* (< *sapere*) statt *scire, dreit* (< *directum*) statt *ius*, etc.

Die auf ca. vierzig Jahre später zu datierende Eulaliasequenz ist auch in graphischer Hinsicht „romanischer". Anhand dieses Textes beginnt denn auch die Diskussion über die Fragen der relativen Einheit der afr. Literatursprache und der dialektalen Ausgliederung des Afr., die beide noch nicht befriedigend beantwortet sind.

---

[28] Im Gesamtzusammenhang mit dem lat. Bericht abgedruckt bei Berschin/Felixberger/Goebl 184 ff.; mit sprachlichen Analysen 188 f.; cf. die folgenden Beispiele.

## 4.2. Einheit und dialektale Vielfalt

§ 31. Die beiden genannten Fragen lassen sich aufgrund der bisherigen Diskussion [29] und der darin vorgebrachten Argumente zunächst einmal dahin gehend beantworten, daß Paris, dessen Bedeutung für die spätere Entwicklung (cf. Kap. 4.3.) unumstritten ist, als sprachliches Ausstrahlungszentrum vor dem 12. Jh. noch keine Rolle spielt. Dieses Zentrum lag vom 9./10. Jh. an wohl eher im kulturell führenden flandrisch-pikardisch-wallonischen Raum, mit den besonders aktiven Zentren in Corbie, den Abteien Saint-Riquier und Saint-Amand sowie Laon. In der literarischen Produktion liegt die Pikardie weit an der Spitze, während aus der Ile-de-France keine einzige literarische Handschrift aus diesem Zeitraum überliefert ist. Sprachlich ist diese Führungsrolle anhand der Ausbreitung der Graphien *oi* für *ei* (§ 128) und *eu* für *ou* (§ 129) dokumentiert worden.[30]

§ 32. Des weiteren zeichnet sich ab, daß im 9./10. Jh. aufgrund von Neuerung und Bewahrung eine dialektale Großgliederung zwar vorhanden ist, die aber gegenüber der noch relativen Einheit der langue d'oïl nicht entscheidend ins Gewicht fällt. Mit dieser relativen Einheit muß wohl — nach Delbouille 1970 — bis zur Ausbildung der altfranzösischen Literatursprache, die darauf aufbauen konnte, gerechnet werden. Denn deren relative Einheitlichkeit steht in deutlichem Gegensatz zu den Verhältnissen im 13. Jh., sofern die für die Individualisierung des Wallonischen exemplarische Untersuchung von Remacle 1948 generalisiert werden kann. Er faßt diesbezüglich zusammen (93): «En 800 ... une dizaine de divergences traçaient dans le nord de la Gaule les grandes lignes d'une segmentation dialectale. Les dialectes qui devaient dans la suite se partager la Belgique romane, et spécialement le wallon, avaient-ils acquis dès lors leur physionomie propre? Il serait bien difficile de le dire. Mais sans remonter aussi haut, on constate un fait important et indubitable, qu'il convient d'affirmer haut et clair: à l'égard du français central, du picard (rouchi) et du lorrain (gaumais), *le dialecte wallon était nettement et définitivement individualisé dès 1200 ou dès le début du 13ᵉ s.;* il l'était naturellement plus encore en 1250 et en 1300. Et je rappelle, pour dissiper toute équivoque, que je parle ici, non pas de la scripta de Wallonie, mais du

---

[29] Vgl. zuletzt Hilty 1968a; Delbouille 1970; besonders Pfister 1973 (mit reicher Bibliographie), auch zu den folgenden Ausführungen.

[30] Zusammenfassend und weiterführend dargestellt bei Pfister 1973, 244 bis 250.

*dialecte oral*, descendant direct du latin et ascendant direct de nos patois actuels.» (Vgl. das Schema in § 37.) Die Entwicklung im 13. Jh. wird von Gossen (1963, 7) auch für das Lothringische bestätigt. Materiell sieht dies so aus, daß Remacle gegenüber zehn Merkmalen, die aufgrund der relativen Lautchronologie [31] auf vor 800 zu datieren sind, um 1200 mehr als die doppelte und um 1300 mehr als die dreifache Anzahl an differenzierenden Merkmalen nachweisen kann. Beachtenswert ist ferner — auch für die obigen Ausführungen zur Literatursprache —, daß zwischen 800 und 1000 nur zwei weitere Merkmale eingeordnet werden.

§ 33. Die beiden aus diesen Daten abzuleitenden und besonders ausgeprägten Dialektalisierungsphasen, vor 800 für die erste dialektale Großgliederung und vor 1200 für die rapide voranschreitende dialektale Individualisierung, werden von v. Wartburg mit gesamthistorischen Entwicklungen in Verbindung gebracht. Die erste Phase wird im Zusammenhang mit dem Zerfall des Merowingerreichs gesehen: «L'aristocratie locale devint de ce fait [= la décadence des Mérovingiens] de plus en plus puissante. La vie prit un caractère de plus en plus local, le morcellement territorial continua. Et la conséquence en fut la formation de nombreux dialectes et sous-dialectes.» [32] Die zweite Phase kann in Verbindung mit der Ausbildung des Feudalsystems gesehen werden, das zu dieser Zeit seinen Höhepunkt erreicht. Darauf bezieht sich v. Wartburg, wenn er u. a. ausführt: «A une époque comme celle dont nous parlons, le seigneur a peu de rapports avec le seigneur de la région voisine» (ib. 71) oder an anderer Stelle: «Aucune région, aucune ville n'était reconnue comme supérieure aux autres. Chaque région naturelle avait son petit centre à elle. . . . » (ib. 72).

Die Parallelität zwischen politisch-territorialen und sprachgeographischen Verhältnissen und deren Entwicklungen ist auffällig, die Aussage nach wie vor eine gute Arbeitshypothese, die selbstverständlich vorfränkische regionale Differenzierungen ebensowenig ausschließen soll wie vorfeudal oder nichtfeudal bedingte Entwicklungen. Noch verkennt sie die Komplexität der Dialektbildung im allgemeinen. Die Kausalzusammenhänge freilich zwischen der geographischen Verbreitung sprachlicher Phänomene und der im Zeitraum dieses Prozesses bestehenden Kommunikationssituation bleiben zunächst im konkreten Einzelfall noch jeweils nachzuweisen. Denn daß eine gegebene sprachliche Situation und ihre Entwicklung grundsätzlich als Folge histori-

---

[31] Richter 1934; Straka 1964.
[32] So schon v. Wartburg 1934, 57.

scher (allgemein-, sozial-, wirtschafts-, geistes- und kulturhistorischer) Konstellationen interpretiert werden kann, ist unbestritten.

Die unten (§ 35) zusammengestellten, im allgemeinen angeführten regionalen Besonderheiten müßten für den gesamten afr. Zeitraum in ähnlicher Weise, wie es Remacle getan hat, zunächst überprüft, ergänzt und chronologisch klassifiziert werden, um den sodann ablesbaren Dialektalisierungsprozeß in einen historischen Gesamtzusammenhang einordnen zu können.

§ 34. Die Interpretation der beigegebenen Karte, auf der dieser Kriterienkatalog graphisch umgesetzt ist, muß zwar wegen vieler bislang unbeantworteter Datierungs-, Lokalisierungs- und Dokumentationsfragen noch äußerst problematisch bleiben, kann aber bei allen am Katalog noch vorzunehmenden Änderungen und Ergänzungen einen Einblick in die Situation vermitteln. — So erscheint darauf der pikardisch-wallonisch-lothringische Raum aufgrund vieler Gemeinsamkeiten vom übrigen Gebiet besonders abgehoben. Letzten Endes hat also die vorübergehende kulturelle Hegemonie dieses Gebietes (§ 31) zu keinem größeren sprachlichen Ausgleich geführt, wie er durch die Verbreitung der Graphien *oi* und *eu* (s. o.) im Ansatz vorhanden war. Auffallend ist, daß die genannten Gemeinsamkeiten zu einem guten Teil auf Bewahrung (z. B. von germ. *w-*, § 376) beruhen und nicht auf Neuerung. Dies gilt in weitem Maße auch für andere Räume und vor allem für geographisch nicht zusammenhängende Gebiete mit gemeinsamen Kriterien. Hierher gehören die Bewahrung des Unterschiedes von $\bar{e}$ und $\bar{a}$ (§ 150) oder das Fehlen der Gleitkonsonanten *b* und *d* (z. B. in *ensenle, tenrai*). Die quer über die Karte verlaufenden Verbindungslinien kennzeichnen somit teilweise alte Gemeinsamkeiten zwischen sich später trennenden und mehr und mehr individualisierenden Gebieten. Am Beispiel der fehlenden Gleitkonsonanten u. a. kann Pfister wahrscheinlich machen, daß diese Trennung wohl zusammen mit einer zentralfranzösischen Zone gesehen werden muß, „die sich gegenüber den östlichen und nördlichen Randgebieten abhob und bereits vor dem 9. Jh. eine dialektale Grobgliederung der archaischeren Randzonen bewirkte (Ausbreitung von palatalisiertem *ü* gegenüber *u* [§ 127], von diphthongiertem *ae* gegenüber erhaltenem *á* [§ 130], von monophthongiertem $i < iei$ [Anm. 125], von Gleitkonsonanten *b* und *d* [§ 48])" (Pfister 1973, 250). Dabei bleibt freilich die Frage nach dem Zentrum für diese Ausstrahlungen bestehen, zumal Paris für diese Rolle die Voraussetzungen fehlen. Pfister verweist auf die Bedeutung von Skriptorien (Bourges, Angers, Tours, Paris, Orléans), mönchischen Zentren, bischöflichen Schulen und Konzilsorten, die eine Zone zwischen

Seine und Massif Central abdecken. Demnach kann — ähnlich wie im nordöstlichen Raum — von einem bestimmten Ort als alleinigem Zentrum nicht gesprochen werden. Es bleibt die Annahme einer Landschaft mit mehreren bedeutenden Zentren, deren Zusammenhang jedoch kultur- und sozialgeographisch in einer historischen Gesamtsicht noch darzulegen ist. — Vor der Übernahme der sprachlichen Führungsrolle durch Paris (§ 36) wäre demnach mit einer frühen zentralfranzösischen Zone zu rechnen, die sich gegenüber den Randgebieten absetzt, die aber vom 9./10.—12. Jahrhundert durch den Nordosten eine starke Konkurrenz als sprachliches Ausstrahlungszentrum erhält.

Doch ähnlich wie in diesem Zeitraum z. B. die Graphie *oi* von Nordosten her im franzischen Gebiet vordrang (§ 128) und für das spätere Französisch konstitutiv wurde, haben sicher auch noch weitere ursprünglich regionale Neuerungen zu seiner Ausbildung beigetragen. Z. B. stellt Dees (1971, 132) für das Zwei-Kasus-System bei den Demonstrativa fest: «... on a nettement l'impression que la région parisienne est envahie, au cours du XIII$^e$ siècle, par un mouvement, parti de l'ouest et qui consiste à renoncer aux formes du cas-sujet». Andere Erscheinungen bedürfen noch sprachgeographischer Untersuchung.

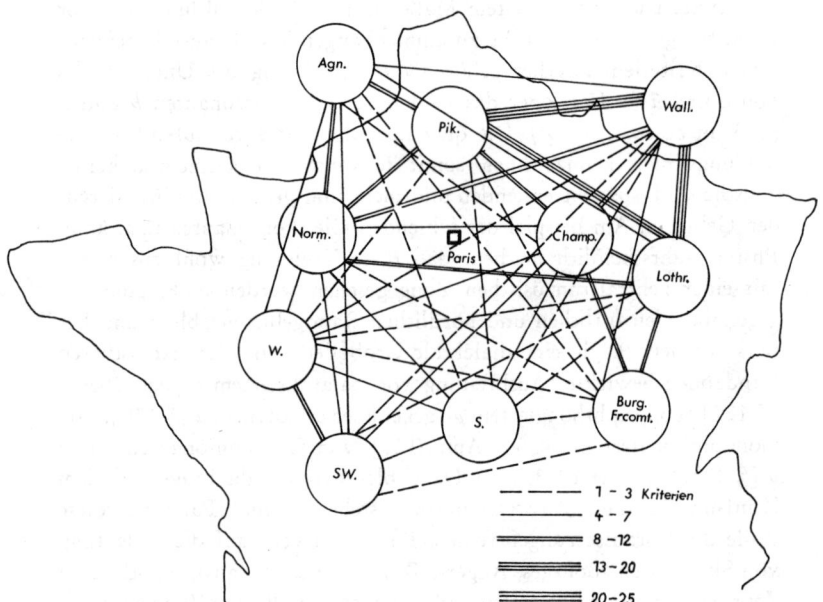

§ 35. Dialektkriterien [33]

| Französisch | Nicht-Frz. | | Pik. | Wall. | Lothr. | Burg./ Frcomt. | Champ. S | SW | W | Norm. | Agn. | § |
|---|---|---|---|---|---|---|---|---|---|---|---|---|
| Akzent u. Silbenzahl | | | | | | | | | | | | |
| 1. *hirpicè > herse* | German. Betonungsweise bei Dreisilbern: *hirpice > herpe* | | | + | + | | | | | | | 43 Anm. 88 |
| Konsonantismus | | | | | | | | | | | | |
| 2. *prenons, vermeil* | Metathese von *er* > re: *pernons, vremeil* | | + | | | | | | | | | — |
| 3. *devra, plaindra, avril* | Sproßvokal *e*: *devera, plaindera, averil* | | + | + | + | | | | | + | + | — |
| 4. *voldra, ensemble, tendrai* | Fehlen d. Gleitkonsonanten: *volra, ensenle, tenrai* | | + | + | + | + | + | | | | + | 48 |

[33] Vgl. dazu §§ 33 u. 34. — Die Reihenfolge, in der die Kriterien angeführt sind, folgt der Gliederung der Laut- und Formenlehre. Zugrunde liegen die gängigen Handbücher; diese divergieren jedoch auch in den Angaben zur geographischen Verbreitung nicht selten.

| Franzisch | Nicht-Frz. | Pik. | Wall. | Lothr. | Burg./Frcomt. | Champ. | S | SW | W | Norm. | Agn. | § |
|---|---|---|---|---|---|---|---|---|---|---|---|---|
| 5. *cil, France* [ts] | *ce, i, ti̯ > ch* [tʃ]: *chil, Franche* | + | + | | | + | | | | + | + | 69—71 |
| 6. *chat, joir* | *c<sup>a</sup>, g<sup>a</sup>* erhalten: *cat, goir* | + | | | | | | | | + | + | 72 |
| 7. *garder, regard, guillaume* | Germ. *w*- erhalten: *warder, rewart, Willaume* | + | + | + | | + | | | | + | + | 76 |
| 8. *mn > m(m); fem(m)e* | *mn > nn : fenne* | | | | + | + | | + | | | | | 79 |
| 9. *autres, gentils* | IK verstummt: *atres, gentis* | + | + | + | | | | | | | + | | 80 |
| 10. *pueble, table* | *-pl, -bl > vl (ul): peule, taule* | + | + | + | | | | | | | | | 84 |
| 11. *s(e)ür; sauveur* | okzit. Einfluß: *segur; salvaire* | | | | | | | + | + | | | | 86 |
| 12. *verite(e)* | Auslaut. *-t* erhalten: *veriteit* | + | + | + | | + | | | | | | | 103—5 |
| 13. *assez, vaillanz* | früh *z* [ts] > *s* (graphisch auch: *ss, sc, c* u. a.): *assés, vaillans* | + | | | | | | | | | | + | 111 |

Das Auftreten der französischen Sprache

| Französisch | Nicht-Frz. | Pik. | Wall. | Lothr. | Burg./Frcomt. | Champ. | S | SW | W | Norm. | Agn. | § |
|---|---|---|---|---|---|---|---|---|---|---|---|---|
| Vokalismus | | | | | | | | | | | | |
| 14. fils | fieus, fius | | + | | | | | | | | | 80 Anm. 127 |
| 15. especial, estable | especiaul, estau(b)le | + | + | + | + | | | | | | | ib. |
| 16. conseil, soleil | consoil, soloil | | | + | + | + | | | | | | 85, 96, 127 |
| 17. metre | é] vor oralem Konsonant > a: matre | | | + | + | + | | | | | | 120 |
| 18. sec, -et(te), promet | soc, -otte, auch a: promat | | | + | + | | | | | | | 120 |
| 19. chemin, estoit | vorton. a statt e: chamin, astoit | | | + | + | | | | | | | 122 |
| 20. terre | e] > ie: tiere, fieste | + | + | + | | | + | | | + | | 120, 125 |
| 21. maisniee | iée > ie: maisnie | + | + | + | | | | | | + | | 125 |
| 22. ie: chevalier, maniere | e: chevaler, manere i: chevalir, manire | | + | | | | | + | + | + | + | 125 Anm. 123 |
| 23. mur [ü] | erst spät u > ü | | + | + | | | | + | + | + | | 129 |
| 24. valoir, seroit | ei bleibt: valeir, sereit | | | | | | + | + | + | + | + | 127 |

## Zum historischen Hintergrund

| Franzisch | Nicht-Frz. | Pik. | Wall. | Lothr. | Burg./Frcomt. | Champ. | S | SW | W | Norm. | Agn. | § |
|---|---|---|---|---|---|---|---|---|---|---|---|---|
| 25. bois, besoins | bos, besons | + | + | + |  | + |  |  |  |  |  | 127 |
| 26. fleur | ou, o: flour, flor u: flur |  | + | + | + | + | + | + | + | + | + | 128 |
| 27. cler | cleir |  | + | + | + | + |  |  |  | + |  | 130 |
| 28. Dieus, lieu | Diu, liu | + | + |  |  |  |  |  |  |  |  | 137 |
| 29. beaus, cheveus | bians, caviaus | + | + |  |  | + |  |  |  |  |  | 141, Anm.127 |
| 30. tel, queus | tal (tau), quaus |  |  |  |  | + |  | + | + |  |  | Anm.120a |
| 31. vuels, vuelt | vianz, viaut |  |  |  |  | + |  |  |  |  |  | — |
| 32. voldra, voudra | vaura | + |  |  |  |  |  |  | + |  |  | — |
| 33. naistre | früh > ei, e: nestre |  |  |  |  | + | + | + | + |  |  | 143 |
| 34. ẽ > ã: en = an | ẽ ≠ ã, en ≠ an | + | + | + |  |  |  |  | + | + | + | 150 |
| 35. conte | counte |  |  |  |  |  |  |  |  |  | + | 150 |
| 36. semblance | semblaunce |  |  |  |  |  |  |  |  |  | + | ib. |
| 37. peine, teing | poine, toing |  |  | + | + | + |  |  |  |  |  | 152, Anm.154 |
| 38. trois, monoie | trais, monoie |  |  |  |  |  |  |  | + |  |  | 127, Anm. 117 |

Das Auftreten der französischen Sprache 27

| Französisch | Nicht-Frz. | Pik. | Wall. | Lothr. | Burg./ Frcomt. | Champ. S | SW | W | Norm. | Agn. | § |
|---|---|---|---|---|---|---|---|---|---|---|---|
| Morphologie | | | | | | | | | | | |
| 39. Artikel Fem. | | | | | | | | | | | |
| R. Sg.: *la* | *li* | + | | | | | | | | | 203 |
| O. Sg.: *la* | *le* | + | + | | | | | | | | 203 |
| Mask. O. Sg.: *le* | bis 13. Jh.: *lo, lou* | | + | + | | | | | | | 203 b |
| 40. Demonstr. pron. Fem. Pl. *cez* cf. noch 42 | *cestes* | | | + | | + | | | | | 210 a |
| 41. Possessivpron. | | | | | | | | | | | |
| *mon, ton, son* | *men, ten, sen* | + | | | | | | | | | 215—7 |
| *ma, ta, sa* | *me, te, se* | + | | | | | | | | | |
| *nostre, vostre* | *no, vo* | + | | | | | | | | | 217 |
| 42. Personalpron. je (auch Dem. pr. *ce*) | bet. Form: *jou (çou)* *jeu (ceu)* *jen (cen)* *jeo (ceo)* | + | | + | | | | | + | | 226 |
| *moi, toi, soi* | *mi, ti, si* | | + | | | | | | | | Anm. 239 |
| 3. Pers. Fem. O. Sg. *la* | *le* | + | + | + | | | | | | | 227 |
| 3. Pers. Neutrum (*il*) | bewahrtes Neutrum *el < illum* | | | | | | + | + | | | Anm. 222 |

| Franzisch | Nicht-Frz. | Pik. | Wall. | Lothr. | Burg./Frcomt. | Champ. | S | SW | W | Norm. | Agn. | § |
|---|---|---|---|---|---|---|---|---|---|---|---|---|
| 43. Inf. -oir: voir | -eir: veir | + | + | + | | | | | | | | 127, 163 |
| 44. 1. Pers. Sg. Ind. Präs.: senz, faz | -c(h) verallgemeinert: senc, fac(h) | + | | | | | | | | | | 261 |
| aim, delivre | amois, delivrois | | | | + | | | | | | | 261 |
| 45. 1. Pers. Pl. Ind. Präs. u. Fut.: -ons: chantons | -omes: chantomes | + | + | | | | | | | | | 261 b |
| | -on: voulon | | | | | + | | | | + | | |
| 46. 1. Pers. Pl. Konj. Präs., Impf., Kond.: -ons, -iens, -ions | -iemes: aviemes | | + | + | | | | | | | | 262 b, 269 |
| | -iens: aviens | + | + | + | | | + | + | | | | |
| 47. 2. Pers. Pl. Präs., Fut.: -ez: parlez | parloiz (< -ētis) | | | + | + | + | + | + | + | | | 266 c |
| 48. Ind. Imperf.: -eit (< -ēbat) | -ont (< -abat) | | | | | | + | | | | | 264 |
| | -evet (< -abat) | | + | + | + + | | | + | + | | | |
| | -ivet (< -ībat) | | + | + | | | | | | | + | |
| 49. si-Perfekt preis | Intervok. -s- endungsbet. si-Perf. erhalten: presis | + | + | + | | | | | | | | 280 |
| 3. Pers. Pl.: prirent | prisent | + | + | + | | | | | | | | |

## 4.3. Vom Franzischen zum Französischen

### 4.3.1. Wertende Aussagen aus dem 12. Jh.

§ 36. Es gibt mehrere zeitgenössische Aussagen, die in sprachgeschichtlichen Darstellungen oft im Sinne eines Primats des Franzischen interpretiert werden. So schreibt z. B. Garnier de Pont-Sainte-Maxence am Ende seiner ›Vie de Saint Thomas‹ von ca. 1174 (Vers 6161—65):

> Ainc mais si bons romanz ne fu faiz ne trovez.
> A Cantorbire fu e faiz e amendez;
> N'i ad mis un sul mot qui ne seit veritez.
> Li vers est d'une rime en cinc clauses cuplez.
> Mis languages est bons, car en France fui nez.

Pont-Sainte-Maxence liegt in der Nähe von Senlis, das zur königlichen Domäne gehört, so daß *France* auf dem Hintergrund der territorialen Zersplitterung durchaus im eingeschränkten Sinne als « Ile-de-France » oder gar wie das *Francia* der lateinischen Urkunden auch als „ein noch viel kleineres Gebiet nördlich von Paris"[34] verstanden werden könnte. Da Garnier in England (Canterbury) schreibt, liegt es jedoch nahe, *France* nicht in diesem mehr fachsprachlichen, sondern im umfassenderen Sinne als „Nordfrankreich" zu verstehen, wie er für *Francia* seit dem Tode Karls d. Kahlen durchgehend nachgewiesen ist.[35] Die Aussage Garniers läßt sich mit Sicherheit bestenfalls als Unterordnung des in England gesprochenen Französisch unter das Prestige des in Frankreich gesprochenen Französisch verstehen. Auch der folgende, vielzitierte Text (Chanson III) von Conon de Béthune von ca. 1185 — die Datierungen schwanken zwischen 1179 und 1190 — erlaubt keinen zwingenden Schluß auf einen Primat des Franzischen:

> Mout me semont Amours ke je m'envoise,
> Cant je plus doi de canter estre cois;
> Mais j'ai plus grant talent ke je me coise,
> Por chou s'ai mis men canter en defois;
> Ke men langage ont blasmé li Franchois
> Et mes canchons, oiant les Campenois,
> Et le Contesse encor, dont plus me poise.

---

[34] W. Kienast 1968, 12.
[35] Der Einbezug auch des Südens läßt sich für *Francia* nach 1100 nachweisen. Vgl. ib.

> Le Roïne n'a pas fait ke cortoise,
> Ki me reprist, ele et ses fius, li Rois.
> Encor ne soit me parole franchoise,
> Si le puet on bien entendre en franchois;
> Ne chil ne sont bien apris ne cortois,
> S'il m'ont repris, se j'ai dis mos d'Artois,
> Car je ne fui pas noris a Pontoise.

Der Tadel, den Conon von seiten der « Franchois », d. h. am Pariser Königshof, und der « Campenois », also am Hof der Grafen der Champagne, wegen seiner pikardischen Ausdrucksweise hier einstecken soll, wird von ihm als Verstoß gegen den guten Ton höfischen (resp. höflichen) Verhaltens entschieden zurückgewiesen. Die Stelle bestätigt somit einerseits die Existenz geographisch unterschiedlichen Sprachgebrauchs, wobei die Verständigung jedoch ausdrücklich gewährleistet bleibt. Andererseits bringen Reaktion und Gegenreaktion an dieser Stelle gerade das sprachliche Selbstbewußtsein der einzelnen Gegenden deutlich zum Ausdruck. Aus der sprachlich intoleranten Haltung am Hofe von Paris und der Champagne und der von Conon vertretenen Auffassung läßt sich noch keine Vorrangstellung für das Franzische ableiten.[36] Ähnliches gilt für die Begründung, mit der Aymon de Varenne ca. 1188 die Wahl seiner Sprache rechtfertigt; zunächst am Anfang seines « Florimont », Vers 14—18:

> Il [le roman] ne fu mie fait en France,
> Maix en la langue de fransois
> Le prist Aymes en Loënois.
> Aymes i mist s'entension,
> Le romant fit a Chastillon

Dann nochmals am Ende, Vers 13614—22:

> As Fransois wel de tant servir
> Que ma langue lor est salvaige;
> Car ju ai(t) dit en mon langaige
> Az muels que ju ai seü dire.
> Se ma langue la lor empire,
> Por ce ne m'en di(ss)ent anui;
> Mues ainz ma langue que l'autrui.
> Romans ne estoire ne plet
> A[s] Fransois, se il ne l'on[t] fet.

Aymon stammt aus Lyon und spielt an dieser Stelle letzten Endes auf die Besonderheiten des heute als Frankoprovenzalisch bezeichneten

---

[36] Vgl. jedoch u. a. M. Pfister 1973, 219.

Diasystems an, das wohl bereits damals in Nordfrankreich nicht mehr unbedingt verständlich war. Mit den „Fransois" sind in diesem Kontext somit zweifellos die Nordfranzosen im Gegensatz zu den Lyonesern gemeint.

### 4.3.2. Endgültige Lokalisierung von „gutem Sprachgebrauch"

§ 37. Für das 13. Jh. werden die sprachlichen Gegensätze einerseits bestätigt, wie z. B. durch den in Frankreich reisenden Roger Bacon (ca. 1260):

> Et quod proprie dicitur in idiomate
> Picardorum horrescit apud Burgundiones,
> imo apud Gallicos vicinores
> (nach A. François, 90).

Andererseits aber liegen jetzt die ersten Beispiele dafür vor, daß in Paris und Umgebung eine vorbildliche Sprache gesprochen wird. Sie sind sowohl Ausdruck jenes zunehmenden Ansehens des Königshauses der Kapetinger, das sich vor allem nach der 1214 gewonnenen Schlacht von Bouvines verbreitete, als auch Ausdruck der auf anderen Gebieten wachsenden Bedeutung dieser Stadt, die mit der 1257 gegründeten Universität auch Zentrum der geistigen Auseinandersetzung wurde.[37] So heißt es z. B. in der Romanze ›Jehan et Blonde‹ (ca. 1275) des pikardischen Autors und Juristen Philippe de Beaumanoir über das Französisch der englischen Heldin (Vers 359 f.):

> Un peu parroit à son langage
> Que ne fut pas née à Pontoise.

Desgleichen heißt es über « Berthe aus grans piés » und ihre Eltern bei dem aus Brabant stammenden Adenet le Roi (ca. 1273):

> Tout droit a celui tans que je ci vous devis
> Avoit une coustume ens el tiois paÿs
> Que tout li grant seignor, li conte et li marchis
> Avoient entour aus gent françoise tous dis
> Pour aprendre françois lor filles et lor fis.
> Li rois et la roÿne et Berte o le cler vis
> Sorent pres d'aussi bien le françois de Paris
> Com se il fussent né ou bourc a Saint Denis

---

[37] Vgl. Olschki 1913; Rauhut 1963; Pfister 1973.

Pontoise und Saint-Denis stehen in diesen Texten zur Lokalisierung von vorbildlichem Sprachgebrauch, wenn nicht sogar — nach dem augenblicklichen Kenntnisstand — des vorbildlichen Sprachgebrauchs. Eine häufig zitierte Stelle schließlich stammt aus Jean de Meungs Übersetzung (1298) der ›Consolatio Philosophiae‹ des Boethius (Fin du livre V; nach Delisle, 327 f.):

> Si m'escuse de mon langage,
> Rude, malostru et sauvage:
> Car nés ne sui pas de Paris,
> Ne si cointes com fu Paris;
> Mais me raporte et me compère
> Au parler que m'aprist ma mère,
> A Meun, quant je l'alaitoie,
> Dont mes parlers ne s'en desvoie;
> Ne n'ay nul parler plus habile
> Que cellui qui keurt à no ville.

Jean de Meung mag hier zwar bewußt seine eigene Ausdrucksweise mit einem Bescheidenheitstopos abwertend beurteilen, aber die sprachliche Vorrangstellung von Paris bezeugt er sehr deutlich. Da sein Heimatort (Meung-sur-Loire) indessen zur königlichen Domäne gehört, kann diese Aussage nicht unbedingt schon Allgemeingültigkeit für ganz Nordfrankreich beanspruchen. Sie weist jedoch wie die urkundensprachlichen Daten bereits in Richtung jener zentralistischen Entwicklung, die das Franzische von Paris zum Französischen werden läßt, eine Entwicklung, die bis zum 16. Jh. die geschriebene und gesprochene Sprache der Gebildeten betrifft und schließlich vor allem mit der allgemeinen Schulpflicht bis zum 20. Jh. auch die weitere Bevölkerung erreicht.

Die Zusammenhänge, die den in Kap. 4 dargestellten Gesamtprozeß aufgrund des Forschungsstandes charakterisieren, könnten schematisch vereinfachend in der gegenüberstehenden Skizze festgehalten werden.[38]

### 4.4. Zur Abgrenzung der afr. Epoche gegenüber dem Mfr.

§ 38. Das Ende der afr. Epoche wird in der sprachwissenschaftlichen Diskussion zumeist mit der ersten Hälfte oder Mitte des 14. Jh. angegeben, wenn auch zahlreiche Entwicklungen in der Grammatik sich seit dem 13. Jh. bereits mehr oder weniger deutlich abzeichnen. Zu diesen

---

[38] Vgl. dazu auch das Schema bei Remacle 1948, 177, sowie die Tabelle bei Gossen 1963, 7.

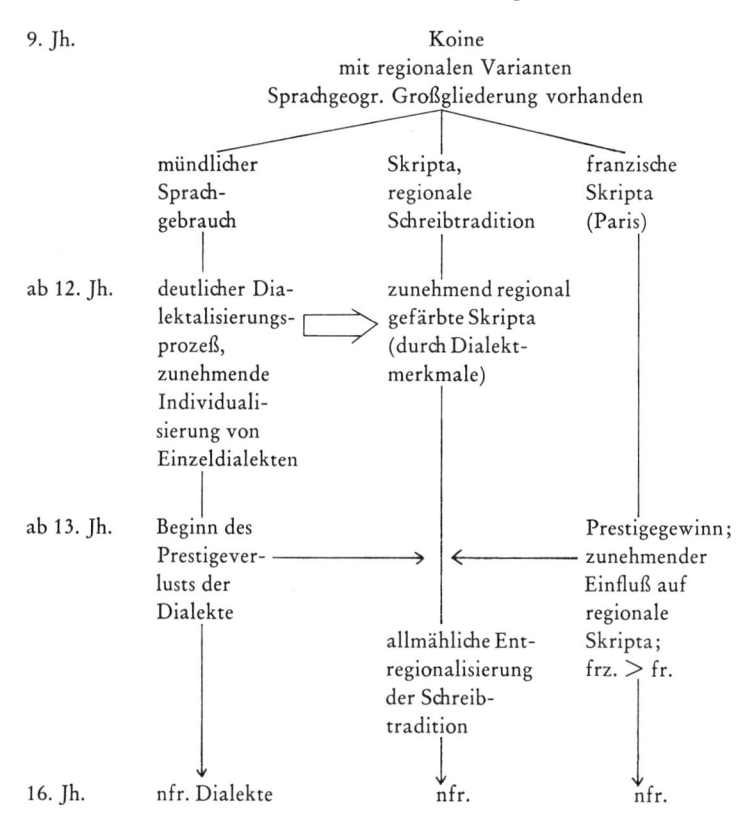

| | | Koine | |
|---|---|---|---|
| 9. Jh. | | mit regionalen Varianten | |
| | | Sprachgeogr. Großgliederung vorhanden | |

| | mündlicher Sprachgebrauch | Skripta, regionale Schreibtradition | franzische Skripta (Paris) |
|---|---|---|---|
| ab 12. Jh. | deutlicher Dialektalisierungsprozeß, zunehmende Individualisierung von Einzeldialekten | ⟹ zunehmend regional gefärbte Skripta (durch Dialektmerkmale) | |
| ab 13. Jh. | Beginn des Prestigeverlusts der Dialekte ⟶ | ⟵ allmähliche Entregionalisierung der Schreibtradition | Prestigegewinn; zunehmender Einfluß auf regionale Skripta; frz. > fr. |
| 16. Jh. | nfr. Dialekte | nfr. | nfr. |

gehört u. a. die Aufgabe der für das Afr. charakteristischen Zweikasusflexion der Nomina (§ 181—184), deren Funktion durch die Wortfolge im Satz (Kap. 34) übernommen wird; ferner die Setzung des Artikels, der die Markierung der Opposition Singular : Plural übernimmt (§ 292), sowie die Verallgemeinerung des Personalpronomens beim Verbum (§ 306—309). Die beiden letztgenannten Entwicklungen gehen Hand in Hand mit dem Verstummen der Auslautkonsonanten (§ 103 bis 105), deren morphologische Funktion nun durch diese beiden Neuerungen wahrgenommen wird. — Für den Bereich des Wortschatzes wird in der lexikographischen Praxis (FEW, Greimas, DEAF) in der Regel ebenfalls die Mitte des 14. Jh. oder das 14. Jh. (TL) als obere Grenze angesetzt.

§ 39. Neben den genannten Kriterien aus der historischen Grammatik kann aus der Sprachgeschichte noch angeführt werden, daß die Entscheidung über die geographische Lokalisierung von vorbildlicher

Volkssprache zugunsten von Paris und der Ile-de-France gefallen ist. Unter den außersprachlichen Kriterien kann im politischen Bereich das Aussterben der direkten Linie der Kapetinger (1328) und die Thronbesteigung durch den ersten Valois, Philippe VI., genannt werden, die den Beginn des 100jährigen Krieges (1339—1453) nach sich zog. Dieser ändert die zentralistische sprachliche Entwicklung zwar nicht mehr, aber verzögert sie durch die damit verbundenen Wirren und die innere Zerrissenheit. Im geistesgeschichtlichen Bereich ist um die Mitte des 14. Jh. die Verknüpfung von Kirchenglauben und Wissen, die das Mittelalter charakterisiert, durch den Nominalismus überwunden.

## II. LAUTLEHRE

### 5. Zum Verhältnis von Lautung und Graphie; zur Transkription

§ 40. Die Priorität der gesprochenen Sprache gegenüber der geschriebenen ist im allgemeinen unbestritten;[39] die graphische Fixierung mittels eines z. B. alphabetischen Schriftsystems basiert auf der phonetischen Realisation, die auch chronologisch gesehen die ältere ist.[40]
Zwischen Aussprache und Graphie besteht jedoch in allen Sprachen eine gewisse Diskrepanz, da in einem Schriftsystem nicht alle Faktoren einer mündlichen Äußerung (z. B. Betonung, freie und kombinatorische Varianten) wiedergegeben werden. Hinzu kommt, daß graphische Systeme oft durch Jahrhunderte tradiert werden. Sie werden den eingetretenen Lautveränderungen nicht oder nur unvollständig angepaßt, sei es, daß für neu entstandene Laute kein eigenes Graphem zur Verfügung steht, sei es, daß eine einmal usuell gewordene oder normativ fixierte Schreibweise aus Tradition beibehalten wird.
Für die mittelalterlichen Schreiber stellte sich das Problem, auf der Basis des lateinischen Alphabets dem altfranzösischen Lautstand schriftlich Ausdruck zu geben, wobei sie auf keine volkssprachliche Schreibtradition zurückgreifen konnten. Dies erklärt die Vielfalt der Schreibungen für einzelne Laute und Wörter, zumal die dialektale Aufsplitterung erschwerend hinzukam; so sind z. B. ca. 50 Schreibungen für *gagner* belegt, u. a.: *gaaignier, gaaingner, gaaigner, gaagnier, gaeigner, gaegner, gaainnier, guaigner, gahagner, guehaignier, waaigner, waingnier, wanner*, etc. (vgl. DEAF s. v.).

§ 41. Zur Illustration obiger Ausführungen diene die Entwicklung von klassisch-lateinisch *hōra*, das im Vulgärlatein *ǫra* ausgesprochen wurde. Daraus entstand französisch *ǫure* [óụrə], im Anglonormannischen *hure, hore*, beide wohl [urə] gesprochen, usw. Die franzische Form entwickelt sich wohl unter pik. Einfluß (§ 31) weiter zu *(h)eure* [éụrə]; [éụ] monophthongierte im 13. Jh. zu [ö], das seit dem 17. Jh.

---

[39] Vgl. zu diesem Fragenkomplex Lyons 1968, Kap. 1.4.2; Söll 1974, Kap. II, 1; Müller 1975, Kap. IV.
[40] Eine Ausnahme hierzu ist z. B. fr. *zénith*, das auf arabisch *semt* beruht dessen ⟨m⟩ von Kopisten fälschlich mit ⟨ni⟩ wiedergegeben wurde.

vor auslautendem Konsonant offen ausgesprochen wird [ọ̈, œ]. Diese Monophthongierung von [ẹu̯] zu [ö] fand im Gegensatz zu den vorausgehenden Lautentwicklungen in der Graphie keinen Ausdruck; die ursprünglich für den Diphthong stehende Graphemkombination ⟨eu⟩ teilte dessen Schicksal nicht, sondern übernahm nun die Darstellung des neu entstandenen [ö]. — Die Öffnung des [ö] zu [ọ̈] in *heure* wurde graphisch ebenfalls nicht realisiert, zumal sich hier nur eine kombinatorische Variante ausgebildet hat.[40a]

Das Beispiel *heure* weist in dem nur geschriebenen ⟨h⟩ auf einen weiteren Grund für das Auseinanderklaffen von Graphie und Phonie hin. Das ⟨h⟩ verdankt seine hier nur graphische Existenz einer relativisierenden Schreibweise. In einigen Fällen haben solche Schreibweisen zur erneuten Aussprache lautgesetzlich untergegangener Laute geführt, z. B.: klt. *advenire* > afr. *avenir* (vgl. noch nfr. *avenant*), aber nfr. *advenir* (Schreibaussprache).

§ 42. Die Entwicklung der Ausdrucksweise eines Wortes beschreiben, impliziert folglich zwischen phonetischer (z. B. in der Lautschrift der API wiederzugebender) und graphischer Ebene zu unterscheiden; z. B. bei *hora*:

Phonie: [hoːra] > vlt. [oːra] > afr. [owrə] > [ewrə] > [œrə] > nfr. [œːʀ]

Graphie: *hora* > vlt. *ora* > afr. *(h)oure* > *(h)eure* > *(h)eure* > nfr. *heure*

Da dieses Verfahren jedoch sehr aufwendig ist, haben sich in der historischen Sprachwissenschaft verschiedene Varianten des Systems von Böhmer durchgesetzt, in welchen als Prinzip die Buchstaben des lateinischen Alphabets zugrunde gelegt und gegebenenfalls mit diakritischen Zeichen versehen werden. Damit läßt sich in zahlreichen Fällen die Lautentwicklung zusammen mit der graphischen Realisierung vereinfacht darstellen (vgl. die Tabelle S. XI f.),[41] z. B.:

*hōra* > vlt. *ǫra* > afr. *(h)ọu̯re* > *(h)ẹu̯re* > *(h)eure* [ö] > nfr. *heure* [œːʀ]


## 6. Akzent und Silbenzahl

§ 43. Im Klt. war die Betonung der Wörter nach dem P a e n u l - t i m a g e s e t z geregelt: Bei zweisilbigen Wörtern trägt die Paen-

---

[40a] Auch das Verstummen des [-ə] wird graphisch nicht mitvollzogen.
[41] Zur Transkription siehe Lausberg I, S. 20—26.

ultima [42] den Hauptton: *ví-num*; bei drei- oder mehrsilbigen Wörtern wird betont:
a) die Paenultima, wenn sie entweder einen langen Vokal enthält (*pe-re-grí-nus, do-ná-re*), oder wenn die Silbe positionslang ist, d. h. der Vokal sich in gedeckter Stellung [43] befindet: *co-lŭ́m-ba*.
Hierbei wurde das [u] in diesem Beispiel kurz gesprochen, nur die Silbe zählte als lang; so auch in der Metrik, wie in dem in § 58 zitierten Vergilvers: *sŭ́r-gens*.
b) die Antepaenultima, wenn die Paenultima kurz ist:
*tá-bŭ-la, pre-hén-dĕ-re*.[44]

Da der Akzent von der Quantität (Länge/Kürze) der Paenultima abhängt, hat er keine distinktive Funktion und ist daher phonologisch nicht relevant.

Im allgemeinen wird dem Klt. ein vom Griechischen beeinflußter musikalischer Akzent zugeschrieben, dem Vlt. ein dynamischer/expiratorischer. Der erste betrifft die Tonhöhe, der zweite die Intensität der Artikulation der betonten Silbe.[45] Das Vlt. stimmt hierbei mit den Aussprachegewohnheiten germanischer Sprachen überein und wird in Nordgallien ab dem 5. Jh. durch das fränkische Superstrat darin noch gestärkt.

---

[42] Die letzte Silbe eines Wortes heißt Ultima, ein Wort mit dem Akzent auf dieser Silbe Oxytonon; die vorletzte Silbe ist die Paenultima, das auf dieser Silbe betonte Wort ein Paroxytonon; entsprechend für die drittletzte Silbe: Antepaenultima, Proparoxytonon.

[43] Ein Vokal ist in freier Stellung, wenn die Silbe auf Vokal endigt: *pa-trem, qui* (offene Silbe, z. B. *a*[).
Ein Vokal ist in gedeckter Stellung, wenn die Silbe auf Konsonant endigt: *par-tem, an-nus, rem* (geschlossene Silbe, z. B. *a*]).
Die Silbentrennung erfolgt nach folgenden Prinzipien:
*do-na-re, cae-lum, ca-ve-a, e-quus*: Silben enden auf Vokal oder Diphthong (Silbengipfel), ein folgender Vokal oder Konsonant eröffnet die nächste Silbe.
*par-tem, an-nus*: Bei Doppelkonsonanz schließt ein Konsonant die Silbe.
*pa-trem*: Verschlußlaut und Liquid zählen zur folgenden Silbe.
*planc-tus, in-tra-re*: Bei Dreifachkonsonanz kommen die beiden ersten Konsonanten zur vorausgehenden Silbe, außer es würde dabei der Nexus Verschlußlaut und Liquid zerrissen.
*prod-eo, ob-ruo*: Morphologische Gründe (Komposita) können obige Regeln außer Kraft setzen.

[44] Das Lateinische soll in vorliterarischer Zeit dagegen einen initialen Wortakzent besessen haben, der u. a. den Ablaut bei Kompositis verursacht hat: altlt. *téneo/réteneo* > altlt. *rétineo* > klt. *retíneo*.

[45] Genaueres bei E. Pulgram 1975, S. 77—135.

In den meisten Wörtern wird die lateinische Akzentstelle bis heute beibehalten; vgl. die Fortsetzungen der eben genannten Beispiele im Nfr.: *vin, pèlerin, donner, colombe, table, prendre*. Vgl. § 35, 1.

**§ 44.** Vom Klt. abweichende Akzentverhältnisse finden sich im Vlt. regelmäßig nur bei folgenden Typen von klt. Proparoxytonis[46]:

a) Folgt auf den Vokal der vorletzten Silbe ein Verschlußlaut plus *r* (muta cum liquida),[47] so liegt der Akzent auf der Paenultima:[47a]
  *ténebrae*, vlt. *tenébrae* > fr. *tenèbres*
  *tónitrus*, vlt. *tonítrus* > fr. *tonnerre*

b) Wenn Antepaenultima und Paenultima eine der Kombinationen *ie, io, eo* aufweisen (klt. [íe], [ío], [éo]), liegt im Vlt. der Akzent auf dem schallstärkeren Vokal[48]:
  [ié], [ió], [eó]: *mulíerem*, vlt. *muliére(m)* > afr. *muil(l)er, moil(l)er*, (sp. *mujer*)
  *filíolus*, vlt. *filiólus* > fr. *filleul* (it. *figliuolo*)

**§ 45.** Die im Hiat[49] stehenden, sekundär unbetonten Vokale [i] (wie in *filiólus*) und [e] schließen sich an folgende Entwicklung an:

Etwa im 1. Jh. v. Chr. beginnen im Hiat stehende, unbetonte[50] [e, i] und [o, u] ihren silbischen Wert zu verlieren und werden zu Halbvokalen [i̯][51] bzw. [u̯]; so tadelt noch der Verfasser der Appendix Probi (Anfang 4. Jh. n. Chr.):

---

[46] Bei der Rekomposition von Verben wird der Akzent ebenfalls auf die Paenultima verlegt: klt. *plácet/displicet*, vlt. *plácet/displácet*, vgl. § 232.

[47] Muta (Pl. Mutae, fem.) bezeichnet nach älterer Terminologie einen (stimmhaften oder stimmlosen) Verschlußlaut.

[47a] Die bisherigen Erklärungsversuche referieren Avalle (1967, 263 f.) und Spence (1963), der auf einen möglichen Zusammenhang mit dem Quantitätenkollaps verweist.

[48] Vgl. Skårup 1966, der auf die Parallele mit *aliénum, diúrnum* hinweist.

[49] Ein Vokal steht im Hiat, wenn auf ihn in der nächsten Silbe (auch satzphonetisch gesehen) ein weiterer Vokal folgt: *pa-rí-e-tem, illa̲ insula*; dagegen spricht man von einem Diphthong, wenn ein Vokal und ein Halbkonsonant (kann als kombinatorische Variante eines Vokals gewertet werden und ist manchmal aus einem Vokal entstanden) zusammen in e i n e r Silbe auftreten: vlt. *pa-ri̯é-tem*, nfr. *roi* [rwa].

[50] In *via, mea* stehen [i, e] zwar im Hiat, stellen aber die einzig betonbare Silbe dar, so daß sie nicht zu Halbkonsonanten werden; afr. *meie, veie*.

[51] Je nach lautlicher Umgebung wurde ein stimmhafter [i̯, *cavia*] oder ein stimmloser Reibelaut [ç, *ratione(m)*] gesprochen, die folglich kombinatorische Varianten e i n e s Phonems sind.

*vinea non vinia*
*cavea non cavia*
*vacua non vaqua*

Generell läßt sich sagen, daß im Hiat stehende Vokale in schwacher Position sind und auf verschiedenen Wegen (Entwicklung zum Halbkonsonant, Schwund,[52] etc.) beseitigt werden.
Dagegen werden identische nebeneinander stehende Vokale zu einem langen Vokal kontrahiert:

*prĕhĕndere*, vlt. *\*prĕĕndere* > vlt. *prendere* > fr. *prendre*;
*mĭhĭ̄* > *mī*; zu *h* > —, § 59.

§ 46. Synkope
Zu allen Zeiten der lateinischen Sprachgeschichte konnten Proparoxytona den unbetonten Vokal der Paenultima verlieren; diese Tendenz ist charakteristisch für Schnellsprechformen und wurde durch den starken expiratorischen Akzent im Galloromanischen verstärkt.

*tábula* > *tabla* > fr. *table*
*cálida* > *calda* > fr. *chaud*
*víridis* > *virdis* > fr. *vert*

Die drei synkopierten Formen werden auch in der Appendix Probi kritisiert; sie vertreten einen bereits Jahrhunderte alten Typ der Synkope — vor oder nach einem Liquiden — und weisen damit auf das lange Nebeneinander der beiden Sprachformen (normiertes schriftliches, u. a. klassisches Latein und primär gesprochenes Vulgärlatein) hin — vgl. auch klt. *validus* und das davon abgeleitete synkopierte Adverb *valde*. Dagegen ist die Synkopierung vor auslautendem Verschlußlaut plus [a] wie in *debita* > fr. *dette* erst in das 3.—4. Jh. n. Chr. zu situieren. Zum chronologischen Verhältnis zwischen Synkope und anderen Lautveränderungen vgl. § 106 f.

§ 47. Darmestetersches Gesetz
Eine analoge Reduzierung der Silbenzahl erfolgt auch bei vier- und mehrsilbigen Wörtern wie Arsène Darmesteter 1876 erstmals nachwies. Ein Wort wie *bònitátem* enthält nicht nur die Haupttonsilbe -*tá*-, sondern auch eine Nebentonsilbe *bò*-. Die Zwischentonsilbe -*ni*-, zumindest ihr Vokal, fällt auf dem Weg zum Afr. weg:

*bò-ni-tá-te(m)* > afr. *bo-n-te-t, bontet* > nfr. *bonté*[53]
*cì-vi-tá-te(m)* > afr. *ci- -te-t, citet* > nfr. *cité*

Es handelt sich also im Prinzip ebenfalls um eine Synkopierung.

[52] Geschwunden ist in diesem Zusammenhang z. B. das *i̯* in *pariete* > vlt. *pariéte* > vlt. *pari̯éte* > vlt. *parete* (belegt!) > it. *parete*, frz. *paroi* (*oi* < *e*, § 127); die Appendix Probi tadelt: *februarius non febrarius*.
[53] In diesen und den folgenden Beispielen wird bei der Entwicklung der

Diese beiden Arten der Synkopierung sowie die geschilderte Entwicklung der im Hiat stehenden Vokale und die Wirkung von muta cum liquida auf die Betonung hatten zur Folge, daß das Protofranzösische praktisch keine Proparoxytona mehr besaß.[54] Damit ist ein erster Schritt auf dem Weg zur Oxytonie des heutigen Französisch vollzogen.

§ 48. Übergangslaute (Gleitlaute)

Die oben beschriebenen silbenreduzierenden Prozesse erlauben zwei weitere Beobachtungen: Entsteht durch Synkope oder Wirkung des Darmestetersdien Gesetzes eine im Lateinischen sonst nicht vorkommende Konsonantengruppe, kann sich der in vorkonsonantische Stellung getretene Konsonant an den folgenden Konsonanten assimilieren, wie in *civitatem* > vlt. \**civtate* > afr. *citet* geschehen. Vor den Liquiden *l, r* wird jedoch zum Afr. hin in den meisten Dialekten ein homorganer Übergangslaut eingeschoben:

[b]:

*camera* > vlt. \**camra* > afr. *chambre*
*simulare* > vlt. \**simlare* > afr. *sembler* (doch pik. *sanler* § 35, 4.)

[d]:

*cinis, cinere(m)* > vlt. \**cenre* > afr. *cendre*
*molere* > vlt. \**molre* > afr. *moldre* (pik. *molre* § 35, 4.) > nfr. *moudre*

§ 49. Zwischentoniges [a] und Entwicklung der Vokale im Wortauslaut

Als Ausnahme zum Darmestetersdien Gesetz erscheinen die folgenden Fälle:

càntatóre(m) > afr. *chanteor* ([ə] im Hiat) > nfr. *chanteur*
bèlla ménte (zur Bildung § 199 f.) > afr. *belement* > nfr. *bellement*

Das [a] der Zwischentonsilbe bleibt als [ə] (geschrieben ⟨e⟩) im Afr. erhalten und ist im Nfr. verstummt (in *bellement* noch graphisch vorhanden).

Analoge Feststellungen gelten für das Verhalten der Vokale im Wortauslaut, d. h. in ebenfalls unbetonter Silbe: nur [-a] bleibt im Afr. als [-ə] erhalten, alle anderen verstummen im 7.—8. Jh.

---

Nomina und Adjektive i. a. von der (natürlich vlt.) Form des Akkusativs ausgegangen, da sie sich auf dem Weg zum Nfr. gegenüber dem Nominativ durchgesetzt hat (genauer in § 169—184).

[54] Die wenigen Proparoxytona im Afr. sind durch gelehrten Einfluß (Kirchenlatein) bedingt: *ángelum* > afr. *angele* [ándʒələ], *virginem* > afr. *virgene* [vírdʒenə]; genauer bei Rheinfelder 1, § 150 f.

(= Apokope der Auslautvokale). Auch [ə] verstummte schließlich seit dem 16. Jh. in allen satzphonetischen Positionen.

*gutta* > afr. *gote, goute* [gotə] > nfr. *goutte* [-t]
*intrare, intras* > afr. *entres* [ãntrəs] > nfr. (tu) *entres* [-tʀ]

Aber:
*levare* > afr. *lever* [-er]
*corpus* > afr. *corps* [kɔrps]
*quando* > afr. *quant* [kãnt]
*heri* > afr. *ier* [jɛr]

Das [-e] in *cendre, moudre, ruber, rubeu(m)* > afr. *rouge* [rudʒə] und ähnlichen Fällen wird als Stütz-*e* bezeichnet, das die Aussprache von Konsonantengruppen im Wortauslaut erleichtert. Ebenso wird in vlt. mehrsilbigen Wörtern nach Liquid ein [-ə] artikuliert: *maior* > afr. *maire* (§ 196); vgl. noch Anm. 88.

§ 50. Die hier dargestellten Veränderungen von Akzent und Silbenzahl, d. h. von suprasegmentalen Erscheinungen, sowie einige daran anknüpfende Beobachtungen wurden der Entwicklung der Konsonanten und Vokale vorausgeschickt, da sie für die weiteren Veränderungen im Vokalismus wie im Konsonantismus die Basis darstellen.

Wenn im folgenden im Unterschied zur Mehrheit der Handbücher und Einführungswerke zuerst die Entwicklung der vulgärlateinischen Konsonanten verfolgt wird, so hauptsächlich deshalb, weil von Konsonanten zahlreichere und schwieriger zu beschreibende Einwirkungen auf Vokale erfolgt sind als umgekehrt.

## 7. Die Entwicklung der Konsonanten

### 7.1. *Die lateinische Grundlage*

#### 7.1.1. Die Konsonanten des klassischen Latein

§ 51. Die folgende Übersicht enthält die gemeinhin als Phoneme klassifizierten Konsonanten des Klt.[55]

---

[55] Auf Fragen nach dem phonologischen Status einzelner Laute wird im allgemeinen nicht eingegangen, da sich die folgenden Ausführungen auf eine systematische und kurzgefaßte Präsentation der sprachlichen Daten und Entwicklungen beschränken sollen. — Zur Bedeutung der verwendeten phonetischen Termini siehe z. B. Große 1971, Rothe 1972, Lausberg I, S. 21 f. und § 40—86.

| Artikulationsart \ Artikulationsort | bi-labial | dental | labio-dental | palatal bis velar palatovelar | pharyngal |
|---|---|---|---|---|---|
| Verschlußlaute / Okklusive / Plosive — stimmlos | p | t | | c, k, q (alle: [k]) | |
| Verschlußlaute / Okklusive / Plosive — stimmhaft | b | d | | g | |
| Reibelaute / Spiranten / Frikative — stimmlos | | s | f | | h |
| Reibelaute / Spiranten / Frikative — stimmhaft | — | — | | | |
| Nasale | m | n | | | |
| Liquiden — Lateral | | l | | | |
| Liquiden — Vibrant | | r | | | |

Die Transkription einiger Laute erweist sich dort als notwendig, wo die ansonsten weitgehend phonetische Graphie des Lateins nicht eindeutig auf die Aussprache schließen läßt.[56]

§ 52. Die drei Grapheme ⟨c, k, g⟩ gaben nach Sommer/Pfister (1977, S. 30 f.) in den ältesten lat. Inschriften kombinatorische Varianten des Phonems /k/ wieder:

⟨c⟩ vor hellem Vokal [i, e]: *feced* (= *fecit*)
⟨k⟩ vor [a] oder Konsonant: *Afrikanus*
⟨q⟩ vor dunklem Vokal [o, u] oder Halbvokal: *pequnia, qui*

Dieses graphische System, das morphologischer Alternation gegenüber umständlich ist *(kano ∼ cecini, loqus ∼ loka ∼ loci)*, wurde schon früh vereinfacht: ⟨k⟩ ist nur in einigen isolierten Wörtern erhalten *(kalendae)*, ⟨q⟩ wurde auf die Position vor [u̯] beschränkt — [ku̯] wird daher als Labiovelar bezeichnet —, ⟨c⟩ wird als allgemein übliche Graphem für [k].

Daher wurde auch ⟨c⟩ im Klt. — entgegen der heute noch üblichen Schulaussprache — in jeder Stellung, also auch vor hellen Vokalen, z. B. in *centum* als [k] ausgesprochen. Indizien hierfür sind einmal Graphien in griechischer Schrift, wo κ (kappa) und ζ (zeta), bzw. τσ (tau + sigma) zur Verfügung gestanden haben: *Cicero* = Κικέρων (Plutarch) und nicht *Ζιζέρων/Τσιτσέρων. Einen weiteren Hinweis

---

[56] In der folgenden Darstellung wird im fortlaufenden Text zwischen dem Graphem ⟨a⟩, dem Laut [a] und gegebenenfalls dem Phonem /a/ unterschieden. Bei Überschriften und Wortableitungen wird aus Gründen der leichteren Lesbarkeit nur dort die Lautung durch Transkription wiedergegeben, wo sie sich von der Graphie unterscheidet; für das Nfr. wird von der Lautschrift der API, für die anderen Sprachstufen auch von diakritischen Zeichen Gebrauch gemacht — siehe ›Zeichen und Abkürzungen‹, S. XI f.

bieten lateinische Wörter, die früh in germanische Sprachen entlehnt wurden, wie *Kiste* < *cista* < gr. κίστη, *Keller* < *cellarium*, *Kaiser* < *Caesar*; dagegen ist *Zelle* < *cella* eine spätere Übernahme (Klosterzelle!). — Das genannte Phonem /k/ wird ebenso wie /g/ je nach lautlicher Umgebung als Palatal *(centum, gentilis)* oder Velar *(corpus, gutta)* realisiert (vgl. die unterschiedlichen Artikulationsstellen in nfr. *qui* und *coup*). In der volkssprachlichen Entwicklung führen diese beiden kombinatorischen Varianten denn auch zu verschiedenen Ergebnissen (vgl. nfr. *cent, gentil* vs. *corps, goutte*).

Zur Entwicklung von [qu̯], siehe § 61, zu [k, g] vor [a], siehe § 72.

§ 53. Das Phonem /l/ wird ebenfalls in zwei kombinatorischen Varianten realisiert, einem Zungenspitzen-*l* (helles *l*) und vor Konsonant oder Wortgrenze einem velaren *l* (dunkles *l*, meist durch [L] oder [ł] wiedergegeben); zur weiteren Entwicklung des velaren *l*, siehe § 80.

§ 54. Die stimmlosen Verschlußlaute [p, t, k] wurden wie im heutigen Französisch nicht aspiriert, das [r] war im Unterschied zum heutigen fr. Standard ein Zungenspitzen-*r*. Da dieses *r* und das helle *l* an derselben Stelle des Gaumens artikuliert werden, können sie bei gelegentlich auftretenden Dissimilierungen einander ersetzen:

*peregrinus* > splt. *pelegrinu* > nfr. *pèlerin*
*fragrare* 'riechen, duften', vlt. *fraglare/flagrare* > nfr. *flairer*

§ 55. Neben den einfachen Konsonanten besaß das Klt. auch D o p - p e l k o n s o n a n t e n (= Geminaten, Langkonsonanten), die auf die Position im Wortinlaut zwischen zwei Vokalen beschränkt sind, wie in *gutta, fossa, annus, peccare, nullus*. Hierbei ist die Länge, d. h. die Quantität der Konsonanten, bei deren Artikulation die Sprengung des Verschlusses hinausgezögert wird, von phonologischer Relevanz, wie die Minimalpaare *annus* 'Jahr' : *anus* 'alte Frau', *villis* 'den Dörfern' : *vilis* 'billig, verächtlich', *agger* 'Wall' : *ager* 'Feld' zeigen.
NB: Das deutsche Minimalpaar *Miete : Mitte* basiert auf der unterschiedlichen Quantität und Qualität des [i].

§ 56. Schließlich kannte das Klt. einen durch das Graphem ⟨V⟩ wiedergegebenen Laut, der für den Vokal [u] (MVRVS = *murus*) wie auch für den Halbkonsonanten oder -vokal [w, u̯] stand: VINVM = *vinum*, noch mit [w] im Anlaut; dieses [w] ist außerdem als zweites Element in den Labiovelaren [qu̯/gu̯] enthalten, [qu̯] z. B. in *qualis, antiquus*, während [gu̯] nur im Wortinneren begegnet, z. B. in *lingua*; vgl. § 60.

### 7.1.2. Die Konsonanten des Vulgärlatein

**§ 57.** Im Vergleich zum Klt. weist das Vlt. eine Reihe von Unterschieden auf, die z. T. schon ab dem 3. Jh. v. Chr. festzustellen sind; sie werden in etwa chronologisch aufgelistet:
Eine der ältesten Erscheinungen ist das Verstummen von [n] vor [s], das inschriftlich früh belegt ist: *cosol* für *consul*. (Das zweite *o* ist altlt. Vokalismus.) Das manchmal Jahrhunderte dauernde Nebeneinander von Formen der Hochsprache und der Umgangssprache bezeugt auch hier der Verfasser der Appendix Probi (Anfang 4. Jh. n. Chr.), wenn er korrigiert: *mensa non mesa*.
Die betreffenden Wörter des Französischen wie der anderen romanischen Sprachen gehen demgemäß auf die vlt. Formen ohne [n] zurück: klt. mensem, vlt. mese(m) > afr. *meis* > nfr. *mois*.

**§ 58.** Ein ähnliches Alter weist das Verstummen des in unbetonter Silbe stehenden auslautenden [-m] mehrsilbiger Wörter auf. Zunächst war dieses Verstummen auf die Stellung vor vokalischem Anlaut beschränkt, wie es sich in den Regeln der klassischen Metrik zeigt:

Oceanum‿interea surgens Aurora reliquit: (Vergil, Aeneis XI, 1)

⏊ ⏑ ⏑ ⏊ ⏑ ⏑ ⏊ ⏑͜⏑ ⏊ ⏑͜⏑ ⏊ ⏑ ⏑ ⏊ ⏑

An der angedeuteten Stelle ist mit Verschmelzung zu e i n e r Silbe (Synaloephe), oder Elision einer Silbe zu sprechen, also etwa [ókeanʷín...] oder [ókeanín...].
Im Vlt. wird das Verstummen des [-m] generalisiert, so daß in den romanischen Sprachen davon keine Spur zu finden ist: vlt. *mese* > afr. *meis* > nfr. *mois* (sp. pg. *mesa*; rum. *masă*, etc.). Dagegen bei Einsilblern, wo das [-m] in betonter Silbe stand: *rem* > fr. *rien*.

**§ 59.** Ab etwa 200 v. Chr. verstummt der Hauchlaut [h] in jeder Position im Wort:
klt. *hora*, vlt. *ora* > afr. *eure*, *heure* mit nur graphisch restituiertem ⟨h⟩.
klt. *prehendere*, vlt. *\*preendere* > vlt. *prendere* > fr. *prendre*
Auch in der Metrik wurde ein Wort wie *hora* als vokalisch anlautend gerechnet. Vgl. dazu die freie Variation zwischen *harena* und *arena* im Klt.

**§ 60.** Im 1. Jh. n. Chr. werden auf Inschriften ⟨B⟩ und ⟨V⟩ miteinander verwechselt: LEBARE statt LEVARE, SIVI statt SIBI. Dies läßt auf eine Angleichung der Aussprache von [b] und [w] in intervokalischer Stellung schließen: [w] wurde geschlossener artikuliert und dabei entrundet, der Verschlußlaut [b] wurde zum Reibelaut, bleibt dabei bilabial: beide ergeben einen Laut, der mit [ß] oder [ƀ] notiert wird und z. B. im Spanischen *(saber)* vorliegt.

Ab dem 2. Jh. wird die Aussprache labiodental: [v]

klt. *levare* [u̯, w], vlt. *levare* [ß] > *levare* [v] > fr. *lever*
klt. *faba* [b], vlt. *fava* [ß] > *fava* [v] > fr. *fève*

§ 61. Auf den Labiovelar [qu̯] kann im Lat. kein [u] folgen, da die beiden homorganen Laute miteinander verschmolzen wären (vgl. § 45); so gibt es auch im Lat. keine mit [qu̯u-] anlautenden Wörter — vgl. *loqui* — *locutus sum*. Der Anlaß zur Kombination von [qu̯] und [u] ergibt sich erst seit dem 2. Jh. v. Chr. vor allem in den Endungen *-os*, *-om*, deren [o] sich lautgesetzlich zu [u] entwickelte:

altlt. *donom* > klt. *donum*   altlt. *antiquos* > klt. *antiquus*.

Es handelt sich bei *antiquus* u. ä. jedoch um Graphien, die analog zu *antiqua, antiqui* gebildet wurden und nur in der Schultradition sowie der gebildeten Sprache begegnen, die geläufigere mündliche und schriftliche Form lautete *anticus* (vgl. it. *antico*). Bei klt. *secundus* < altlt. \**sequondos* (zu *sequi*) lag dagegen keine Analogiequelle vor.

Aus analogen Gründen schwand der Halbvokal [u̯] vor dem ebenfalls als homorgan zu bezeichnenden [o] noch gemeinromanisch in nachklassischer Zeit:

klt. *quomodo et* 'wie auch', vlt. *quomo et* (Schnellsprechform, 4./5. Jh.) > *como et* > afr. *come* > nfr. *comme* (vgl. it. *come*, sp. *como*).

Vor [i, e] und [a] verstummte [u̯] im Französischen erst im 8.—10. Jh. (vgl. § 74).[57]

*quindecim* > afr. *quinze* [k-] (vgl. sp. *quince* [ki-], aber it. *quindici* [ku̯-]
*querel(l)a* > afr. *querele* [kər-] (vgl. sp. *querella* [ke-], it. *querela* [ku̯-]
*quando* > afr. *quant* [kant] > nfr. *quand* (vgl. it. *quando* [ku̯..], sp. *cuando* [ku̯-]

Das seltene, nur inlautende [gu̯] hat sich analog entwickelt: *lingua* > fr. *langue*.

§ 62. Ab dem 1. Jh. n. Chr. wird Wörtern, die mit 's-impurum', d. h. mit [s] + Konsonant *(s + c, p, t, m)* anlauten wie *spiritus*, *scripta*, ein [i] vorangestellt, also *ispiritus, iscripta* > afr. *esprit, escrite*

---

[57] Da sich in Randgebieten Frankreichs [qu̯] vor [a] bis heute dialektal unverändert erhalten hat — so im Gaskognischen, Wallonischen und in den Vogesen —, kann man folgern, daß die Veränderung von [qu̯] vor [a] als letzte eingetreten ist.

mit lautgesetzlicher Abschwächung des [i] zu [e]. Dieses prothetische *i* ist wohl aus satzphonetischen Gründen entstanden, um eine natürlichere Silbenstruktur zu erhalten,[58] wie die noch im frühen Afr. nachzuweisende Alternation zeigt: *la spuse* < *illa sponsa* (nach Vokal kein prothetisches *i*), *ad espus* < *ad sponsum* (nach Konsonant *i*-Vorschlag).[59] Im Französischen wird der Gebrauch der Form mit [i] generalisiert.[60]

Bei nfr. Wörtern mit *s*-impurum (gelehrte Entwicklungen u. ä.) ist volkssprachlich derselbe Vorgang zu beobachten:

nfr. *une statue,* fr. pop. *une estatue* (von H. Frei, 1929, 102 „u nəs-tatue" transkribiert.)

id. fr. pop. *especialement*.

Die bisher aufgezeigten isolierten Entwicklungen sind alle in vlt. Zeit deutlich ausgeprägt und im wesentlichen abgeschlossen. Andere Entwicklungen sind hier zwar ebenfalls bereits angelegt, reichen jedoch bis ins Afr. und erfordern eine Darstellung in größeren strukturellen Zusammenhängen.

## 7.2. Die Herausbildung des altfranzösischen Konsonantensystems

§ 63. Die Konsonanten des Vlt. wurden im Lauf der Entwicklung zum Afr. in zahlreichen Fällen verändert, was von der Natur des einzelnen Konsonanten und seiner Stellung im Wort abhängt. An Stellungstypen sind zu unterscheiden:
1. Anlaut: *tractare* > fr. *traiter*
2. Inlaut
    a) nachkonsonantisch (meist Silbenlaut): *trac-ta-re* > fr. *trai-ter*
    b) vorkonsonantisch: *trac-ta-re* > fr. *trai-ter*
    c) zwischenvokalisch: *trac-ta-re* > fr. *traiter*
    d) zwischenkonsonantisch: *perdere* > vlt. *\*perdre* > fr. *perdre*
3. Auslaut: *tractas* > fr. *traites*

---

[58] Eine genauere, phonetisch begründete Erklärung gibt Lausberg I, § 94.
[59] Beispiele aus dem Alexiuslied, 11. Jh., Vers 108 und 66.
[60] Im Italienischen, wo sich die Formen ohne [i] durchsetzten, wird in der Schriftsprache nach den Präpositionen *con, in, per* und nach *non* noch die kombinatorische Variante mit prothetischem *i* gesetzt: *con istudio*.

## 7.2.1. Die Konsonanten im Anlaut

Während die übrigen Konsonanten des Vlt. sowohl im Wortanlaut (absoluter Anlaut) als auch in nachkonsonantischer Position (relativer Anlaut) unverändert in das Afr. übergingen,[61] wurden die anlautenden Palatale noch im Vulgärlatein in beiden Positionen stark modifiziert.

### § 64. Palatalisierung

Als Palatalisierung eines Konsonanten[62] wird die Verlegung seiner Artikulation zum harten Gaumen (Palatum) hin bezeichnet, wobei der Zungenrücken etwa an der Artikulationsstelle des [j] (Jot) nach oben gedrückt wird.[63] Daher führt in erster Linie folgendes [j] zur Palatalisierung des vorausgehenden Konsonanten:

vgl. *vinea* > vlt. *vinia* > fr. *vigne* [ɲ]

Einen schwächeren Einfluß üben die Vorderzungenvokale [i] und [e] aus; sie palatalisieren nur die in ihrer Artikulationsstelle weniger festliegenden Palato-Velare [k] und [g] und z. B. nicht [n] wie das Jot in obigem Beispiel;

vgl. *placere* [k] > vlt. *placere* [ts] > afr. *plaisir*, aber *manere* > fr. *manoir* (kein [ɲ]!)

Bei beiden Palatalisierungen handelt es sich um eine regressive Assimilation. Die Voraussetzungen für die Palatalisierung liegen also in der lautlichen Umgebung und in der Natur des Konsonanten.[64]

---

[61] Nach Weinrich (1958), Hall (1964) und Figge (1966) variierten in der Westromania die vlt. anlautenden Verschlußlaute in Abhängigkeit von ihrer satzphonetischen Stellung:
Typ a) *Pater venit. Vidit patrem.*
   Im Anlaut und nach Konsonant Erhaltung des [p].
Typ b) *Video patrem*
   Zwischenvokalisch Sonorisierung zu [b], vgl. § 89.
Als der feste Wortanlaut durch Verallgemeinerung von Typ a) wiederhergestellt wurde, erfolgte bei einigen Wörtern der Ausgleich trotzdem nach Typ b): *crassus*, vlt. *crassu* und *grassus* (6. oder 7. Jh. belegt) > fr. *gras*, nördl. Mundarten *cras*. Es ist auch Einfluß von vlt. *grossus* 'dick' denkbar.

[62] Eine genaue Beschreibung der artikulatorischen Veränderungen liefern Rheinfelder I, § 391—394, Lausberg I, § 74—79, Große 1971, 5.1.—5.5.

[63] Die Thesen über die möglichen Ursachen dieser den romanischen Konsonantismus charakterisierenden Erscheinung referiert kurz F. Carton 1974, 2.2.7.1.

[64] Der Terminus 'Mouillierung' (fr. *mouiller*), ein älterer Ausdruck für Palatalisierung, gehört der auditiven Phonetik an; er soll den Eindruck

§ 65. **Die Palatalisierung von Konsonant + j.** — Die frühesten Palatalisierungen sind nach dem oben Gesagten durch folgendes [j] zu erwarten, das meist aus im Hiat stehenden [e, i] (im 1. Jh. v. Chr.) entstanden ist (§ 45). Im absoluten Wortanlaut existieren hierfür im Lateinischen nur Wörter mit [i̯-] und einige wenige mit [di̯-] und [gi̯], im relativen Anlaut solche mit [ki̯-] und [ti̯-]; die Mehrzahl der Fälle begegnet in zwischenvokalischer Position (siehe Kap. 7.5.2.).

§ 66. Vlt. i̯- > dʒ

i̯am, vlt. i̯am > vlt. iam [dʒ] > afr. ja [dʒ]
(Zwar einsilbig, aber unbetont; daher Verlust des -m im Gegensatz zu rem > rien; nfr. in jamais, déjà)
i̯urare > jurer

Wird bei der Artikulation des [i̯] die Zunge so weit gehoben, daß sie das Palatum berührt, entsteht daraus ab dem 3. Jh. n. Chr. über einige hier vernachlässigte Zwischenstufen im 5. Jh. ein kombinierter Verschlußreibelaut, eine als alveolar und präpalatal charakterisierte Affrikata [dʒ].[65]

Dieser Laut wird entgegen dem Augenschein obiger Transkription in **e i n e r** Lautzeit gesprochen und als **e i n** Phonem gewertet.

§ 67. Vlt. di̯- > dʒ

splt. di̯urnu > afr. jorn [dʒ] > nfr. jour

Vlt. [di̯-] im Anlaut wird von der Entwicklung von [i̯-] miterfaßt, die Artikulierung des [d-] wurde in Assimilation an das [j] nach hinten verschoben.

§ 68. Vlt. gi̯- > dʒ

Georgius, vlt. *Gi̯orgi̯os > afr. Jorges, Georges [dʒ-]

Durch die Wirkung des [j] wird die Artikulation des [g-] so weit nach vorn verlegt, daß die weitere Entwicklung mit der von [i̯-] und [di̯-] zusammenfällt.[66]

§ 69. Vlt. ti̯- [tç] > tsç > ts

cantionem, vlt. canti̯one > vlt. *cantsi̯one > afr. chançon [-nts-]
Martius, vlt. Marti̯u > afr. marz [-ts]

wiedergeben, den der Hörer von einem palatalisierten (mouillierten) Konsonanten hat.

[65] Nach G. Strakas (1964) Kriterien für die Lautentwicklung (Verstärkung und Schwächung der Artikulation) zählt dieser Vorgang zu den Verstärkungen; vgl. auch F. de la Chaussée 1974, Kap. 5.

[66] Dieser Entwicklung schlossen sich einige griechische Wörter mit ζ (zeta) an: ζῆλος, splt. zelōsu > afr. jalous > nfr. jaloux; zur unregelmäßigen Entwicklung dieses Wortes vgl. Anm. 118.

Bereits ab dem 2. Jh. beginnt die Assibilierung des palatalisierten [tç], wobei die Artikulation wie bei [dḭ-] weiter nach hinten verlegt wird, jedoch ein [s] (Sibilum) die Aussprache erleichtert: [tç] > [tsç]. Beispiele sind nur im relativen Anlaut vorhanden.

§ 70. Vlt. cḭ [kç] > tsç > ts

*lancea*, vlt. *lancḭa* [kç] > vlt. *\*lanca* [-tsa] > afr. *lance* [-tsə]

Hier liegt im Prinzip derselbe Anschluß an die Entwicklung von [tḭ] vor, wie bei [gḭ] an [dḭ].

§ 71. Die Palatalisierung von *g, k* vor *i, e*

Etwa im 3. Jh. werden [g] und [k] auch vor silbischem [i] und [e] palatalisiert und führen über einige Zwischenstufen zu denselben vlt. und afr. Resultaten [dʒ] bzw. [ts]. Man nimmt an, daß der Verschluß bei [g, k] im Vulgärlatein nicht plötzlich, sondern langsam gelöst wurde, so daß sich zwischen [k, g] und [i, e] ein [j] als Übergangslaut einstellen konnte, an welches sich [k] und [g] assimilierten. Zu einer dialektal abweichenden Entwicklung vgl. § 35, 5.

*g* vor *i, e* > *gḭ* > *dʒ*

*gentilis, gentile* > afr. *gentil* [dʒ-]

*argentu* > afr. *argent* [ardʒãnt]

Wörter mit ⟨gi-⟩ sind lateinisch selten.

*c* vor *i, e* [ki, ke] > *kç* > *tsç* > *ts*

*cinis, cinere* > afr. *cendre* [ts-]

*centum* > afr. *cent*

*merces, mercede* > afr. *mercit* (*e* > *i*, § 146)

§ 72. Die Palatalisierung von *g, k* vor *a*

Während die bisher vorgestellten Palatalisierungen grosso modo gesehen gemeinromanisch waren, bleibt die Palatalisierung von [g, k] vor [a] auf die nördliche Westromania (v. a. fr., frpr. rät.) beschränkt. Aufgrund der geographischen Verbreitung läßt sich dieser Palatalisierungsvorgang vor den die Einheit auflösenden Alemanneneinfall in die heutige Schweiz (im 5. Jh) datieren; er setzt auf jeden Fall die Palatalisierung von [g, k] vor [i, e] voraus.

*g* vor *a* > *dʒ*

*gallina* > afr. *geline*

*virga* > afr. *verge*

Wie zu erwarten, entwickelt sich [g] auch vor [a] über einige hier vernachlässigte Zwischenstufen zu [dʒ].

*c* vor *a* > *tʃ*

*camera* > afr. *chambre*

*vacca* > afr. *vache*

Es fällt auf, daß [k] hier nicht wie vor [i, e] assibiliert wird, was zu

[ts] führen würde, sondern daß hier eine Parallele zur Entwicklung von [g + a] vorliegt.[67]

Ab dem 5. Jh. ins Französische gekommene germanische Wörter entwickeln ein [k] vor [i, e] ebenfalls zu [tʃ] und nicht zu [ts]: frk. *skina 'Röhre, Schienbein' > afr. eschine [estʃinə]. Das Resultat dieser zweiten Palitalisierung war also immer [dʒ, tʃ].

§ 73. Zusammenfassend läßt sich festhalten, daß die Herausbildung der für das Afr. charakteristischen Affrikaten im Vlt. der Kaiserzeit begonnen hat und wahrscheinlich schon im 5. Jh. abgeschlossen war; vgl. auch den folgenden Paragraphen. Das Afr. hat somit in der Palatalisierung den Sprachstand des späten Vlt. bewahrt.

§ 74. Der Labiovelar qu-. — Der Labiovelar qu- [kw] verlor den Halbvokal [u̯] vor [i, e] und [a] erst im späteren Vlt. bzw. Galloromanischen (8.—10. Jh., § 61); das entstandene [k] wurde nicht mehr palatalisiert, da alle primären k-Laute vor [i, e] und [a] bereits zu [ts] oder [tʃ] verändert worden waren.[68]

qui [ku̯i], vlt. qui [ki] > fr. qui (und nicht *[tsi])
querel(l)a > fr. querelle
quando > fr. quand

§ 75. Konsonanten germanischer Herkunft

Mit dem germanischen Wortschatz (§ 28) werden seit dem 5. Jh. auch neue Laute integriert; es seien nur die zwei häufigsten herausgegriffen:

§ 76. germ. w-

Der gerundete bilabiale Reibelaut [w] war nach der Entwicklung des [v] (vgl. § 60) bereits früh (2. Jh. n. Chr.) im Wortanlaut des Vlt. nicht mehr möglich und auf die Position nach [g, k] beschränkt: quando, lingua.

---

[67] Eine Erklärung dieser Abweichung muß angrenzende Dialekte und Sprachen — so die Entwicklung im Pikardischen, vgl. § 35, 6 — berücksichtigen; vgl. Rheinfelder I, § 396, Lausberg II, § 312—316, 325—327, v. Wartburg 1967, III 3.

[68] Nur wenigen fr. Wörtern mit anlautendem [k] liegt ein lt. qu- zugrunde; die Mehrzahl stammt entweder aus Dialekten und Sprachen, die [k] vor [a] nicht verändert haben, oder es handelt sich um Entlehnungen aus dem Lateinischen (gelehrte Wörter, Buchwörter); Beispiele aus Rheinfelder I, § 417—419:

camarade < sp., cantique < lt., canevas < pik., norm., cap < apr., cantatrice < it.

Bei anderen Lautentwicklungen wird nicht mehr auf derartige Übernahmen und gelehrte Bildungen eingegangen.

Entwicklung der Konsonanten 51

Germanische Wörter mit anlautendem [w] bekamen daher im Galloromanischen einen g-Vorschlag und verloren im 11.—12. Jh. ihren Halbvokal wie die Wörter mit bereits lt. [qu̯, gu̯].[69] Vgl. § 35, 7.
germ. w- > gu̯ > g
frk. *wisa 'Weise' > afr. guise [gu̯-] > afr. guise [gi-]
westgerm. *werra 'Verwirrung, Streit' > afr. guerre
frk. *wardon 'warten, behüten' > afr. guarder > nfr. garder
§ 77. germ. h-
Während das Vlt. den Hauchlaut [h] nicht kannte (§ 59), wurde er durch fränkische Superstratwörter im Galloromanischen übernommen und bis zum 17. Jh. im Französischen gesprochen; das h-aspiré verhindert heute noch Elision *(la hâte)* und Liaison *(ils haïssent,* ohne [z]).
germ. h- = h
frk. *haist 'Heftigkeit, Streit' > afr. haste (> dt. *Hast*) > nfr. hâte
frk. *hatjan 'hassen' > afr. haïr [ha-] > nfr. haïr[70]


7.2.2. Die Konsonanten in vorkonsonantischer Stellung

Vor einem Konsonant befinden sich Konsonanten meist am Silbenende und damit in schwacher Position; sie assimilieren sich an den folgenden Konsonanten, oder vokalisieren:
§ 78. r vor Kons. = r
Einzig [r] bleibt bis zum Neufranzösischen erhalten, wird aber im 17. Jh. zum Zäpfchen-r [R], (r grasseyé):
partem > afr. part
perdere > afr. perdre

---

[69] Einige lt. mit [v] anlautende Wörter können durch Kreuzung (Kontamination) mit phonetisch und semantisch ähnlichen Wörtern des Fränkischen den Anlaut [gu̯] erhalten haben:
vastare × frk. *wosti 'wüst' > afr. guaster > nfr. gâter
vespa × frk. *wapsa > afr. guespe > nfr. guêpe
H. Meier (1960) nimmt zumindest für Fälle ohne evidentes germanisches Pendant satzphonetische Gründe für die Entstehung des [gu̯] aus lt. [v-] an: etwa nach *lin-gua* wird *in vagina* > afr. *en guaine* > nfr. *gaine*.
[70] Dagegen nimmt Greive (1970) für *hâte* eine Ableitung von lt. *hasta*, für *haïr* ein Intensivum von *agere (actitare)* an und erklärt die Entstehung des somit hier unetymologischen [h] aus satzphonetischen Gründen (Vermeidung des Hiats). Frk. Einfluß kann in diesen und anderen Wörtern durchaus vorliegen.

**§ 79.** *m, n* vor Kons. = afr. *m, n* > — (13. Jh.)
Die Nasale nasalieren den vorhergehenden Vokal (§ 149 ff.) und verstummen etwa im 13. Jh.:

> *rumpere* > afr. *rompre* [rõmprə] > afr. *rompre* [rõprə]
> *centum* > afr. *cent*
> *comes/comitem*, vlt. *comte* > afr. *comte* > afr. *conte* (durch Assimilierung, als die nasalen Konsonanten noch gesprochen wurden; nfr. *comte* ist gelehrte Schreibung)

Beim Zusammentreffen zweier Nasale setzt sich [m] durch:

> *femina* > afr. *feme* > *fame*; vgl. § 35, 8.

**§ 80.** *l* vor Kons. > *u̯*

Da das vor Konsonant gesprochene velare dunkle *l* (vgl. § 53) sowohl artikulatorisch (Hebung der Hinterzunge) wie auch auditiv mit [u] und [w] verwandt ist, konnte dieses [L] zu [u̯] vokalisieren. Dieser Vorgang erstreckt sich vom 7. Jh. (nach [a]) bis spätestens zur 1. Hälfte des 11. Jh.[71] Analog dazu entwickelt sich nach [i] das Zungenspitzen-*l* zu [i̯][72]; vgl. § 35, 9, 14, 15.

> *calidus*, vlt. *caldu* > afr. *chalt, chaut* [tʃau̯t] > nfr. *chaud*[73]
> *molere*, vlt. *molre* > afr. *moldre* > afr. *moudre*
> *gentiles* > afr. *gentils* > *gentis* > nfr. *gentils* (nfr. nur graphisches ⟨l⟩)

**§ 81.** *s* vor Kons. = *s* > *h* > — (11. bzw. 13. Jh.)

Vor stimmhaftem Konsonant verstummt [s] über die Zwischenstufe [h] etwa Mitte des 11. Jh., vor stimmlosem Konsonant im 13. Jh., wobei der vorausgehende Vokal gelängt wird. Französische Lehnwörter im Englischen mit ⟨s⟩ + stimmhaftem Konsonant zeigen Verstummen des [z], bei stimmlosem Konsonant Erhaltung des [s].

> *insula*, vlt. *isola* > afr. *isle* > nfr. *île* (e. *isle* mit nur graphischem ⟨s⟩)
> *masculu* > afr. *masle* > nfr. *mâle* (e. *male*)
> *dies festa*, vlt. *festa* > afr. *feste* > nfr. *fête* (e. *feast*)
> *castellu* > afr. *chastel* > nfr. *château* (mhd. *tschahtel*; e. *castle* < norm. *castel* vgl. § 35, 6)

**§ 82.** Die bis jetzt behandelten [r, m, n, s, l] vor Konsonant be-

---

[71] Nach Dietz 1968, S. 84—88 zeigt das fr. Lehngut im Mittelenglischen durchweg vokalisiertes [l].

[72] Vokalisierung des [l] kommt in verschiedenen Sprachen, z. B. im Bairischen vor: *schuid (schuld), Suiz (Sülze), woin (wollen), voi (voll)* ∼ *vollà (voller)*, etc. Nach Merkle 1975, 23 f.

[73] Graphisch konnte das ⟨l⟩ noch länger beibehalten werden, da es ja in allen Wörtern vorkonsonantisch vokalisiert war.

Entwicklung der Konsonanten 53

inhalten ein längeres Entweichen des Luftstroms und werden daher als Dauerlaute charakterisiert; sie sind im Afr. erhalten.[74] Dagegen sind die Verschlußlaute [t, d, p, b, k, g] im Afr. bereits assimiliert [t, d, p, b], bzw. vokalisiert [k, g].

§ 83. *t, d* vor Kons. > —
Vorkonsonantische Dentale werden ab dem 7. Jh. völlig an den folgenden Konsonanten assimiliert; vor [r] verläuft die Entwicklung wie in intervokalischer Stellung (vgl. § 88) über [d > ð] und führt erst Anfang des 12. Jh. zum Verstummen des Dentals; in sekundärer Verbindung mit auslautendem [-s] erfolgt vollständige Assimilation erst im 12./13. Jh.:

*advenire* > afr. *avenir* > nfr. *advenir* (lateinisierende Graphie des 16. Jh. und Schreibaussprache), aber nfr. *avenant*
*patrem* > afr. *pedre* (11. Jh.) > afr. *pere*
*donatis* > afr. *donets* (meist geschrieben: *donez*) > *donez* [-és] > nfr. *donnez* [-é]

§ 84. *p, b* vor Kons. > —
Ebenfalls vollständige Assimilation; vor [r] verläuft die Entwicklung wie in intervokalischer Stellung (vgl. § 89) über [b] zu [v]; vor [l] bleibt [b] erhalten und [pl] > [bl]. Vgl. § 35, 10.

*(via) rupta* 'durchgebrochener Weg' > afr. *rote, route*
*debere/debita*, vlt. \*devita > \*devta > \*defta > afr. *dete* > nfr. *dette*[75]
*februarius*, vlt. *febrariu* > afr. *fevrier*
*populu* > afr. *pueble* (> dt. *Pöbel*), nfr. *peuple* ist halbgelehrte Entwicklung

§ 85. *k, g* vor Kons. > ç > i̯
Vor Konsonant wurden [g, k] palatal artikuliert, so daß sich über den *ich*-Laut [ç] seit dem 4. Jh. der palatale Halbvokal [i̯] entwickeln konnte[76]:

*fragrare*, vlt. *flagrare* (§ 54) > afr. *flai̯rier*
*tractare* > afr. *trai̯tier*[77]

---

[74] Mit vorkonsonantischem [f] und [v] gibt es nur wenige Fälle: *vivere* > afr. *vivre* (vor *r*), *clavis* > afr. \**clefs* > afr. *cles*.
[75] Genaueres zur Entwicklung § 93 und 106.
[76] Während Lausberg II, § 430 die Aussprache des vorkonsonantischen [g, k] als Reibelaut auf oskisch-umbrische Sprachgewohnheiten zurückführt, nimmt von Wartburg 1967, III 2a Wirkung des keltischen Substrats an; vgl. auch Straka 1964, v. a. S. 43—45.
[77] Das inlautende [t] befindet sich nicht in zwischenvokalischer Stellung, es würde sonst zu [d] sonorisiert; vgl. § 88.

Nur [l] und [n] wurden durch den vorausgehenden Palatal zu den palatalisierten Konsonanten [ł] und [ñ], graphisch ⟨l, il, ill, li, lli, illi⟩ bzw. ⟨gn, ign⟩:

*vigilare*, vlt. \**veglare* > afr. *ve-ill-ier* [veļi̯er] > nfr. *veiller* [j]
*insignire*, vlt. \**insignare* (§ 232) > afr. *ense-ign-ier* [ãnseñi̯er] > nfr. *enseigner* [ɲ]

Während [ł] ab Ende des 17. Jh. durch Lockerung des Verschlusses zu [j] wurde, bleibt [ñ] erhalten.

### 7.2.3. Die Konsonanten in zwischenvokalischer Stellung

**§ 86.** Das Verhalten der zwischenvokalischen stimmlosen Konsonanten ist eines der Kriterien zur Einteilung in Ostromania (v. a. it. und rum.) und Westromania [78]. Während in der Ostromania diese stimmlosen Konsonanten erhalten bleiben, werden sie in der Westromania an ihre vokalische Umgebung assimiliert und damit stimmhaft (Sonorisierung). Auf dieser Entwicklungsstufe ist z. B. das Apr. stehengeblieben, im frühen Afr. entstehen daraus in der Folge stimmhafte Reibelaute (Spirantisierung), die zum Teil ganz schwinden.

Im Spanischen läuft diese Entwicklung langsamer ab, so daß etwa seit dem 16. Jh. die frikative Phase erreicht wurde, vgl. § 35, 11.

|  | it. | apr. | sp. |  | afr. |
|---|---|---|---|---|---|
| vlt. *vita* | *vita* | *vida* | *vida* | [δ] | *vidhe* [δ], *vie* |
| vlt. *sapére* | *sapere* | *saber* | *saber* | [β] | *saveir* |
| vlt. *secúru* | *sicuro* | *segur* | *seguro* | [γ] | *seür* [se-yr] |

**§ 87.** Liquide, Nasale und *s*

Wie in vorkonsonantischer Stellung werden Liquide, Nasale und [s] auch zwischenvokalisch nicht in gleichem Maße von der Entwicklung erfaßt — die bereits stimmhaften Liquiden und Nasale bleiben erhalten, [s] wird stimmhaft:

*gelare* > afr. *geler*
*hora* > afr. óu̯re, *(h)éu̯re*
*amica* > afr. *amie*
*tenére*, vlt. \**tenire* (∼ *venire*) > afr. *tenir*
*spondere/sponsa*, vlt. \**isposa* (*ispose* = *sponsae* ist belegt) > afr. *espouse* [z]

---

[78] Ein weiteres Kriterium stellt die Behandlung des auslautenden [-s] dar; vgl. § 104, Anm. 84 und § 12.

§ 88. -t- > d
      -d-    > δ > —

Im 5. Jh. wird zwischenvokalisches [t] zu [d] sonorisiert, im 8. Jh. ist die frikative Phase erreicht [δ], die gelegentlich durch Graphemkombinationen wie ⟨dh⟩, ⟨th⟩ ausgedrückt wird; die Spirans [δ] ist etwa im 11. Jh. verstummt. Der entsprechende stimmhafte Laut schließt sich der Entwicklung an.

*vita* > apr. *vida* > afr. *vidhe, vithe* [δ] > afr. *vie*
*videre* > afr. *vedeir* > *veeir* [ve-ei̯r] > *veoir* > nfr. *voir* (aber: apr. *vezer*)

§ 89. -p- > b > β > v

Analoge und gleichzeitige Entwicklung wie bei [-t-], nur verstummt der Reibelaut [β] nicht, sondern führt zu dem bereits im 2. Jh. n. Chr. entstandenen Labiodental [v]; (vgl. § 56 und 60):

*ripa* > apr. *riba* > afr. *rive*

§ 90. -v- bleibt erhalten, außer vor o, u

v (< u̯ oder b; cf. § 56 und 60) bleibt vor [i, e, a] erhalten, verstummt vor homorganem [o, u]:

*levare* > afr. *lever*
*debere* > afr. *devei̯r* > *devoi̯r*
*pavor/pavorem* > afr. *pàóu̯r* > *pèóu̯r* (Dissimilierung) > *pèéu̯r* > nfr. *peur*
*debére*, vlt. *debútu* > afr. *dèút* > nfr. *dû*

Das erst einige Jahrhunderte später aus [-p-] über [-b-] entstandene [v] verstummt auch vor [o, u] nicht:

*nepos, nepote* > afr. *nevout* > nfr. *neveu*

§ 91. Die zwischenvokalischen Velare k, g

-k- > g
      -g- > γ > —

Als Velare, d. h. vor [ú, ó] oder zwischen [ù, ò] und [á] oder vor auslautendem [-u] sind die Palatovelare [k, g] wie die übrigen Verschlußlaute (außer -p-) über Sonorisierung und Spirantisierung schließlich geschwunden:

*securum*, vlt. *\*seguru* > apr. *segur* > afr. *sèúr* [se-ür]
*locare* > apr. *logar* > afr. *loër* > nfr. *louer*
*legere*, vlt. *legutu* > afr. *lèút* > nfr. *lu*

§ 92. Die zwischenvokalischen Palatale k, g

Befindet sich nach den Palatovelaren [g, k] ein [i, e] oder stehen sie zwischen [i, e, a] und [a], liegt palatale Artikulation vor. Hierbei wird [k] wie im Anlaut vor [i, e] ebenfalls im 3. Jh. palatalisiert und assibiliert: [tsç]; in zwischenvokalischer Position wird die Affricata ab dem 5. Jh. sonorisiert: [dzj], sodann das palatale Element vorweggenommen [jdz] und der Nexus zu [jz] vereinfacht.

-*k*- vor *i, e* > *tsç* > *dzj* > *jdz* > *jz*
  *placēre* > afr. *plaisir*
  *vīcīnum*, vlt. *vecinu* (Dissimilierung) > afr. *veisin* > afr. *voisin*

Dagegen wird [g] zunächst vor [i, e], später auch vor [a], durch Lockerung des Verschlusses zu [j]; [k] vor [a] schließt sich im 5. Jh. dieser Entwicklung an.

-*g*- vor *i, e, a*
-*k*- vor *a* > *g* > γ > *j*

  *regina* > afr. *re-i-ine* > afr. *rëine* > afr. *reine*
  *regalis/regalem* > afr. *reial* > afr. *roial*
  *amica*, vlt. \**amiga* > afr. *ami-i-e* > afr. *amie*

§ 93. Zwischenvokalische Doppelkonsonanten (Langkonsonanten, Geminaten)

Nachdem die einfachen zwischenvokalischen Verschlußlaute etwa ab dem 5. Jh. sonorisiert und weiter spirantisiert wurden, konnten die stimmlosen Langkonsonanten ihre Länge aufgeben (= Degeminierung) und somit die Stelle der einfachen stimmlosen Verschlußlaute einnehmen; dieser Vorgang ist erst in das 7. oder 8. Jh. zu situieren, so daß die auf diese Weise neu entstandenen einfachen Verschlußlaute nicht mehr sonorisiert werden, sondern sich wie im Anlaut verhalten.[79]

  *gutta* > afr. *gote* > nfr. *goutte* (⟨tt⟩ lateinisierende Graphie) (aber: *vita* > afr. *vie*)
  *mappa*, vlt. *nappa* > afr. *nape* > nfr. *nappe* (aber: *ripa* > afr. *rive*)
  *vacca* > afr. *vache* (aber: *amica* > afr. *amie*)

Daneben entstehen ab dem 5. Jh. durch vollständige Assimilation bestimmter Konsonanten in vorkonsonantischer Position sekundär neue Langkonsonanten (vgl. § 83 f.); sie werden ebenfalls degeminiert:

  (*via*) *rupta*, vlt. \**rutta* > afr. *route*
  *debere, debita*, vlt. \**devita* > \**devta* > \**defta* > \**detta* > afr. *dete*

---

[79] Da die Liquide, Nasale und [s] zwischenvokalisch erhalten bleiben, fallen sie mit ihren degeminierten Langkonsonanten zusammen:
*illa* > afr. *ele* > nfr. *elle*
*terra* > afr. *terre* [rr]! > 17. Jh. *terre* [rr]! > nfr. *terre* [R]
(Die Längung des [r] blieb bis ins 17. Jh. erhalten)
*flamma* > afr. *flăme* > nfr. *flamme*
*annu* > afr. *ăn* > nfr. *an* [ã]
*fossa* > afr. *fos(s)e* [s!] > nfr. *fosse* (⟨ss⟩ wegen [s])

*tepidu,* vlt. *\*tiebedo* > *\*tievedo* > *\*tievde* > *\*tiedde* > afr. *tiede*
Man hat den Anstoß für Sonorisierung und Degeminierung in der frühen Entwicklung des [-b-] zum Reibelaut [-v-] gesehen (§ 60), die eine parallele Abschwächung der beiden anderen stimmhaften Verschlußlaute [d, g] zu [δ] und [γ] nach sich gezogen hätte:

```
    IV        III         II              I
    pp > p ⟶ p > b ─────────────────⟶ b > v > —, v
    kk > k ⟶ k > g ─────⟶ g > γ ────⟶ —, j
    tt > t ⟶ t > d ─────⟶ d > δ ────⟶ —
```

Im Ergebnis findet wie im Vokalismus ein Ersatz der quantitativen Opposition (z. B. [pp]:[p]) durch eine qualitative statt ([p]:[v]); vgl. § 116 ff.

7.2.4. Konsonant plus Jot in zwischenvokalischer Stellung

Vor allem [j] begünstigt die Palatalisierung des vorausgehenden Konsonanten (§ 64 f.), die auch chronologisch als erste bereits in das 2. Jh. n. Chr. datiert wird.
Nach der Behandlung der Fälle im absoluten und relativen Anlaut (§ 66—70) folgt die Entwicklung des Nexus von Konsonant + j in zwischenvokalischer Stellung.
§ 94. *d, g + j* > vlt. *j*
Der Verschluß von stimmhaften Okklusiven ist so locker, daß sie an folgendes [j] bereits im 1. Jh. n. Chr. vollständig assimiliert werden:
vlt. *hodie* > *\*oie* > afr. *hui̯,* vgl. *aujourd'hui*
vlt. *corrĭgia* 'Riemen' > *correi̯a* (belegt) > afr. *correi̯e* > nfr. *courroie*
*gaudium,* Pl. *gaudia,* vlt. fem. Sing. (§ 170 b) > *\*gaui̯a* > *\*jaui̯a* (§ 72) afr. *joi̯e* (§ 131)
§ 95. *l + j > l̮*
*filia,* vlt. *\*fili̯a* > afr. *fille* (⟨ll⟩ Graphie für *l̮*)
Ab Ende des 17. Jh. Lockerung des Verschlusses zu [j] wie bei [l̮], das aus [-cl-] entstanden ist (§ 85).
§ 96. *n + j > ñ / i̯n*
*vinea,* vlt. *vini̯a* > afr. *vigne* (⟨gn⟩ = [ɲ])
*testimonium,* vlt. *\*testmoniu* (§ 47) > afr. *tesmoin, tesmoing, tesmoign* [tesmoñ], (⟨in, ing, ign⟩ = [ñ, ɲ]) > nfr. *témoin*
*verecundia,* vlt. *\*verecuni̯a* (dj > j, § 94) > *\*veregoni̯a* (§ 91) > afr. *vergogne*
Kommt das palatale [ñ] in den Auslaut, wird die palatale Artikulation

als [j] vorweggenommen und mit dem vorausgehenden Vokal verbunden (§ 85 und 156).

§ 97. r + j > i̯r
   par/paria > afr. pai̯re

Generelle Vorwegnahme des [j] (= epenthetisches-i̯), selbst bei Konsonant + r + j:
   splt. repatriare 'heimkehren' > afr. repairier.

§ 98. s/ss + j > i̯s [i̯z] / i̯ss [i̯s]
   mansionem, vlt. *masi̯one > *mai̯sone > afr. maison [z]
   vlt. bassiare > afr. baissier [s] (Anm. 79)

Vorwegnahme des [j] — Sonorisierung.
Der Nexus [stj] und [skj] wurde vlt. zu [*ssj] vereinfacht:
   angustia, vlt. *angussi̯a > afr. angoisse

§ 99. t + j [tç] > tsç > dsj > i̯s [i̯z]
   rati̯one > afr. rai̯sõn

Palatalisierung — Assibilierung im 2. Jh. n. Chr. wie im relativen Anlaut (§ 69) — Sonorisierung im 5.—6. Jh., da zwischenvokalisch — Zusammenfall mit der Entwicklung von [s + j].

§ 100. c + j [kç] > tsç > ts
   facies, vlt. faci̯a > *facci̯a > *fatse > afr. face

Es fällt auf, daß sich [k + j] wie im relativen Anlaut entwickelt (§ 70) und nicht sonorisiert wird; es kann daher angenommen werden, daß hier der Konsonant vor dem [j] im Vlt. verdoppelt wurde, also *facci̯a; die weitere Entwicklung verläuft dann wie bei den übrigen Geminaten (§ 93).

§ 101. Labial + j

Da die Artikulation der Labiale [p, b, v, m] keine Beteiligung der Zunge erfordert, können sie nicht eigentlich palatalisiert werden. In dem Nexus Labial + [j] entwickelt sich daher [j] wie im Anlaut zu [dʒ], der Labial wird anschließend an den folgenden Verschlußreibelaut völlig assimiliert.

   p + j > pdʒ > tʃ
   splt. appropi̯are > afr. aprochier
   b + j > v + j (§ 60)
             ⟩ vdʒ > dʒ [80]
   v + j

---

[80] Ebenso ist Lockerung des Verschlusses von [vj] zu [j] möglich, ähnlich wie bei [dj], [gj]:
habeo, vlt. *avi̯o > *ai̯o > afr. ai
debeo, vlt. *devi̯o > *dei̯o > afr. dei > doi > nfr. dois
pluere/pluvi̯a > afr. pluie

*rubeus*, vlt. *\*ruvi̯u* > afr. *roge* > *rouge*
*cavea* > afr. *cage* (Dissimilierung aus dial. belegtem *chage*, oder aus nördlichem Dialekt)
m + j > mdʒ > ndʒ
*commeatum*, vlt. *\*commi̯atu* (§ 45) > afr. *cōngiet* [dʒ] > nfr. *congé*
Assimilierung des [m] an [dʒ] wie bei *comite* an [t] (§ 79).

### 7.2.5. Die Konsonanten in zwischenkonsonantischer Stellung

§ 102. Verbindungen von drei Konsonanten sind meist erst sekundär, durch Synkopierung oder Verstummen des Vokals der Schlußsilbe entstanden; der mittlere Konsonant bleibt im allgemeinen vor Liquid erhalten, verstummt meist in den anderen Fällen:
*perdere*, vlt. *\*perdre* > afr. *perdre*
*rumpere*, vlt. *\*rumpre* > afr. *rōmpre*
*amplu* > afr. *ample*
*testimoniu*, vlt. *\*testmoni̯u* > afr. *tesmoin*
*rumpere, rumpit*, vlt. *\*rumpt* > afr. *rōnt* > nfr. *rompt* (etymologisierende Schreibung, um einheitlichen Stamm des Paradigmas zu erhalten.)
Der Zwischenkonsonant bleibt also nur dann erhalten, wenn er mit dem folgenden Konsonanten einen Silben- oder Wortanlaut bildet: afr. *rom-pre*, vgl. *prendre*; aber vlt. *\*rumpt*, vgl. vlt. *\*pt-*[81]
Daher bleibt das [t] z. B. in *cantus* > afr. *chants* [tʃãnts] auch vor [s] erhalten, den [ts-] ist zwar kein klt., aber seit dem 3. oder 4. Jh. ein vlt. Wortanlaut: *centum* > vlt. *cento* [ts-] > afr. *cent* [tsãnt].

### 7.2.6. Die Konsonanten im Auslaut

§ 103. Für die Entwicklung der Konsonanten im Wortauslaut wurde im späteren Afr. ihre satzphonetische Stellung relevant: sie verstummten vor Konsonant, vor Vokal oder Pause wurden sie weiterhin ausgesprochen.[82] Ein Wort hatte also zwei bis drei verschiedene Formen, ein Zustand, der im Nfr. nur in einigen Wörtern bewahrt ist:

---

[81] Daher wurde ein gr. πτισάνη 'Gerstengrütze', klt. *ptisana* im Vlt. zu *tisana* vereinfacht und ergibt fr. *tisane*.
[82] Die Entwicklung der Konsonanten innerhalb eines Syntagmas entspricht

*six* [si] *livres, six* [siz] *enfants, nous sommes six* [sis]
(vgl. *cinq, tout, trop, nous,* etc. Stichwort 'Liaison')
Seit dem Mittelfranzösischen setzt sich die vorkonsonantische Variante allmählich durch, die afr. Auslautkonsonanten sind daher im allgemeinen verstummt. Die Entwicklung im einzelnen:

§ 104. Konsonanten, die sich bereits im Vlt. im Auslaut (= p r i m ä r e r   A u s l a u t) befanden, sind im allgemeinen im frühen Afr. noch erhalten; während sie aus den genannten Gründen in mehrsilbigen oder durch ein Paradigma gestützten Wörtern verstummen, bleiben sie bei isolierten Einsilblern meist erhalten: (Zu [-m], vgl. § 58)

*donat* > afr. *dõnet* > afr. *dõne*[83]
*donas* > afr. *dõnes* [-s] > afr. *dones* [-ə]
*cantus* > afr. *chants, chanz* [-ts] > afr. *chans* [ʃã(n)]
*muros* > afr. *murs* [-s] > afr. *murs* [-r][84]

aber:

*sal* > nfr. *sel*
*cor* > afr. *cu̯ér* > nfr. *cœur*
*per* > afr. *par* > nfr. *par*

§ 105. Konsonanten, die erst durch den Verlust des Auslautvokals (§ 49) in den Auslaut gekommen sind (= s e k u n d ä r e r   A u s l a u t), haben zum Teil bereits Veränderungen (z. B. Palatalisierung, Sonorisierung) mitgemacht; treten sie auf einer stimmhaften oder frikativen Entwicklungsstufe in den Auslaut, werden sie stimmlos[85] — Auslaut-

also ihrem Verhalten in einem Wort. Diese Verwischung der Wortgrenze wurde z. B. von Pope (1952, § 171 und 611 ff.) mit dem Nachlassen des dynamischen Akzents in Zusammenhang gebracht; auch die Monophthongierungen (§ 162) und die Beseitigung der Hiate (Anm. 110) würden darauf zurückzuführen sein.

Indiz für diese Entwicklungen sind seit dem 13. Jh. häufig belegte und beliebte zweisilbige Reime (rime léonine):

*espousa* : *nous a* (Rosenroman)

Vgl. Klausenburger 1970 — hierzu Anm. 206 hier.

[83] Der Zeitpunkt des Verstummens hängt auch davon ab, ob der Auslautkonsonant in unbetonter *(donet)* oder betonter *(bontét)* Silbe steht, ob ihm ein Vokal oder ein Konsonant *(vert)* vorausgeht. Vgl. Skårup 1969.

[84] Das Verstummen des *-s* setzte noch im 12. Jh. ein — Indiz sind Graphien in Manuskripten, z. B. *le chefs* (Roland, v. 44) — und hatte weitreichende Konsequenzen für die Zweikasusdeklination (§ 181—184), von da aus eventuell für die Wortstellung (§ 374—377), für die Artikelsetzung (§ 204 und 292), etc.; vgl. § 35, 12.

[85] Vgl. auch die dt. Alternanz *Hand* : *Hände*.

verhärtung. Die weitere Entwicklung verläuft mit vielen Ausnahmen wie im primären Auslaut.

t, d, s

    *bonitatem* > afr. *bontét* [-t > ϑ] > afr. *bonté*[83]
    *viridem*, vlt. *virde* > afr. *vert* [-t] > afr. *vert* [-r][83]
    *mensem*, vlt. *mese* > afr. *meis* [-s] > afr. *mois* [-s > —]

p, b, v

    *campu* > afr. *champ* [-p] > nfr. *champ*
    *clave* > afr. *clef* [-f] > nfr. *clef*, *clé* [kle]
    aber: *novu* > *neuf*, *caput*, vlt. *\*cabu* > *\*cavu* > afr. *chief*[86]

l, r

    *quale* > afr./nfr. *quel*
    *intrare* > afr. *entrer* [-r] > *entrer* [-e], ab 14. Jh.[87]

m, n

    *vinu* > afr. *vin* [-n] > afr./nfr. *vin*
    *nomen*, vlt. *nome* > afr. *nom* [nõm] > afr. *nom* [nõ]

g, k und Palatalisierung

    *longu* > afr. *lonc* > nfr. *long*
    *arcu* > afr. *arc* [-k > —], 16. Jh. > nfr. *arc* (Schreibaussprache)

[k, g] blieben nur vor [-o, -u] erhalten, vor anderen Auslautvokalen wurden sie vor deren Verstummen palatalisiert:

    *crux, cruce* > afr. *croiz* [-i̯ts < i̯dz < dzj < tsç] (§ 92) > nfr. *croix*
    *Martius* > afr. *marz* > nfr. *mars*

Bei *cruce* liegt vor: Entwicklung des [k] vor [e] in zwischenvokalischer Stellung, Sonorisierung, Jot-Vorschlag, Apokope des [-e], Auslautverhärtung; bei *Martius* regelmäßige Entwicklung im relativen Anlaut.

Die Verbindungen von Konsonant + [j] in zwischenvokalischer Stellung — außer Labial + [j] — nehmen das [j] vorweg, wenn sie in den Auslaut treten:

    *testimoniu* > fr. *témoin*
    *palatiu* > afr. *palais* [-ai̯s] > nfr. *palais*

Vgl. Kap. 7.2.5. und § 156.

---

[86] Nfr. *chef* mit [f], aber *chef-d'œuvre*, ohne [f], da satzphonetisch vor Konsonant.

[87] Bei den Infinitiven auf *-ir* und *-oir* wurde das verstummte [-r] von den Grammatikern des 17. Jh. analog zu *rire, dire, ecrire* (mit Stütz-e) wieder restituiert, afr. *tenir* [-r > —], ab 17. Jh. wieder *tenir* [-R]; ebenso bei *chanteur, amour*, etc.

## 7.3. Absolute und relative Chronologie von Lautgesetzen

**§ 106.** Lautveränderungen können einerseits aufgrund von Inschriften, Lehnwörtern, Grammatikerzeugnissen, etc. ungefähr datiert werden — absolute Chronologie. Andererseits kann an der Entwicklung einzelner Wörter die sich hierbei als erforderlich erweisende Aufeinanderfolge mehrerer Lautgesetze festgestellt werden — relative Chronologie. Beide Verfahren sollten zu konvergierenden Ergebnissen führen.

*debere/debita:*
1. *-b-* > *v* (2. Jh.): \*devita
2. Synkope (3./4. Jh.): \*devta
3. Assimilierung von *v*: *v* > *f* > *t*: \*defta > \*dette
4. Degeminierung (8. Jh.): afr. *dete*

Die Synkope muß vor dem 5. Jh. eingetreten sein, sonst wäre das zwischenvokalische [t] sonorisiert worden; nach der Degeminierung im 8. Jh. bestand keine Möglichkeit mehr zur Sonorisierung; die entsprechenden Lautgesetze des 5. Jh. waren nicht mehr wirksam, nachdem alle stimmlosen Verschlußlaute stimmhaft geworden waren.

**§ 107.** Um aber aus lt. *cubitus*, mask., *cubitum*, neutr. nfr. *coude* zu erhalten, muß die Synkopierung zu einem anderen Zeitpunkt erfolgt sein:

*cubitu:*
1. *-b-* > *v* (2. Jh.): \*cuvitu
2. Sonorisierung des *-t-* (5. Jh.): \*covedo [88]
3. Synkope: \*covde
4. Assimilierung: \*codde
5. Degeminierung (8. Jh.): afr. *code* > nfr. *coude*

Die Synkope kann hier erst nach der Sonorisierung des [-t-] (5. Jh.) stattgefunden haben, da sonst *coute* zu erwarten wäre.

Den unterschiedlichen Zeitpunkt der Synkopierung erklärt man im allgemeinen — so z. B. G. Straka 1953, 280 — damit, daß auslautendes [a] durch eine Art Dissimilierung eher zum Verlust der zwischentonigen Silbe beiträgt, als ein anderer, geschlossenerer Vokal.[89]

---

[88] Die Entwicklung der Vokale muß außer Betracht bleiben; es fällt auf, daß das auslautende [o] ganz in Widerspruch zu § 49 als [e] erhalten geblieben ist; dieses Phänomen wird mit der späten Synkope in Zusammenhang gebracht; es muß von einer Betonung *cúbitù* ausgegangen werden. Ebenso *comte* < *cómitè*, *tiede* < *tépidù* — vgl. § 35, 1.

[89] Die weitaus häufiger und früher belegte afr. Form lautete tatsächlich *coute*; das als Standardbeispiel angeführte *coude* ist erst ab dem 13. Jh.

## 7.4. Das afr. Konsonantensystem und die Entwicklung der Silbenstruktur

**§ 108.** Die in den vorhergehenden Kapiteln beschriebenen Veränderungen erlauben die Erstellung des folgenden Systems der konsonantischen Phoneme des idealisierten Afr. des 12. Jh.:

|  |  | bilabial | dental | labio-dental | prae-palatal | palato-velar | pharyngal |
|---|---|---|---|---|---|---|---|
| Verschlußlaute | stimmlos | p | t |  |  | k |  |
|  | stimmhaft | b | d |  |  | g |  |
| Reibelaute | stimmlos |  | s | f |  |  | h |
|  | stimmhaft |  | z | v |  |  |  |
| Affrikaten | stimmlos |  | ts |  | tʃ |  |  |
|  | stimmhaft |  | dz[90] |  | dʒ |  |  |
| Nasale |  | m | n |  | ɲ |  |  |
| Liquide | Lateral |  | l |  | λ |  |  |
|  | Vibrant |  | r, rr |  |  |  |  |

**§ 109.** Gegenüber dem Vulgärlatein fallen die durch fränkischen Einfluß erfolgte Wiedereinführung des [h] auf, ferner das durch Sonorisierung entstandene Phonem [z] sowie die Affrikaten und die palatalisierten Konsonanten [ɲ] und [λ]; dies bedeutet einen beträchtlichen Zuwachs an Phonemen.
Zur phonologischen Wertung der neu entstandenen Laute einige Minimalpaare (nach Große 1971, 68):

h: *haïr : aïr* (postverbal < *airier* < *ad-irare*)
z: *baisier : baissier* (< vlt. *bassu* 'niedrig')

belegt. Als Maskulinum ist es schlecht aus einem kollektiven Neutrum Plural (§ 170b) *cubita* (so u. a. Straka) herleitbar. — Nach Richter (1934, § 144) sind *cubitu* wie *male habitu* > *malade* und *spatula* 'Schulter' als medizinische Ausdrücke länger dreisilbig erhalten geblieben.

[90] Das Phonem /dz/ entstand nur in den Zahlwörtern von 11 bis 16: afr. *onze* [õndzə] < *undecim*, etc.

*ts*: *cire* : *sire*
*tʃ*: *chant* : *gent* [ã] (< *gens/gentem*)
*dʒ*: *gent* : *chant*
*ɲ*: *aignel* [añel] 'Lamm' : *anel* 'Fingerring'
*λ*: *fille* [fiłə] : *file* (< *filat* 'weben')

§ 110. Die Aussprache der Affrikaten ist durch Lehnwörter im Mittelenglischen und Mittelhochdeutschen gesichert:

*gentile* > afr. *gentil* [dʒ] → engl. *gentle*
*capu* > afr. *chief* [tʃ] → engl. *chief*[91]
*princeps/principem* > afr. *prince* [ts] → dt. *Prinz*, engl. *prince* [ts > s]

§ 111. Auf dem Weg zum Nfr. wurde die Artikulation einiger Laute verschoben und die Zahl der Phoneme geringfügig reduziert.

a) Die für das Afr. charakteristischen Affrikaten verlieren ab dem 13. Jh. ihren dentalen Anlaut und werden somit zu Reibelauten[92]:

*ts* > *s*, *tʃ* > *ʃ*, *dʒ* > *ʒ*, *dz* > *z*

Durch diese Reduktion entstehen zwei neue Phoneme: /ʃ/ und /ʒ/.

b) *h* > — ab 16./17. Jh.
c) *ł* > *j* Lockerung des Verschlusses ab 17. Jh.
d) *r, rr* > *R* ab 17. Jh., Zungenrücken-*r* (dorsales-*r*, *r-grasseyé*)[93]

Somit erweist sich das Konsonantensystem seit dem Afr. des 13. Jh. als relativ stabil, einen Tatbestand, den Dorfman (1972) in funktionalstrukturalistischer Weise interpretiert — kurz referiert in Berschin et al. 1978, 109 f.

§ 112. Der Vergleich der paradigmatischen Strukturen ist durch Informationen über die **syntagmatische Kombinierbarkeit von Phonemen**, die **Silbenstruktur** und die **Akzentverhältnisse** zu ergänzen, um eine bestimmte Entwicklungsstufe zu charakterisieren.[94]

Durch die beiden Synkopierungen, die Akzentverschiebungen

---

[91] Ebenso engl. *chair, change, chance, joy,* etc., während engl. *chagrin, charlatan*, etc. erst im 17. Jh. nach der Reduktion von [tʃ] zu [ʃ] entlehnt wurden. Entlehnungen mit [ka, ga] stammen aus dem Normannischen, wo [k] vor [a] nicht verändert wurde (vgl. § 35, 6): *catch, cattle* (aber *chattels* in *goods and chattels* 'Hab und Gut').

[92] Mögliche Gründe: Ausspracheerleichterung, wegen [dz] uneinheitliches System (Anm. 90), geringe bedeutungsdifferenzierende Funktion (= geringer 'rendement fonctionnel'). Vgl. § 35, 13.

[93] Die nfr. Dublette *chaire—chaise* verdankt ihre Entstehung einer Tendenz des 14.—17. Jh., zwischenvokalisches [r] als [z] zu sprechen.

[94] Vgl. dazu Klausenburger 1970.

(§ 44—47), sowie durch Rekomposition (Anm. 46, § 232) waren die Proparoxytona bereits in galloromanischer Zeit praktisch beseitigt (§ 47). Das Verstummen der Auslautvokale (außer [-a], § 49) erhöhte die Anzahl der Oxytona, wie die von Wartburg (³1970, S. 184) gegebenen Zahlen zeigen: etwa ein Drittel der Wörter eines afr. Textes sind Paroxytona *(chántes)*, zwei Drittel Oxytona *(chant, chansón)*. Der Akzent lag nur dann auf der Paenultima, wenn die Ultima [ə] (< [-a] oder als Stütz-e, § 49) enthielt, war also, ähnlich wie im Lateinischen (Paenultimagesetz; § 43) vorhersagbar und damit nicht distinktiv. Als in einer zweiten Etappe das [-ə] im 16. Jh. verstummte, verschwanden die verbliebenen Paroxytona:

afr. *chantes* [-əs] > nfr. (tu) *chantes* [-t].

Französisch ist seitdem eine oxytone Sprache,[95] die den größten Silbenschwund gegenüber dem Lt. aufweist: die 100 häufigsten lt. Wörter, die in den romanischen Sprachen weiterleben, haben nach Lüdtke (1970) 280 Silben. Im It. sind bei dieser Wortgruppe noch 259 Silben, im Sp. 230, im Pg. 224 und im Fr. 154 Silben vorhanden; d. h., im Fr. sind 45 % der lt. Silben geschwunden!

§ 113. Die **Struktur der Silbe** unterliegt ebenfalls dem Einfluß von Lautveränderungen: In der Entwicklung vom Vlt. zum Afr. haben sich die Tendenzen zur Öffnung der Silben (-m > —, *rupta* > afr. *route, gutta* > afr. *goute,* etc.) und zur Schließung (*comite* > afr. *comte, cantione* > afr. *chanson,* etc.) in etwa die Waage gehalten; ein beliebiger Text enthält nach Wartburg (³1970, S. 184) etwa 30 % geschlossene Silben, wie das Italienische und Spanische noch heute.

Die Vokalisierung des [l] (§ 80), das Verstummen von vorkonsonantischem [s] (§ 81), [n] und [m] (§ 79) führt nach Klausenburger (1970, z. B. S. 62) im Lauf des 12. und 13. Jh. zur Öffnung von zwei Dritteln der von ihm für das Afr. festgestellten 130 verschiedenen Typen geschlossener Silben[96]: afr. *chas-tel* > afr. *cha-teau*. Diese Tendenz zur offenen Silbenstruktur wird durch den Verlust der auslautenden Konsonanten (§ 103—105) noch verstärkt[97]: afr. *bontét* > afr. *bonté,* afr.

---

[95] Dadurch unterscheidet sich das Fr. fundamental von anderen romanischen Sprachen, auch vom Provenzalischen; vgl. von Wartburg ³1970, S. 182 f.
[96] Über die morphologischen und syntaktischen Konsequenzen des Verstummens der Endungskonsonanten vgl. § 181—184, 204, 292, 375—377.
[97] Nur das silben- oder wortauslautende [r] bleibt zunächst erhalten und wird, als es ab dem 14. Jh. zu verstummen begann, von den Grammatikern des 17. Jh. meist wieder restituiert; vgl. Anm. 87.

*meis (-s)* > afr. *mois* [moi̯]. Ein gegensätzliches Resultat hatte das Verstummen des [-ə] im 16./17. Jh.: die Zahl geschlossener Silben im Wortauslaut wurde leicht erhöht: afr. *comte* [-ə] > nfr. *comte* [kõ:t]. Die zahlreichen Übernahmen aus dem Italienischen und Lateinischen in der Renaissance brachten geschlossene Silben und ungewohnte Phonemkombinationen in die französische Sprache: it. *brusco* > fr. *brusque*; it. *mostaccio* > fr. *moustache*; lt. *structura* > fr. *structure*. Das heutige Französisch ist trotzdem durch eine überwiegend offene Silbenstruktur charakterisiert — nach Wartburg 82 % : 18 % ($^3$1970, S. 182) —, wobei die häufige Nicht-Realisierung des *e*-instable vor allem in der Umgangssprache wohl eher wieder zu geschlossenen Silben führt; vgl. *quatre francs*, umgangssprachlich: [kat fʀɑ̃].

## 8. Die Entwicklung der Vokale

### 8.1. Die lateinische Grundlage

#### 8.1.1. Die Vokale des klassischen Latein

§ 114. In folgendem Dreieck, einem stark vereinfachenden Modell des Mundraumes, sind die Vokalphoneme des Klt. enthalten:

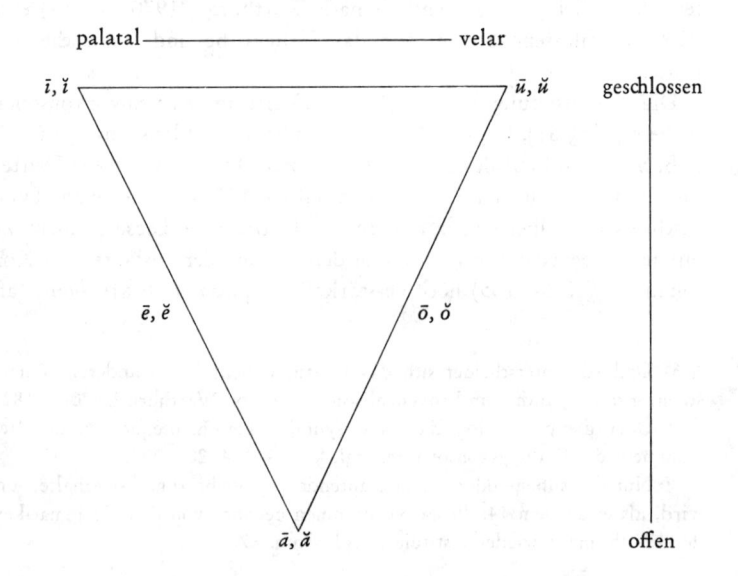

```
      palatal ——————————————— velar
    ī, ĭ ╲                    ╱ ū, ŭ        geschlossen
          ╲                  ╱
           ╲                ╱
          ē, ĕ            ō, ŏ
             ╲            ╱
              ╲          ╱
               ╲        ╱
                ╲      ╱
                 ╲    ╱
                  ā, ă                      offen
```

Wie bei den Konsonanten (§ 93) ist zwischen Lang- und Kurzvokalen zu unterscheiden, d. h., die Quantität eines Vokals ist phonologisch relevant:

>mălum 'Übel' : mālum 'Apfel'
>lĕvis 'leicht' : lēvis 'glatt'
>pŏpulus 'Volk' : pōpulus 'Pappel'
>lĭber 'Buch' : līber 'frei'
>lŭstrum 'Morast' : lūstrum 'Jahrfünft'

Es ist denkbar, daß die phonologische Opposition der Quantitäten von einem nur phonetischen Qualitätsunterschied begleitet war, insofern als lange Vokale etwas geschlossener ausgesprochen wurden als die entsprechenden kurzen — für [a] gilt das Gegenteil.[98] Vgl. die Verhältnisse im Dt., wo Quantität u n d Qualität eines Vokals miteinander korrelieren: *Miete : Mitte, Weg : weg*.

§ 115. Zu den zehn Vokalen kommen noch drei D i p h t h o n g e : *au* [au̯], *ae* [ae̯], *oe* [oe̯]: *aurum, quaeris* 'du fragst', *poena*; die beiden letztgenannten sind bereits aus altlt. [ai̯] — vgl. die klt. archaisierende Aussprache mit [ai̯] für *Caesar*, die zu dt. *Kaiser* geführt hat, wenn das Wort nicht seinen Weg über das Gr. (καῖσαρ) und Ostgotische genommen hat — und [oi̯] (*poena* < gr. ποινή) vereinfacht worden.

### 8.1.2. Die Vokale des Vulgärlatein

§ 116. Während in der lt. Hochsprache die strikte U n t e r s c h e i d u n g d e r V o k a l q u a n t i t ä t e n — auf ihnen beruht auch die quantitierende Metrik — bis zum 3. Jh. n. Chr. beachtet wird,[99] finden sich bereits auf den Inschriften von Pompeji (1. Jh. n. Chr.) die Laute [ĭ] und [ŭ] durch ⟨e⟩ bzw. ⟨o⟩ wiedergegeben, vor allem in unbetonten Silben: *scribet* statt *scribit, filix* statt *felix, mascolus* statt *masculus*.[100] Mit [ĕ] und [ŏ] als freien Varianten von /ĭ/ und /ŭ/ ersetzte ein qualitativer Unterschied (größerer Öffnungsgrad) einen quantitativen (Kürze

---

[98] Wenn man ein die artikulatorische Haltung der Mundmuskulatur charakterisierendes Merkmal [± gespannt] annimmt, kann die größere Länge der gespannten Vokale und ihr geringerer Öffnungsgrad als phonetische Realisierung dieses abstrakteren Merkmals angesehen werden; vgl. Mayerthaler 1974, 15 f., Klausenburger 1974, 18 und 1975.

[99] Ab dem Ende des 3. Jh. weisen Grammatiker auf den Untergang der quantitierenden Metrik hin.

[100] Diese Entwicklung setzt schon im Altlt. und Oskisch-Umbrischen beobachtete Tendenzen fort, vgl. Richter 1934, § 26 f. So tadelt Cicero (De

des Vokals), die beiden Varianten sind jedoch sowohl von [ē, ō] als auch von [ĕ, ŏ], die zur Öffnung tendierten, unterschieden.

§ 117. Aus noch nicht ganz geklärten Gründen[101] war seit dem 3. Jh. n. Chr. die bisherige Quantitätsunterscheidung völlig zugunsten der Differenzierung nach dem Öffnungsgrad, der Qualität aufgegeben worden: das zunächst nur phonetische Merkmal wurde phonologisiert (**Quantitätenkollaps**).

Daraus resultiert folgendes, hypothetisches (!) Vokalsystem des Vlt. des 3. Jh.:

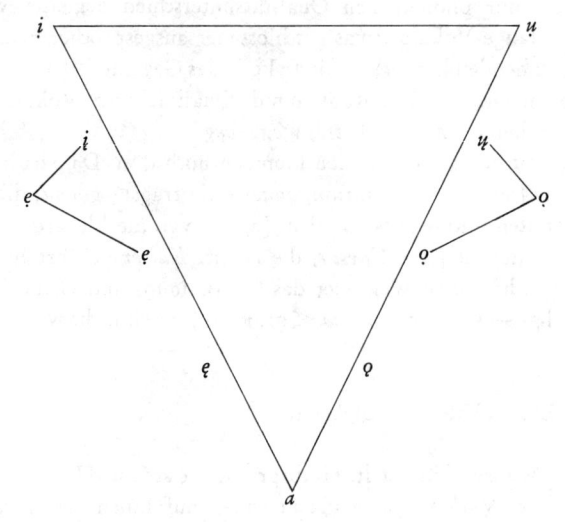

Das hypothetische vlt. Vokalsystem und seine Realisierung im 'italischen' Vokalsystem.

oratore III, 46) seinen Freund Cotta wegen dessen ländlicher Aussprache eines „E plenissimum" statt [i]. — Der Zusammenfall der velaren Vokale hat sich langsamer verbreitet; sie bleiben im Rum. getrennt.

[101] Diese Frage gehört zu den Hauptproblemen der Lautentwicklung und wurde oft erörtert; siehe die Vorstellung und Kritik der wichtigsten Theorien bei Spence 1965, ferner Herman 1968, Klausenburger 1975 und die Handbücher.

Ein vielbeachteter Erklärungsversuch stammt von Weinrich (1958, v. a. 12—42), der aus einer vom Altlt. bis ins späte Vlt. zu beobachtenden Tendenz, die Kombinationsmöglichkeiten von Langvokalen mit Langkonsonanten zu reduzieren, auf die Entphonologisierung der Vokalquantität schloß. Im Klt. gab es vier Kombinationstypen:

1. Kurzvokal + Kurzkonsonant: *rŏta* (> Typ 3)

Entwicklung der Vokale 69

In den verschiedenen Gebieten des römischen Imperiums wurde dieses fünfstufige System durch Zusammenfall benachbarter Laute auf ein drei- bis vierstufiges reduziert;[102] für Mittel- und Norditalien, Dalmatien, die Räto-, Ibero- und Galloromania setzte sich ein aus dem Zusammenfall von [i] und [ẹ] sowie[ u̯] und [ọ] entstandenes vierstufiges System durch [103]:

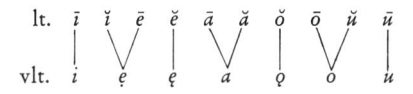

$$\begin{array}{c}\text{lt.}\quad \bar{\imath}\quad \breve{\imath}\quad \bar{e}\quad \breve{e}\quad \bar{a}\quad \breve{a}\quad \breve{o}\quad \bar{o}\quad \breve{u}\quad \bar{u} \\ \text{vlt.}\quad i\quad \ \ \ \ ẹ\quad \ \ \ \ ę\quad \ \ \ \ a\quad \ \ \ \ ǫ\quad \ \ \ \ o\quad \ \ \ \ u \end{array}$$

lt. $\bar{\imath}$ : rīpa, vlt. ripa
lt. $\breve{\imath}$ : vĭa (Anm. 50), vlt. vẹa (Varro)
lt. $\bar{e}$ : mēnsem, vlt. mẹse
lt. $\breve{e}$ : pĕdem, vlt. pęde
usw.

§ 118. In Mittel- und Norditalien, im Rätoromanischen und in Nordfrankreich führte im 4. Jh. ein starker dynamischer Akzent (§ 43) danach zu einer Neuregelung der Quantität der Vokale: In betonten freien Silben (Anm. 43) werden die Vokale gelängt und neigen daher zur Diphthongierung, in betonten gedeckten Silben und allen nebentonigen werden sie kurz ausgesprochen (Ausgleich der Silbenlänge).

freie Silbe: [
lt. $\bar{\imath}$ : vlt. ripa > vlt. ri:pa > afr. rive
lt. $\breve{\imath}$ : vlt. vẹa > vlt. vẹ:a > afr. veie
lt. $\bar{e}$ : vlt. mẹse > vlt. mẹ:se > afr. meis

2. Kurzvokal + Langkonsonant: gŭtta
3. Langvokal + Kurzkonsonant: sōlus
4. Langvokal + Langkonsonant: stēlla (> Typ 3)

Durch Beseitigung von zunächst Typ 4 (stēlla > *stēla) — er war klt. bereits nur mehr mit Liquid oder Nasal möglich —, dann von Typ 1 (rŏta > *rōta) sowie aus sprachsoziologischen Gründen war vom 2. Jh. n. Chr. an die Quantität der Vokale von der der Konsonanten abhängig. Um die bedeutungsdifferenzierende Funktion z. B. der beiden i-Laute (ī : ĭ) zu erhalten, unterschieden die Sprecher beide Laute nunmehr nach dem Öffnungsgrad: ī > i, ĭ > į. Vgl. dazu Baldingers (1958) ausführliche, referierende und kritische Besprechung, v. a. S. 440—448; ferner Spence 1965.

[102] Dafür werden artikulatorische und auditive Schwierigkeiten angeführt, fünf Öffnungsgrade zu unterscheiden. Die Entwicklung kann auch direkt über die oben beobachteten Varianten [ẹ̆] und [ọ̆] gegangen sein.
[103] Für die anderen vlt. Vokalsysteme s. Lausberg I, § 158—162.

lt. ĕ : vlt. pęde > vlt. pę:de > afr. piet
usw.

gedeckte Silbe: ]
scrīptum, vlt. escriptu > afr. escrit
ĭlla, vlt. ęlla > afr. ele
dēbita, vlt. *dębta > afr. dete
sĕptem, vlt. sępte > afr. set

§ 119. Von den drei lt. D i p h t h o n g e n (§ 115) wurde [aę] im 1. Jh. n. Chr. zu einem [ẹ][104] monophthongiert, das sich wie vlt. [ę] verhält:

klt. quaeris, vlt. queris (belegt!) > fr. quiers wie pęde > fr. pied

Zur selben Zeit beginnen die Schreiber [oę] als ⟨e⟩ wiederzugeben, das mit dem lt. [ē], vlt. [ẹ] zusammenfällt:

poena, vlt. pena (belegt!) > afr. peine wie plena > afr. pleine

Für den Diphthong [au̯] setzte sich in einigen wenigen Wörtern schon früh die wohl alte, plebejische Aussprache mit [ọ] durch[105]:

cauda, vlt. cǫda (belegt!) > fr. queue
auris, auricula, vlt. ǫricula (Cicero) > ǫricla[106] > fr. oreille

Erst im 6.—8. Jh. wurde der Diphthong in Nordgallien, Nord- und Mittelitalien und Spanien zu [ǫ] (!) vereinfacht, vgl. § 131.

## 8.2. Die Herausbildung des altfranzösischen Vokalsystems

Nachdem das Verhalten der unbetonten Vokale im Auslaut (§ 49) und in der Zwischentonsilbe (§ 47 und 49) schon skizziert wurde, ist jetzt ihre Entwicklung im Hauptton (gedeckte und freie Silbe) und im Nebenton darzustellen.

---

[104] Da die Monophthongierung vor dem Quantitätenkollaps stattfand, kann man eine Zwischenstufe [áę] > [ẹ̄] annehmen, wodurch eine weitere (vgl. § 116) qualitative Unterscheidung in das bisher rein quantitative Vokalsystem kam; man kann daher ein Übergangssystem annehmen, das auf quantitativen (ĕ : ē) und qualitativen Oppositionen bei ein und demselben Vokal (ē : ẹ̄) beruht. Nach dem Verlust der Quantität als distinktivem Merkmal fiel das [ẹ̄] mit dem [ę] zusammen.

Man hat in dieser Entwicklung des [áę] den Anstoß zur Umgestaltung des quantitierenden Systems gesehen (Lausberg I, § 242), doch ist die funktionale Belastung dafür zu gering, um als alleinige Ursache auszureichen.

[105] Zur Zeit der Catilinarischen Verschwörung ändert der Volkstribun Claudius Pulcher seinen Namen in Clodius.

[106] Von der Appendix Probi getadelt: auris non oricla.

## 8.2.1. Die Haupttonvokale in gedeckter Silbe

**§ 120.** In gedeckter Silbe werden die Haupttonvokale des Vlt. nicht gelängt (§ 118) und bleiben im allgemeinen bis zum Nfr. unverändert; jedoch ermöglichte die in anderem Zusammenhang zu behandelnde (§ 129) Entwicklung von [u] > [ü] ein Nachrücken von [ọ] > [u] im 12. Jh.; vgl. § 35, 17, 18 und 20.

| Vlt. | Afr. | Lt. | Vlt. | Afr. |
|---|---|---|---|---|
| i | i | scrīptum | escriptu | escrit |
| ẹ | ẹ | ĭlla | ẹlla | ẹle |
|   |   | dēbita | *dẹbta | dẹte |
| ę | ę | sĕptem | *sępte | sęt |
| a | a | părtem | *parte | part |
|   |   | Mārtius | Martịu | marz |
| ǫ | ǫ | cŏrpus | cǫrpus | cǫrps |
| ọ | ọ > u | cŏhŏrtem | cọrte | cọrt, court |
|   |   | gŭtta | gọtta | gọte, goutte |
| u | ü | nūllum | nullu | nül |

**§ 121.** Der neue Laut [ü, y] wurde weiter durch ⟨u⟩ wiedergegeben; als im 12. Jh. das geschlossene [o] die leere Stelle des [u] einnahm, mußte der Laut [u] mit ⟨o⟩ oder ⟨u⟩ ausgedrückt werden. Nachdem im 13. Jh. der aus [o] und vorkonsonantischem [l] entstandene Diphthong [óu̯] (*molere* > afr. *moldre* > *moudre*, § 80) zu [u] monophthongiert worden war (§ 141, 162), konnte die Graphemkombination ⟨ou⟩ auch für die hier entstandenen *u*-Laute verwendet werden: afr. *goutte, court*.

## 8.2.2. Die Nebentonvokale

**§ 122.** Auch unter dem Nebenton[107] werden die Vokale des Vlt. nicht gelängt (§ 118) und nicht diphthongiert; das vlt. Vokalsystem ist im Nebenton einfacher, insofern nicht zwischen [ę] — [ẹ] und [ǫ] — [ọ] unterschieden wird. Die Entwicklung verläuft im Prinzip wie bei den Haupttonvokalen in gedeckter Silbe; vgl. § 35, 19:

---

[107] Die Nebentonsilbe — sie ist die erste Silbe eines Wortes, wenn diese nicht Haupttonsilbe ist — wird mit geringerem Atemdruck als die Haupttonsilbe artikuliert, jedoch mit stärkerem als die unbetonte Zwischenton- oder Schlußsilbe: *bò-ni-tá-tem* > afr. *bontét*.

| Vlt. | Afr. | Lt. | Vlt. | Afr. |
|------|------|-----|------|------|
| ì | i | privāre | prìváre | priver |
| è | ẹ | vĭrtūtem | vèrtúte | vertut [108] |
| à | a | argentum | àrgéntu | argent |
| ò | o > u | locāre | lòcáre | louer [109] |
| ù | ü | dūrāre | dùráre | durer |

**§ 123.** Die afr. Nebentonvokale sind unverändert im Nfr. erhalten,[110] nur setzte sich im 16. und 17. Jh. für einige Wörter mit [u] eine etymologisierende Aussprache und Graphie mit [ɔ], ⟨o⟩ durch (Querelle des ouïstes im 16./17. Jh.):

afr. *souleil* (noch Ronsard) > nfr. *soleil* (∼ *sol*, vlt. \**soliculu*)

### 8.2.3. Die Haupttonvokale in freier Silbe

**§ 124.** Unter dem Hauptton in freier Silbe werden die Vokale des Vlt. gelängt und können daher diphthongieren (§ 118);[111] einzig vlt. [i] ist unverändert geblieben: *ripa* > afr. *rive*.

[108] Jedoch wird è[ zu [ə] abgeschwächt, das nfr. ganz verstummen kann: *vènìre* > fr. *venir*. — Die Entwicklung der anderen Vokale ist nicht von der Struktur der Silbe beeinflußt.

[109] Bei afr. *dormir, mortel* dürfte Einfluß haupttoniger Formen vorliegen, die ihr ọ] unverändert erhalten haben: *dọrmit* > afr. *dọrt, mọrte* > afr. *mọrt*. Andere Wörter weisen eine ungeklärte Erhaltung des vlt. [ò] auf (vlt. \**frŭmentu* (mit [ŭ]) > afr. *froment*, vlt. \**formaticu* > afr. *fromage, froumage*), so daß man ein Schwanken in der Aussprache [ò] und [ù] annehmen kann, das erst im Nfr. beseitigt wurde, vgl. § 120.

[110] Nebentoniges [è] und [à] können durch Verstummen eines Konsonanten zu dem folgenden Vokal in den Hiat treten, wobei sie oft von diesem absorbiert werden (14.—17. Jh.):

*vidēre* > afr. *vèéịr* > *veóịr* > *voir*
*pavōre* > afr. *pàóụr* > *pèéụr* > *peur*

Die Tilgung des Hiats kann auch durch einen Halbvokal erfolgen *leone* > fr. *lion*, oder der Hiat wird unter gelehrtem Einfluß beibehalten (*oboedire* > fr. *obeïr*). Genauer bei Rheinfelder I, § 101—105, 126—133.

[111] Die Ursachen der Diphthongierung zählen zu den umstrittensten Fragen der historischen Lautlehre, vgl. neben den Handbüchern in neuerer Zeit Romeo 1968, Schürr 1970, Spore 1972. Kurze Zusammenfassung der verschiedenen Ansichten in Romeo 1968, 18—23; Carton 1974, 174 f.; Walsh 1979.

Auch einsilbige Wörter mit gedeckter Silbe können diphthongieren: (*mĕl* > *miel*), entweder weil das [e] der einzig betonbare Vokal war, oder

Entwicklung der Vokale 73

§ 125. ẹ[ > i̯ẹ
pẹde > *pi̯ẹde > afr. pi̯ẹt > pied
quaeris, vlt. quẹris > afr. quiers
Bereits im 4. Jh., also kurz nach dem Quantitätenkollaps, nach Wartburg (1967) im 5./6. Jh. entwickelt sich vlt. ẹ[ — analog vlt. ọ[, s. u. — zu dem steigenden [112] Diphthongen [i̯ẹ]. Diese weitergehende qualitative Unterscheidung kann als Reaktion auf den Untergang der distinktiven Funktion der Vokalquantitäten verstanden werden und kann in ihrer Form (steigender Diphthong) von der vorausgehenden Diphthongierung durch Umlaut (§ 133—138) beeinflußt worden sein.[113] (Vgl. § 35, 21 und 22.)

§ 126. ọ[ > u̯ọ > u̯ẹ (11. Jh.) > ö (13. Jh.)
cọr > cu̯ọr (it. cuore) > afr. cu̯ẹr > afr. cuer, coer [kör] > nfr. cœur [114]
pŏtĕst, vlt. pọtet (§ 233) > afr. pu̯ọt > pu̯ẹt > afr. peut [pö] > nfr. peut [115]
Der wie [i̯ẹ] entstandene Diphthong [u̯ọ] wurde im Afr. früh zu [u̯ẹ] dissimiliert und im 13. Jh. zu [ö] monophthongiert.[115]
Diese beiden Diphthongierungen sind in weiten Bereichen der Romania eingetreten, während die folgenden Entwicklungen hauptsächlich auf die nördliche Galloromania und angrenzende Gebiete beschränkt sind.

§ 127. ẹ[ > ẹi̯ > ói̯ > óe > oẹ > u̯ẹ
vĭa, vlt. vea > afr. vei̯e > voi̯e
mēnsem, vlt. mẹse > afr. mẹis > moi̯s
Zwischen dem 6. und 8. Jh. wird wohl durch fränkischen Einfluß [116] das ẹ[ — analog ọ[, § 129 — zu dem fallenden (!) Diphthong [ẹi̯], der vom 10.—12. Jh. zunächst in den östlichen Dialekten, dann im

---

weil vlt. *mele zugrunde liegt — so Lausberg, passim, und Spence 1973 (vgl. Anm. 242); ebenso cọr (§ 126).

[112] Ein fallender Diphthong ist z. B. [ẹi̯.], vgl. jedoch Anm. 123.
[113] So z. B. Weinrich 1958, 39—42.
[114] Zur nfr. Graphie s. Anm. 119.
[115] Seit dem 12. Jh. ist eine Tendenz wirksam — sie setzt sich erst im 18. Jh. endgültig durch —, die Vokale o, ö, e in der Ultima geschlossen auszusprechen [o, ø, e], wenn kein gesprochener Konsonant folgt (also in freier Silbe), im umgekehrten Fall sie offen zu artikulieren [ɔ, oe, ɛ]:
cœur : peut; ciel : pied
Daher erklärt sich auch das [ɛ] in elle, dette, obwohl vlt. [ẹ] vorliegt, § 120.
[116] Siehe von Wartburg 1967, v. a. S. 71—76.

Zentrum[117] zu [ói̯] dissimiliert wird. Die beiden Bestandteile des Diphthongs werden dann einander angenähert [óe], im 13. Jh. verlagert sich der Akzent auf das schallstärkere Element [oé], das [o] wird dadurch zum Halbvokal: [u̯é].

Die Orthographie konnte den Wandel zu [ói̯] mitmachen, das bereits aus anderer Quelle entstanden war (§ 138, 140), und ist im allgemeinen hier stehengeblieben. Belege zur Aussprache und zur weiteren Entwicklung, § 163.

§ 128. ǫ[ > ǫu̯ > ęu̯ > ö

(h)ǫra > afr. (h)ǫu̯re > (h)ęu̯re > heure [ö] > nfr. heure
dŭōs, vlt. *dǫos > afr. dǫu̯s > dęu̯s > nfr. deux (Graphie ⟨x⟩, Anm. 188)

Wie bei ę[ entsteht zunächst ein fallender Diphthong (6.—9. Jh.), der wohl zunächst im Pik. (§ 31), dann im Französischen und Champ. im 11. Jh. zu [ęu̯] dissimiliert wurde und im 13. Jh. zu [ö] monophthongierte.[118] Nach der Monophthongierung wurde die Graphie ⟨eu⟩ auf die aus [u̯é] entstandenen ö-Laute ausgedehnt (§ 126): puet > peut.[119]

§ 129. ú[ > afr. ü

muru > fr. mur (Graphem ⟨u⟩)

Die Palatalisierung des [u] erfolgt nicht nur im Haupton in freier Silbe, sondern auch in gedeckter Silbe (§ 120) und im Nebenton (§ 122). Dadurch unterscheidet sich dieser Lautwandel von den beiden vorausgehenden Diphthongierungen sowie der Veränderung der übrigen Vokale und erfordert eine gesonderte Erklärung. Es soll hier eine Datierung auf das 8.—10. Jh. übernommen werden.[120]

---

[117] Die Dissimilierung hat nicht den Westen und die Normandie — zwei Gebiete mit schwächerem fränkischem Einfluß — erfaßt, wo [éi̯] zu [ę] monophthongiert wurde; vgl. § 35, 16, 24 f., 43.

moneta > afr., norm. moneie → e. money, nfr. monnaie [ε].

Zur Entwicklung des [éi̯], vgl. Figge 1976, der den Grund der Dissimilierung zu [ói̯] in dem Bestreben sieht, [éi̯] und [ái̯] (§ 143) getrennt zu halten.

[118] Das Norm. und westliche Mundarten weisen ähnlich wie bei [éi̯] Monophthongierung auf: [u], graphisch ⟨u⟩ oder ⟨o⟩: hure, hore (§ 35, 26).

Die unregelmäßige Lautentwicklung ([u] statt [ö]) von amour (< amore), épouse (< sponsa) und jaloux (< zelosu < ζῆλος) hat man als Übernahme aus dem Provenzalischen (Troubadourlyrik) und auf verschiedene andere Weisen zu erklären versucht. Nach Chr. Schmitt (1973 und 1974) liegt jedoch kirchensprachlicher Einfluß vor.

[119] Die Graphie ⟨oeu⟩ in cœur, sœur, œuf entstand aus der Kontamination von ⟨oe⟩ (§ 126) und ⟨eu⟩ (§ 128).

[120] Eine solche Annahme schließt die Möglichkeit keltischen Substrateinflusses aus, der wegen der geographischen Übereinstimmung und der Ent-

Entwicklung der Vokale 75

§ 130. á[ > e
amare > afr. amer > nfr. aimer (§ 271 f.)
patre > afr. pedre > pere > nfr. père [120a]

Zwischen dem 6. und 10. Jh. wurde á[ zu einem wohl langen und offenen [ẹ] palatalisiert, das im Afr. zunächst nicht mit [e] oder [ę] reimt oder assoniert.[121] Als Argument für eine diphthongische Zwischenstufe [áị] oder [áẹ] kann die Entwicklung vor Nasal (pane > pain, § 152 f.) angesehen werden; der Diphthong wäre jedoch trotz später Entstehung als erster monophthongiert worden und hat keine graphische Realisierung hinterlassen.

Die Schreibung clair für cler < claru wird erst durch die Monophthongierung von [áị] (paria > afr. paịre > paire [pɛrə], § 143) im 12.—13. Jh. möglich.

Das Suffix -áriu ist nicht-lautgesetzlich zu -ier entwickelt worden:

wicklung des [ü] in allen Positionen im Wort zur Diskussion steht — dazu von Wartburg 1967, 37—48.

Ein anderer Erklärungsversuch nimmt Assimilation von [u] an palatale Umgebung (iurare > afr. jurer [dzü-], Richter 1934, 256) und/oder i-Umlaut an (muri > *müri > afr. mur [ü], Lausberg I, § 137, 3a), wobei die durch Umlaut entstandenen Formen auf die anderen Glieder der Paradigmen übertragen worden sein müßten.

Aus strukturalistischer Sicht wird die Vorverlegung der Artikulation des [u] als bei dem vierstufigen vlt. Vokalsystem notwendige Vergrößerung des Artikulationsraumes der velaren Vokale gedeutet — so Haudricourt/Juilland ²1970, 108—120, kritisch referiert in Vidos 1968, 165—170.

Vergleichende Zusammenfassung und Kritik der wichtigsten Theorien bei Gebhardt 1968, Blondin 1975, 497—522, Berschin/Felixberger/Goebl 1978, 165—169.

Einige neue Aspekte — parallele Entwicklung von [ǫ], [ǫ] und [u] zu Diphthongen mit anschließender Monophthongierung — bringt aus der generativen Phonologie Bichakjian 1974. Vgl. auch § 35, 23.

[120a] Das [a] steht hier in freier Silbe, denn Muta cum Liquida bilden den Gipfelanglitt der nächsten Silbe (Anm. 43). Als Ausnahme hierzu erscheinen Wörter des Typs tabula, vlt. *tabla, *tavla (§ 60) > afr. table (pik. taule > nfr. tôle). Nach Gsell 1975 ist die Erhaltung des á[ durch den folgenden Labial bedingt, ähnlich wie in weiten Gegenden dieses [a] vor (velar gesprochenem) [L] nicht verändert wurde — vgl. § 35, 30. Die vorausgehende Forschung nahm eine Geminierung des [b] an (*tabbla), die gelegentlich belegt ist: dupplex.

[121] Die Entwicklung von [a] ist ein wichtiges Kriterium zur Gliederung der Galloromania: fr. á[> e (aimer) pr., frpr. á[= a (amar), vgl. § 72 und 35, 27.

caballu + áriu > afr. *chevalier*. Rheinfelder I, § 275 und Lausberg I, § 207 geben unterschiedliche Erklärungen.

§ 131. *au*[ > *ǫ*
 *auru* > fr. *or*
 *pàupertáte(m)* > afr. *povretét*

Der einzig verbliebene vlt. Diphthong [au̯] (§ 119) wird im 6.—8. Jh. in freier und gedeckter Stellung im Haupt- und im Nebenton zu [ǫ] vereinfacht. Vlt. *ǫ́*[ war schon seit dem 4. Jh. diphthongiert (§ 126), so daß das aus [au̯] entstandene [ǫ] sich der Entwicklung nicht anschließen kann: *or* aber *cœur*.

Da [k] vor [a] im 5. Jh. palatalisiert wurde (§ 72), wird *causa* über \**tʃau̯sa* zu afr. *chose* [tʃǫzə] — *cause* ist gelehrt.

§ 132. Die Entwicklung der Haupttonvokale in freier Silbe läßt sich so zusammenfassen:

| Vlt. | Afr. | | | | Vlt. | Afr. |
|---|---|---|---|---|---|---|
| *i* | *i* | | | | *ripa* | *rive* |
| *ę* | *éi̯* > *ói̯* > *óe* > *oé* > *u̯é* | | | | *męse* | *mois [u̯ę]* |
| *ę* | *i̯é* | | | | *pęde* | *piet* |
| *a* | *ē* | | | | *faba* | *feve* |
| *ǫ* | *u̯ó* > *u̯ę́* > *ö* | | | | *cǫr* | *cuer, coer* |
| *ǫ* | *óu̯* > *éu̯* > *ö* | | | | *(h)ǫra* | *(h)eure* |
| *u* | *ü* | | | | *muru* | *mur* |

8.2.4. Die bedingte Diphthongierung

§ 133. Die Diphthongierung der oben behandelten Haupttonvokale hängt nur von der Struktur der Silbe ab: freie oder spontane Diphthongierung. Nach einer vor allem von Lausberg (I, § 192—201), Schürr (1970) und Leonard (1978) vertretenen Auffassung geht ihr eine bedingte oder konditionierte Diphthongierung voraus, die eine regressive Assimilation (Harmonisierung) des Haupttonvokals an die geschlossene Qualität des Ultimavokals [i] bzw. [u] darstellt.

§ 134. In archaischen Gebieten der Romania (Portugal, Rätoromania, Sardinien, Süditalien, Rumänien) liegt Fernharmonisierung[122] von vlt. [ę/ǫ] durch auslautendes [-i] und [-u] vor, wobei die Diphthonge [i̯é/u̯ó] entstehen[123]:

[122] Bei der Fernharmonisierung sind beeinflußter und beeinflussender Vokal durch mindestens einen Konsonanten getrennt.

[123] Die Verhältnisse sind hier und im folgenden stark vereinfacht dargestellt, genauer bei Lausberg, a. a. O., v. a. § 198 und 274. Nach Lausberg I,

vlt. *grossu, grossi* > südit. *gruossu, gruossi* (id. *piedi*)
vlt. *grossa, grossae* > südit. *grǫssa, grǫsse* (id. *pęde*)

§ 135. Da sich im Vlt. Galliens das [ŭ] in den Endungen [-ŭs] und [-ŭm] der Nominalflexion lautgesetzlich zu vlt. [ǫ] entwickelt hat und nicht wie in den oben genannten Gebieten als vlt. [-u] erhalten blieb, ist hier Fernharmonisierung nur durch auslautendes [-i] möglich (*i*-Umlaut).[124] Hinzu kommt, daß im Galloromanischen und angrenzenden Gebieten die Auslautvokale wegen des starken expiratorischen Akzents etwa im 7. Jh. ihre vlt. Qualität verloren, so daß hier die Vokalharmonisierung nur in beschränkterem Umfang wirken konnte.

§ 136. Nur [ę] und [ǫ] werden durch [-i] zu [i] bzw. [üi] gehoben:

*vēnī*, vlt. *vęni* > \**vini* > afr. *vin* > *vins* (-*s* ~ *pris* < \**pręsi*, § 279 b)
*venīstī* > afr. *venis* (§ 279, 'starkes Perfekt')
*tōtī*, vlt. *tǫtti* > \**tüitti* > afr. *tuit*

Eine mögliche Umlautwirkung in der Nominalflexion wäre im Galloromanischen in vorliterarischer Zeit wieder rückgängig gemacht worden.

§ 137. Durch Kontaktharmonisierung, d. h. unmittelbar folgendes [-i] bzw. [-u] werden im Vlt. Galliens [ę] und [ǫ] seit dem 3. Jh. zu den steigenden Diphthongen [i̯ę] bzw. [u̯ǫ]:

*mę̄ī* > apr. *miei* > afr. *mi*[125]
*Dęu* > afr. *Dieu* (vgl. § 35, 28)
*lǫcu* > \**lǫ́u̯* > \**lu̯ǫ́u̯* > afr. *lieu* (Dissimilierung)

Das auslautende [u] bildete mit dem vorausgehenden Vokal einen Diphthongen und blieb so bis in afr. Zeit unverändert erhalten; in *locu, focu, iocu* entstand der Diphthong sekundär nach Verstummen des zwischenvokalischen Velars [k] (§ 91).

„Das Frz. scheint sodann die ursprünglich an die Harmonisierung gebundenen Diphthonge *ié, ué* in freier Stellung verallgemeinert zu

---

§ 198, Anm. 1 könnten diese Diphthonge ursprünglich fallend gewesen sein, bis das schallstärkere Element den Akzent auf sich zog: vlt. \**pę:di* > \**pię́di* > \**pi̯ę́di* > it. *piedi*. Vgl. § 44: *mulíerem* > *muliérem* und § 35, 22.

[124] Gegenüber der oben referierten Auffassung Lausbergs erklärt Leonard 1978, v. a. S. 158—165 das Ausbleiben des Umlauts im Galloromanischen damit, daß hier ein aus dem Dativ entstandener Obliquus auf [-o] und nicht der Akkusativ auf [-um] weiterlebe; vgl. Anm. 179.

[125] Das Apr. kennt auch Triphthonge, die im Afr. vereinfacht, zum Teil monophthongiert werden; vgl. jedoch § 159.

haben." (Lausberg I, § 200.) Sie können somit zur Wiedergabe der gelängten Haupttonvokale gedient haben; vlt. *pe:de > *piede.

§ 138. In der gleichen Weise werden [ę] und [ǫ] durch direkt folgendes [i̯] oder durch eine Jot enthaltende Palatalgruppe diphthongiert:

lĕctus, vlt. lęctu > *lei̯tu (§ 85) > apr. lieit > afr. lit
nox, vlt. nǫctu > *noitu (§ 85) > apr. nuoit > afr. nuit
tĕrtius, vlt. tęrti̯u > afr. tierce (§ 69; in geschlossener Silbe)
fŏlium, vlt. fǫli̯a > afr. fu̯é-ille [fu̯éłə] > nfr. feuille

### 8.2.5. Die altfranzösischen Diphthonge anderen Ursprungs

§ 139. Im Afr. entstanden nicht nur durch spontane und bedingte Diphthongierung, sondern auch durch Vokalisierung des vorkonsonantischen [l] (§ 80), aus vorkonsonantischen (§ 85) und zwischenvokalischen (§ 92) Palatalen und aus der Verbindung von [d, g, r, s, t] mit [j] (§ 94—99) Diphthonge. Sie schließen sich in der Mehrzahl den schon skizzierten Entwicklungen an, was chronologisch möglich ist:

§ 140. An afr. ę́i̯ > ǫ́i̯ > óe > oé > u̯é schließen sich an:
a) auf der Stufe [ę́i̯]:
   g+j:    corrĭgia 'Riemen' > corrę́i̯a > afr. correie > courroi̯e > nfr. courroie
   v+j:    dēbeo, vlt. *dęvio > *dę́i̯o > afr. dei > doi > nfr. dois
   -k-:    vīcīnu, vlt. *vęcinu (§ 92) > afr. veisin > voisin (Diphthong im Nebenton!)
   -g-:    regale > afr. rei̯al > roi̯al
   k+Kons.:    tēctu, vlt. tęctu > afr. teit > toit
b) auf der Stufe [ǫ́i̯]:
   d+j:    gaudium, vlt. gaudi̯a > gau̯i̯a > [dʒau̯i̯a] (§ 72) > joie [dʒǫ́i̯ə] (§ 131)
   -k-:    crux, crŭce, vlt. croce > afr. croiz (§ 105) > nfr. croix

§ 141. An afr. ǫ́u̯ > ę́u̯ > ö schließen sich an:
   l+Kons.:    ĭllos, vlt. ęllos > afr. els > eus > nfr. eux [126]
   ę+-u:    Dęu > afr. Dię́u̯ > nfr. Dieu (trotz offenem [ę])
   ǫ+-u:    lǫcu > *lǫu > lu̯ǫ́u̯ > afr. lię́u̯ > nfr. lieu

---

[126] bęllos > afr. bels > beals (Übergangslaut [a]) > beáu̯s; [au] > [o] im 16 Jh., § 144, [e] im Hiat im 17. Jh. getilgt: nfr. beaux.

Entwicklung der Vokale

Durch Vokalisierung des [l] entstandenes [o̝u̯] folgt jedoch nicht der Entwicklung zu [ö] [127]:

    *mǫlere* > afr. *mǫldre* > *moudre* (wohl [o̝u̯] Velarisierung) > nfr. *moudre*

§ 142. Konditioniert und spontan entstandene Diphthonge entwickeln sich natürlich identisch:

    ǫ+l̥i̯:    *fǫli̯a* > afr. *fue-ille* [fu̯ḗtə] > nfr. *feuille*, wie:
            *cor* > afr. *cuer* > nfr. *cœur* (§ 126)

§ 143. [ái̯], das nicht auf spontane Diphthongierung zurückgeht, wird im 12./13. Jh. zu [ę]. Die Graphie ⟨ai⟩ bleibt erhalten; vgl. § 35, 33:

    r+j:    *paria* > afr. *paire*
    s+j:    *masi̯one* > afr. *maison* (Nebenton)
    t+j:    *rati̯one* > afr. *raison* (  „  )
    v+j:    *habeo*, vlt. *avi̯o, aio* > afr. *ai*
    -k-:    *placére* > afr. *plaisir* (Nebenton)
    g+Kons.:    *flagrare* > afr. *flairier* (  „  )
    k+Kons.:    *tractare* > afr. *traitier* (  „  )

§ 144. Neu entstandenes [áu̯] wird erst im 14.—16. Jh. wieder monophthongiert:

    l+Kons.:    *calidu, caldu* > afr. *chalt* > *cháu̯t* > nfr. *chaud*
                  *bellos* > afr. *bels* > *beals* (Anm. 126) > *beáu̯s* > nfr. *beaux*

8.2.6. Vokalentwicklung nach palatalem Konsonanten

§ 145. Bei der Palatalisierung seit dem 3. Jh. von [g, k] im Anlaut (§ 71 f.) in zwischenvokalischer (§ 92), in vorkonsonantischer Position (§ 85) sowie bei der Entwicklung von Kons. + [j] (§ 94 ff.) werden die folgenden Vokale durch primäres und sekundäres [j] beeinflußt.

§ 146. ę̣[ nach Palatal > *i*
    k-:    *mercēde* > afr. *mercit*
    -k-:    *placēre* > afr. *plaisir*

---

[127] Da aus ǫ[ entstandenes [o̝u̯] rasch zu [e̝u̯] dissimiliert wurde, könnten chronologische Gründe verantwortlich sein.

Die durch Vokalisierung des vorkonsonantischen [l] entstandenen Diphthonge weisen in den Dialekten mannigfaltige Entwicklungen auf; vgl. § 35: 14, 15, 29—32.

Phonetisch kann sich das an der Palatalisierung beteiligte [j] mit dem durch spontane Diphthongierung später entstandenen [ẹi̯] zu einem Triphthong verbunden haben, der im Fr. monophthongiert wird, oder das [j] hat das folgende [ẹ] zu [i] gehoben.[128]

§ 147. á[ nach Palatal > i̯ẹ́
k-: caru > *[kçaru] > afr. chier
-kt-: tractare > afr. traitier
mi̯: commeatu > *commiatu > afr. congiet
pi̯: appropi̯are > afr. aprochier

Dieser nach seinem Entdecker K. Bartsch als 'Bartsch'sches Gesetz' benannte Lautwandel ist ein wesentliches Kriterium zur Gliederung der Galloromania[129]; das an der Palatalisierung beteiligte [j] kann das folgende [a] zu [e] gehoben haben, woraus durch spontane Diphthongierung der Diphthong [i̯ẹ] entstehen konnte.[130]

Seit Ende des 13. Jh. wird das [i̯] des Diphthongen [i̯ẹ] von einem der als präpalatal charakterisierten Konsonanten (§ 66) absorbiert: cher, congé, aprocher. Afr. trai̯ti̯er verlor analog zu der großen Zahl von Infinitiven auf -er (Typ chanter) das [i̯] der Endung.

§ 148. á[ nach Palatal > e [ə]
k-: càbállu > afr. cheval


8.2.7. Die Nasalierung

§ 149. Im Fr.[131] werden ungefähr vom 9. Jh. an alle Haupttonvokale in freier und gedeckter Stellung durch einen folgenden Nasalkonsonanten nasaliert, im Nebenton nur in geschlossener Silbe. Bei e und o ist nur von je einem geschlossenen Vokal auszugehen, da ihre

---

[128] Da das ę́[ in caelu, vlt. *celu lautgesetzlich zu [i̯ẹ́] diphthongiert, verbindet sich das an der Palatalisierung beteiligte [j] mit dem identischen Teil des Diphthonges, so daß dasselbe Ergebnis wie in spontaner Entwicklung vorliegt.

[129] Apr. amar-cap, afr. amer-chief, frpr. amar-chie(f). Das Frpr. hat also an der Palatalisierung des á[ Anteil, nicht jedoch an der Entwicklung á[ > e — erstere muß demnach früher stattgefunden haben.

[130] Zur Frage des möglichen Zusammenhangs zwischen der Palatalisierung des á[ und der Entwicklung von á[ > ẹ̄ siehe u. a. Straka 1953; Schürr 1970; Klausenburger 1975 und die Handbücher.

[131] Außerdem nur noch im Pg.! — Zu den nach wie vor ungeklärten Ursachen der Nasalierung vgl. Carton 1974, 181—185; de la Chaussée 1974, 128—134; Rochet 1976; Geschiere 1963.

offenen Pendants bereits vorher durch den folgenden Nasalkonsonant geschlossen wurden.¹³²

§ 150. Die Nasalierung der Haupttonvokale in gedeckter Stellung und der Nebentonvokale, die in oraler Entwicklung bis auf [u] nicht verändert werden, ergibt zunächst die entsprechenden nasalen Varianten, wobei der Nasalkonsonant im Afr. noch ausgesprochen wurde:

$i > \tilde{\imath}$:   quīndecim > afr. quince [kĩntsə]
　　　　linteolu, vlt. lintiólu > afr. linceul, linceul (ĩ!)
$e > \tilde{ẹ}$:   argęntu > afr. argent [ardʒẽnt]
　　　　lĭngua, vlt. lęngua > afr. lengue
　　　　sĭmulare, vlt. sęmulare > afr. sembler (ẽ!)
$a > \tilde{a}$:   campu > afr. champ
　　　　cantare > afr. chanter (ã!)
$o > \tilde{ọ}$:   rŭmpere, vlt. rompere > afr. rompre (vgl. § 35, 35 und 36)
　　　　bònitáte > afr. bontét (õ!)
$\ddot{u} > \tilde{\ddot{u}}$:   lūnae dies, vlt. lunis die > afr. lundi (ṹ!) ¹³³

Ein Vergleich mit dem Nfr. zeigt, daß [ĩ] zu [ɛ̃] (nfr. quinze), [ẽ] zu [ã] (nfr. langue, auch Graphie ⟨a⟩) und [ü̃] zu [œ̃] (nfr. lundi) geöffnet worden sind; vgl. dagegen § 35, 34. Diese Entwicklung wird mit einer Tendenz zur Ausspracheerleichterung erklärt, da geschlossene nasale Vokale [ĩ, ũ, ỹ] größere artikulatorische Anstrengung verlangen als offenere. Daher habe auch die Nasalierung zunächst bei [a, e] eingesetzt und erst einige Jahrhunderte später auch [i, y] erfaßt.¹³⁴

Die Öffnung von [ẽ] zu [ã] erfolgte bereits im 12. Jh.,¹³⁵ die von [ĩ] und [y] beginnt im Mfr., setzt sich aber erst im 17. Jh. durch.

---

¹³² Die Tendenz zur Änderung des Öffnungsgrades ist in der Romania weiter verbreitet, vgl. Lausberg 1, § 230—234.
¹³³ Geläufige Beispiele für die haupttonige Entwicklung fehlen.
¹³⁴ Dagegen nimmt Rochet 1976 aufgrund einer neuen Interpretation der afr. Assonanzen gleichzeitige Nasalierung aller Vokale an und lehnt als Erklärung für die Entwicklung zum Nfr. das Konzept der Ausspracheerleichterung durch Öffnung ab, da von 50 untersuchten Sprachen mit Nasalvokalen nur sehr wenige keine geschlossenen enthalten (Ruhlen 1974); so kennt das Pg. [ĩ] und [ũ], fr. Dialekte bewahren (ĩ, ũ, ỹ].
¹³⁵ Rochet (1974 und 1976, 90 f.) erklärt diesen Vorgang ganz in Übereinstimmung mit Prinzipien der generativen Phonologie mit einer morphologischen Entwicklung, nämlich dem Zusammenfall der Partizipien des Präsens aller Konjugationen zu -ant (cantante > chantant, veniente > venant); von

§ 151. Solange im Afr. die Nasalkonsonanten gesprochen werden, bleiben die Nasalvokale kombinatorische Varianten der oralen Vokale. Erst in mfr. Zeit ist vorkonsonantisches [n] und [m] verstummt, wodurch die Nasalvokale zu Phonemen werden (z. B. [ã] in nfr. *chant* vs. *chat* — die beiden Wörter bilden im Afr. noch kein Minimalpaar).

§ 152. Die Nasalierung erfaßte die H a u p t t o n v o k a l e  i n  f r e i e r  S t e l l u n g  meist auf einer bereits diphthongischen Entwicklungsstufe; der Nasalkonsonant unterbricht eine Weiterentwicklung des Diphthongs wie bei den oralen Vokalen, bzw. verhindert überhaupt die Diphthongierung.

| | | |
|---|---|---|
| $i > \tilde{i} > \tilde{e}$ | *vinu* > afr. *vin* | aber oral: *rive* |
| $e > \tilde{e}\underset{\smile}{i} > \tilde{e}$ | *plenu* > afr. *plein* | *mois* |
| $i\underset{\smile}{e} > i\underset{\smile}{\tilde{e}}$ | *rem* > afr. *rien* | *pied* |
| $*a\underset{\smile}{i} > \tilde{a}\underset{\smile}{i} > \tilde{e}$ | *pane* > afr. *pain* [136] | *père* |
| $\underset{\smile}{u}o > \underset{\smile}{u}e > \underset{\smile}{u}\tilde{e}$ | *bonu* > afr. *buen* [137] | *cœur* |
| $o > \tilde{o}$ | *nome* > afr. *nom* | *heure* |
| $ü > \tilde{u} > \tilde{œ}$ | *unu* > afr. *un* | *mur* |

Die retardierende Wirkung des Nasalkonsonanten ist daran zu sehen, daß der Diphthong [ẽi̯] an der Weiterentwicklung zu [ói̯ > u̯é] gehindert wurde (vgl. dagegen § 35, 37), [u̯é] nicht zu [ö] monophthongierte und [ó], das ja als letzter Laut zu [óu̯] diphthongierte, auf der Stufe [õ] stehenblieb. Die vorhandenen Diphthonge wurden bis auf [jẽ] zu [ẽ] vereinfacht, [ĩ] und [ũ] wie in gedeckter Stellung zu [ẽ] bzw. [œ̃] geöffnet.

§ 153. In obigen Beispielen wurde die vlt. freie Silbe nach Einsetzen der Diphthongierung durch Apokope der Ultimavokale im Galloromanischen geschlossen — die Nasalvokale befinden sich im Afr. in gedeckter Stellung, die Nasalierung ist bis heute erhalten. Dagegen blieb die Silbe in den folgenden Fällen offen, da das vlt. auslautende [-a] bis ins 17. Jh. in der Hochsprache als [ə] gesprochen wurde (§ 49):

| | |
|---|---|
| $i > \tilde{i}$ | frk. *\*skina* > afr. *eschine* |
| $\tilde{e}\underset{\smile}{i} > \tilde{e}\underset{\smile}{i} > \tilde{e}$ | *plena* > afr. *pleine* |
| $i\underset{\smile}{e} > i\underset{\smile}{\tilde{e}}$ | *tenent* > afr. *tienent* (§ 261 e) > nfr. *tiennent* |

hier aus hat sich der Lautwandel auf Wörter mit der Endung *-ent* wie *talentum* > *talent* und schließlich auf jedes [ẽ] ausgedehnt.

[136] Die Entwicklung vor Nasal läßt eine Diphthongierung auch des oralen [a] vermuten, vgl. § 130. Dazu Rheinfelder I, § 218.

[137] Die wenigen Wörter mit [u̯ẽ] sind im Nfr. nicht erhalten; *buen* wurde durch die nebentonige oder eher die lateinisch beeinflußte Form *bon* ersetzt — auf kirchenlateinischen Einfluß weist auch das Antonym *mal* < *malum*, daneben auch afr. *mel* (Heisig 1964).

*ái̯ > ā̃i̯ > ẽ     amat   > afr. aime
u̯ó > u̯ę́ > u̯ę̃     bona   > afr. buene[137]
ǫ > ǭ > ɔ̃     donat  > afr. done
ü > ü̃           luna   > afr. lune

§ 154. Die Diphthonge werden auch hier monophthongiert. Doch bevor [ĩ] und [ü̃] geöffnet werden konnten, setzte Ende des 16. Jh. der Prozeß der Entnasalierung der noch in freier Silbe befindlichen Nasalvokale ein; sie erhalten die Qualität der entsprechenden oralen Vokale: nfr. échine, pleine [ɛ], donne [ɔ], etc.

Als Grund für die Entnasalierung in freier Stellung wird unter anderem das Verstummen des auslautenden [ə] vermutet, wodurch z. B. bei mfr. [bõ] ~ [bõn] die Bedingungen für die Nasalierung nicht mehr durchsichtig waren,[138] da nun im Auslaut sowohl Nasalvokale als auch Nasalkonsonanten vorkommen konnten. Auch ein Zusammenhang mit der Phonologisierung der Nasalvokale in gedeckter Stellung ist denkbar, insofern als danach nur noch in offener Silbe phonologisch nicht relevante, gegenüber den Oralvokalen markierte Nasalvokale vorhanden waren; sie konnten ohne Gefahr für die Verständigungsfunktion zu oralen Vokalen vereinfacht werden, so daß seitdem Nasalvokale nur als Phoneme fungieren.

§ 155. Einige Wörter sind dadurch charakterisiert, daß sie im Vlt. eine durch zwei Nasalkonsonanten geschlossene Haupttonsilbe enthielten. Bei flamma, summa, annus – vlt. *annata lag primäre Doppelkonsonanz vor, während sie bei Wörtern wie fēmina, hŏminem, ānima erst durch Synkope entstand: *femna, *(h)omne, *anma.

Zum Zeitpunkt einer möglichen Diphthongierung (4.—7. Jh.) war die Silbe also geschlossen und wurde trotz darauffolgender Degeminierung (7.—8. Jh.) zu *flama, *fema, etc. afr. wie in gedeckter Stellung entwickelt (§ 150): [e]: afr. feme [fẽmə] > afr. fame [fãmə]; [a]: afr. āme, flāme, ānee; [ǫ]: afr. (h)ōme, sōme.

Die bereits afr. vorkommenden Graphien mit ⟨mm, nn⟩ können so verstanden werden, daß das erste ⟨m/n⟩ die nasale Aussprache des Vokals anzeigt,[139] das zweite die Aussprache des Nasalkonsonanten.

Da diese Wörter seit afr. Zeit eine offene Silbe aufweisen, werden sie auch von der Entnasalierung erfaßt (§ 154); daher nfr. femme (latinisierendes ⟨e⟩), flamme, âme, année, homme, somme.

§ 156. Auch durch [ñ], entstanden aus [ni̯] oder [gn], werden die Vokale in gleicher Weise nasaliert; silbenschließend gibt das [ñ] sein

---

[138] Zu den Erklärungen für die Entnasalierung, vgl. Posner 1971.
[139] In afr. Zeit diente gelegentlich auch eine Tilde über dem Vokal zur Angabe der Nasalierung, also ⟨fẽme⟩ und ⟨femme⟩.

palatales Element in Form eines [i̯] nach vorne ab und ist dadurch entpalatalisiert, in den anderen Fällen bleibt [ɲ].
    *testimoni̯u* > afr. *tesmoin̯* > *temoin* [õ̯i̯ > ṵẽ̯] (nicht regelmäßig nfr. *témoigner* [-waŋ])
    *vinea*, vlt. *vini̯a* > afr. *vigne* > nfr. *vigne*
    *mons*, vlt. \**montani̯a* > afr. *montagne*, *montaigne* > nfr. *montagne*
Da [ñ] durch ⟨in, ign, ni, ingn⟩, etc. wiedergegeben wurde, konnte die Graphie *montaigne* zu einer Schreibaussprache mit [ę] führen, die sich für den Eigennamen *Montaigne* durchgesetzt hat.


### 8.3. Das altfranzösische Vokalsystem und seine Entwicklung

#### 8.3.1. Charakteristik des altfranzösischen Vokalsystems

§ 157. Die skizzierten Entwicklungen müßten zu unterschiedlichen Vokalsystemen in freier und gedeckter Stellung (incl. Nebentonvokale) führen, da z. B. jedes haupttonige [a] in offener Silbe zu [e] verändert wurde und somit in dieser Position kein [a] mehr vorkommen sollte. Diese Regularität wurde jedoch in einigen Fällen von der bedingten Diphthongierung (§ 133—138), ferner durch das Verstummen der Ultimavokale mit Ausnahme des [a] (§ 49) und durch die Degeminierung (§ 93) durchbrochen, wobei durch die beiden letzten Vorgänge die Struktur der Silbe vom Vlt. zum Afr. verändert wurde. Hinzu kam die bereits im Afr. erfolgende Übernahme von Entlehnungen aus dem Lateinischen und den anderen, angrenzenden Sprachen:
    afr. *grace* < lt. *gratia* (11. Jh).
    afr. *ballade* < apr. *balade* (13. Jh.)
Erbwörtlich wäre \**graise*, \**ballée* zu erwarten.
    Die folgenden Tabellen geben einen Überblick über die Herkunft und die Distribution der Vokale, wobei Lehnwörter und Latinismen nicht aufgenommen wurden.[140]
    § 158. Das idealisierte Afr. des 12. Jh. besaß neun orale Monophthonge:

| afr. | frei | gedeckt | nebentonig |
|---|---|---|---|
| i | rive | escrit | priver |
| e | dete [141] | verge | — [142] |

[140] Es werden die afr. Verhätnisse vor dem satzphonetisch bedingten Verstummen der Auslautkonsonanten wiedergegeben.
[141] Durch Degeminierung und [-a] afr. in freier Silbe.

Entwicklung der Vokale 85

| | | | |
|---|---|---|---|
| ε | bele [141] | set | vertut |
| ε: | pere | cler | — [143] |
| ə | — [144] | — [144] | cheval |
| a | rage | part | argent |
| ɔ | chose | corps | povretet |
| o | gote [141] | cort | loer |
| y | nule | nul | durer [145] |

Die neun Vokale sind als Phoneme zu werten und haben fünf nasalierte kombinatorische Varianten neben sich:

| afr. | frei | gedeckt | Nebenton |
|---|---|---|---|
| ĩ | eschine | quince | lincuel |
| ẽ | — [146] | argent [147] | sembler |
| ã | — [148] | champ | chanter |
| õ | done | rompre | bontet |
| ỹ | lune | (s. Anm. 133) | lundi |

§ 159. Dazu kommen neun Diphthonge [149]:

| afr. | frei | gedeckt | Nebenton |
|---|---|---|---|
| i̯é̯ | lieve | tierce, ciel | — [150] |
| u̯é̯ | pueble | cuer | — [150] |
| é̯i̯ | veie | meis | reial |
| ó̯i̯ [151] | joie | croiz | foiier |
| ó̯u̯ | houre, moudre | dous | couper |
| é̯u̯ [151] | feutre | eus | (selten) |

[142] Afr. *legier* > afr. *legier*, aber wohl noch nicht im 12. Jh.
[143] Nur haupttonig möglich.
[144] Per definitionem ausgeschlossen.
[145] Im 12. Jh. rückte das [ó] (*cort* > *court*, *gote* > *goutte*) und [ò] (*loer* > *louer*) zu [u] nach. Gelehrte Wörter enthalten jedoch weiterhin [o]: afr. *forme*, afr. auch *fourme*.
[146] Erst durch Monophthongierung aus [ẽi̯] und [ãi̯] entstanden: vgl. *pleine*, *aime*.
[147] Zwar im 12. Jh. Öffnung zu [ã] (§ 150), jedoch durch Monophthongierung von [ẽi̯] und [ãi̯] wieder besetzt; vgl. *plein*, *pain*.
[148] Nur in gelehrten oder entlehnten Wörtern: *tisane* (13. Jh.) (Anm. 81), *organe* (12. Jh.), beide < lt. < gr.
[149] Ein weiterer Diphthong [ó̯u̯] ist in wenigen Wörtern sekundär entstanden und mit [ó̯u̯] in der weiteren Entwicklung zusammengefallen. Vgl. Rheinfelder I, § 318, 325.
[150] Nur haupttonig möglich.
[151] Hier sind [ó̯i̯] und [é̯u̯] nicht als Weiterentwicklungen von [é̯i̯] bzw.

| | | | |
|---|---|---|---|
| *ái̯* | *paire* | *palais* | *maison* |
| *áu̯* | *chaude* | *chaut* | *sauver* |
| *üi* [152] | *hui* | *nuit* | *luisir* |

Die wenigen Wörter des Typus *lieu* und *beaus* enthalten wohl Triphthonge.

Zu einigen Diphthongen gehören ebenfalls nasale Varianten:

| afr. | frei | gedeckt [153] |
|---|---|---|
| *i̯ẽ* | *tienent* | *rien* |
| *u̯ẽ* | *buene* | *buen* |
| *ẽi̯* | *pleine* | *plein* |
| *õi̯* | — [154] | *tesmoin* |
| *ãi̯* | *aime* | *pain* |
| *ũi* | *ruine* | *juin* (< *iuniu*) |

§ 160. Der hier beschriebene Zustand des Afr. ist durch eine Vielfalt von Vokalen und Diphthongen gekennzeichnet:

| | |
|---|---|
| Orale Monophthonge | : 9 |
| Nasale     „ | : 5 |
| Orale Diphthonge | : 9 |
| Nasale     „ | : 6 |
| Orale Triphthonge | : 2 |
| | 31 [155] |

Auch wenn die Nasale kombinatorische Varianten ihrer oralen Entsprechungen sind, bleiben bei aller Problematik einer Phonemdefinition noch 20 Phoneme, die im Vergleich zu den 13 Vokalphonemen des Klt., den 8 des Vlt., den 7 des It., den 5 des Sp. und den 16 des Nfr.[156], gegenüber dem zumindest die Anzahl der Allophone auffällt, eine beachtliche Zahl darstellen. Hinzu kommt — die obigen Tabellen illustrieren es ansatzweise [157] —, daß die meisten Phoneme in den verschiedenen Positionen im Wort vorkommen können.

[óu̯] zu verstehen, sondern als aus anderen Quellen entstandene, gleichzeitig vorhandene Laute.

[152] Der zunächst fallende Diphthong [ǘi̯] wird im 12. Jh. steigend: [ṷí].

[153] In nebentoniger Silbe selten.

[154] Kaum vorkommend; vgl. *moine* (halbgelehrt < vlt. *monicus*), *avoine* (dialektal < *avēna*) mit unregelmäßiger Entwicklung zu [u̯á], vgl. § 35, 37.

[155] Andere Bücher nennen andere, etwas höhere Zahlen, ohne sie immer durch Beispiele aus e i n e m Zeitraum und e i n e m Sprachsystem zu belegen.

[156] Diese Zahlen nach Guiraud ⁴1971, 57.

[157] Es fehlen z. B. die Typen 'Anlaut', 'Auslaut' und eine Differenzierung der nebentonigen Silben in freie und geschlossene.

Entwicklung der Vokale 87

§ 161. Die hier beschriebenen Fakten — großes Inventar von 20 Vokalphonemen, 11 nasale Varianten, hohe distributionelle Verfügbarkeit — erfordern eine Interpretation:
Nach Lausberg (1947, 308—315) kompensiert dieses umfangreiche Vokalinventar die in der Galloromania erfolgte Verkürzung der Wörter durch Synkopierung, Apokope, etc.; durch Differenzierungen im Vokalbereich sei so der Gefahr der Homophonie entgegengewirkt worden.
Berücksichtigt man darüber hinaus, daß die 22 Konsonanten des Afr. in jeder Position im Wort auch ausgesprochen wurden, erweist sich eine afr. Äußerung in höherem Grad als phonetisch redundant als eine entsprechende im Nfr.[158]:
So enthalten die beiden ersten Verse des Rolandsliedes insgesamt etwa 59 Laute, die nfr. Übersetzung der beiden Zeilen von Moignet (1969) besteht dagegen nur aus 45 Lauten, d. h., im Nfr. werden knapp 30 % Laute weniger artikuliert.[159]
Dermaßen redundante Äußerungen sind gegenüber Störungen bei der Übermittlung zwar gesicherter, erfordern aber mehr artikulatorischen Aufwand. Dieser Zustand des Afr. könnte entweder für eine noch wenig schriftlich gebrauchte Sprache charakteristisch sein, oder aus der Vermischung zweier unterschiedlicher Sprachsysteme, dem Fränkischen und Lateinischen, herrühren.

8.3.2. Entwicklung des altfranzösischen Vokalsystems

§ 162. Im 13. Jh. erfolgte die Vereinfachung einiger Diphthonge, wodurch sich die Zahl der Phoneme jedoch nur geringfügig verringert, da [ö] und schon im 12. Jh. [u] (Anm. 145) als neue Phoneme hinzukommen[160].

$\underset{\underset{\sim}{e}\underset{\sim}{u}}{\underset{\sim}{u}\acute{e}} > ö$ [161]  (*puet, heure*)   $\begin{matrix}\acute{o}\underset{\sim}{u} > u \ (moudre)\\ \acute{a}\underset{\sim}{i} > \rho \ (paire)\end{matrix}$

[158] Vgl. auch Guirauds (⁴1971, 59 f.) etwas konstruiertes Beispiel.
[159] Diese Zahl schwankt bei der Auszählung eines etwas umfangreicheren Datenmaterials zwischen 15 und 30 %. Guiraud (⁴1971, 59 f.) nahm 50 % an. Die Zahl der Grapheme ist in beiden Sprachstufen etwa gleich hoch — die nfr. Graphie spiegelt oft den afr. Sprachzustand wider.
[160] Außerdem geht [ɛ:] in [ɛ] auf, da die Vokalquantität phonologisch nicht relevant ist.
[161] Neben [ü] der zweite Laut mit Lippenrundung; die Differenzierung zwischen [oe] und [ø] erfolgt erst später (§ 166).

88   Lautlehre

Im 14.—16. Jh. folgt: áu̯ > ǫ (chaude, § 144)
Ähnlich bei den Nasalen:

$\begin{matrix}\tilde{e}\underline{i}\\ \tilde{a}\underline{i}\end{matrix}\!\!>\tilde{e}$   (plein, pain)    $\begin{matrix}\tilde{o}\underline{i}\\ \tilde{u}\underline{i}\end{matrix}\!\!>u̯\tilde{e}$   (temoin, juin)

**§ 163.** Der im 13. Jh. aus ẹ > ẹi̯ > ọi̯ entstandene Diphthong [u̯é] (§ 127) wird seit dem 14. Jh. in zweierlei Richtungen verändert [162].

a) u̯ẹ́ > u̯á

Als Aussprache der unteren Volksschichten von Paris wurde [u̯á] von den meisten Grammatikern des 16. Jh. abgelehnt, von Palsgrave und H. Estienne jedoch in einigen Wörtern akzeptiert; setzte sich erst nach der Französischen Revolution durch.

b) u̯é > ę

Die Aussprache [ɛ] — sie hat nichts mit der in Anm. 117 behandelten dialektalen Entwicklung zu tun — war ebenfalls seit dem 14. Jh. in Paris üblich. Einige Grammatiker des 16. Jh., die diese Aussprache bekämpfen, bezeichnen sie als am Hof gebräuchlich, der vor allem in der Folge der Heirat von Henri II mit Katharina von Medici (1533) stark italienisch beeinflußt war.[163]

Seit der Mitte des 16. Jh. wird [ɛ] in den Endungen des Imperfektes (und damit auch des Konditionalis) — hierbei dürfte Einfluß des [-v-] vorliegen (avoit [vuę-] > [-vę]) — und einigen isolierten Wörtern verwendet. Erst 1835 sanktioniert die Académie Française in ihrem Wörterbuch dafür die Graphie ⟨ai⟩.

debēbat > afr. deveit [éi̯] > devoit [ói̯] > [u̯é] > [ę] > nfr. devait (seit 1835)

cognoscere > afr. conoistre > nfr. connaître

Vgl. nfr. français: François.

Die Aussprache der einzelnen Etappen dieser Entwicklung ist durch Graphien, Assonanzen und Lehnwörter relativ gut gesichert:

éi̯   : afr. Graphie
ói̯   : Afr. Graphie, Assonanzen mit [o], dt. Franzose < afr. françois
u̯é   : Grammatikerzeugnisse (16. Jh.), Graphien wie soer statt soir, dt. Oboe < fr. hautbois
ę    : Reime wie croistre : senestre (16. Jh.), Graphien wie fe für foi
u̯á   : Graphien wie boas für bois (16. Jh.)

---

[162] Genauer in Figge 1976 und Rohr 1967 (v. a. zum 17. Jh.).

[163] Es ist denkbar, daß sich die Grammatiker die antiitalienische Stimmung in der 2. Hälfte des Jh. zur Abwehr einer sprachlichen Neuerung nutzbar machten.

§ 164. Das afr. palatale /a/ hatte in der Position vor [s] und [z] eine velare Variante [ɑ], die wohl durch das Verstummen des vorkonsonantischen [s] phonologisiert wurde; danach wird das /ɑ/ oft mit dem Zirkumflex notiert: *mâle* : *mal*.

§ 165. Zwischen dem 13. und 16. Jh. wurde vor allem in Paris [e] volkssprachlich zu [a] geöffnet, wenn es vor *r*+Konsonant stand:

*lacrima* > afr. *lairme* (11. Jh.) > *lerme* (12. Jh., § 143) > *larme* 13.—16. Jh. und nfr.)

Diese von den Grammatikern des 16. Jh. bekämpfte Tendenz setzte sich in einigen Wörtern damals unbekannter Etymologie *(escharpe)* oder wegen der Übereinstimmung mit dem lt. Etymon *(larme)* durch. Als Reaktion gegen diese Entwicklung entstanden einige hyperkorrekte Formen mit [e] statt afr. lautgesetzlichem [a]:

*caro, carne* > afr. *char(n)* > nfr. *chair*

§ 166. Die schon im Afr. einsetzende Tendenz (Anm. 115), in freier Silbe die Vokale *e, ö, o* geschlossen zu sprechen [e, ø, o], in gedeckter Silbe offen [ɛ, œ, ɔ], führte zur Verbreitung des Phonems [o] in weiteren Wörtern (vgl. Anm. 145) und zur Differenzierung der beiden Phoneme [ø] und [œ].[164]

§ 167. Die hier nur kurz aufgezählten Neuerungen erlauben es zusammen mit der im systematischen Zusammenhang beschriebenen Phonologisierung der Nasalvokale (§ 151) das nfr. Vokalsystem als vorläufigen Endpunkt von im Afr. angelegten Entwicklungen zu begreifen.

---

[164] Ausführlicher zur Entwicklung zum Nfr., Price 1971, 4.9—4.13.

## III. FORMENLEHRE

**§ 168.** Aufgabe der Formenlehre ist die Beschreibung der Flexionsverhältnisse einer Sprache. Da die Deklination der Substantive, Adjektive und Pronomen sowie die Konjugation der Verben dazu dient, die Funktionen der betreffenden Einheiten im Satz anzugeben, wirkt die Morphologie in den Bereich der Syntax hinein und wird daher verschiedentlich mit letzterer als Morphosyntax zusammengefaßt.

Andererseits wirken Lautgesetze auch auf Flexionsendungen und Pronomina, wodurch die morphologische Struktur einer Sprache beeinflußt wird, so z. B. wenn die Funktion von homophon werdenden Kasusendungen durch Präpositionen übernommen wird.

Die Morphologie nimmt also zwischen der Phonologie und den Lautentwicklungen einerseits und den syntaktischen Funktionen der Morpheme andererseits eine Mittelstellung ein; die Beschreibung der Bildung und Entwicklung flektierter Formen ist jedoch die eigentliche Domäne der Morphologie, auf den Einfluß von Lautentwicklungen und auf syntaktische Auswirkungen ist systematisch zu verweisen.

### 9. Das Nomen

#### 9.1. *Die lateinische Grundlage*

**§ 169.** Die Nomina des Klt. verteilten sich auf fünf Deklinationsklassen, in denen sechs Kasus und zwei Numeri unterschieden wurden.

| Sg. | 1. *a*-Dekl. | 2. *o*-Dekl. | 3. Dekl. | 4. *u*-Dekl. | 5. *e*-Dekl. |
|---|---|---|---|---|---|
| Nom(inativ) | *porta* | *murus* | *arbor* | *cantus* | *faciēs* |
| Gen(itiv) | *portae* | *murī* | *arboris* | *cantūs* | *faciēi* |
| Dat(iv) | *portae* | *murō* | *arborī* | *cantuī* | *faciēi* |
| Akk(usativ) | *portam* | *murum* | *arborem* | *cantum* | *faciem* |
| Vok(ativ) | *porta* | *mure* | *arbor* | *cantus* | *faciēs* |
| Abl(ativ) | *portā* | *murō* | *arbore* | *cantū* | *faciē* |

Pl.

| | | | | | |
|---|---|---|---|---|---|
| Nom(inativ) | *portae* | *murī* | *arborēs* | *cantūs* | *faciēs* |
| Gen(itiv) | *portārum* | *murōrum* | *arborum* | *cantuum* | *faciērum* |
| Dat(iv) | *portīs* | *murīs* | *arboribus* | *cantibus* | *faciēbus* |
| Akk(usativ) | *portās* | *murōs* | *arborēs* | *cantūs* | *faciēs* |
| Vok(ativ) | *portae* | *murī* | *arborēs* | *cantūs* | *faciēs* |
| Abl(ativ) | *portīs* | *murīs* | *arboribus* | *cantibus* | *faciēbus* |

1. Deklination: enthält Feminina, außer männlicher Personen- und Flußnamen wie *propheta, Sēquana* > *Seine*, f. (Entmythologisierung).
2. Deklination: enthält Maskulina und Neutra (*vinum, vini*, Pl. *vina, vinorum*). Eine Untergruppe stellen die Substantiva auf -er dar: *liber, libri; vesper, vesperi*.
3. Deklination: enthält Maskulina (m.) *(cólor, colóris)*, Feminina (f.) *(árbor, árbŏris)* und Neutra (n.) *(cor, cordis*, Pl. *corda, cordum)*. Die Wörter sind ungleichsilbig wie die obigen Beispiele, oder gleichsilbig wie *panis, panis* und können im Nom. Sg. eine gegenüber dem restlichen Paradigma abweichende Form aufweisen:

> *corpus, córporis,* n.
> *pes, pedis,* m.
> *pater, patris,* m.
> *pulvis, púlveris,* m./f.
> *pars, partis,* f.
> *tempéstas, tempestátis,* f.

4. Deklination: *cantus*, m., *manus*, f., *cornū, cornūs*, Pl. *cornua*, n.
5. Deklination: Feminina bis auf *dies* 'Tag', m., das in den Wochentagsnamen weiterlebt: *mardi* < *Martis die*.

§ 170. Diese komplexen Verhältnisse wurden im Vlt. in verschiedener Hinsicht vereinfacht:[164a]

a) Die Zahl der Deklinationsklassen wurde auf drei verringert, indem die wenigen Wörter der 4. und 5. Deklination in die 2.[165] bzw. 1. Deklination[166] übergehen: *cornu* > *cornum, facies* > *facia*.

b) Die Zahl der Genera wird durch den Untergang des Neutrums auf zwei reduziert[167]: Neutra der 2. Deklination — inklusive

---

[164a] Eine funktionale Erklärung der Entwicklung von Vlt. zum Afr. gibt Plank 1979.

[165] Bei einigen Wörtern bestand auch im Vlt. ein Schwanken, so bei *domus*, das z. B. den Abl. auf *-o* oder *-u* bildete. *Cornum* ist bei Lukrez, Ovid belegt.

[166] Ausgangspunkt ist das Nebeneinander von klt. *tristities* und *tristitia*.

[167] Bereits im Indogermanischen waren die morphologischen Mittel des

einiger von der 4. in die 2. gekommener Wörter —, die sich nur im Nom. und Vok. Sg. sowie im Nom. und Akk. Pl. von den Maskulina unterschieden, werden zu Maskulina [168]: *vinum* > *vinus* (Petron), *cornum* > *cornus* (Varro, Gellius). Aus der 3. Deklination schließt sich vlt. \**capus*, klt. *caput, capitis* an.

Einige Neutra der 3. Deklination, die auf *-us* endigten, werden in spätl. Texten nicht mehr flektiert (*de uno latus*, statt *latere*[169]) und leben nur in ihrer Nom. und Akk. Sg. Form als Maskulina im Afr. weiter: *corpus* > afr. *corps*. Vgl. Anm. 184.

Zahlreiche Neutra vor allem der 2. Deklination werden basierend auf ihrer Verwendung im Plural in meist kollektiver Bedeutung im Vlt. als Feminina der 1. Deklination aufgefaßt[170]:

*folium* 'Blatt', Pl. *folia* 'Blätter' > 'Blätterwerk, Laub'
*gaudium* 'Freude', Pl. *gaudia* (Konkretisierung, Intensivierung)[171]
*pirum* 'Birne', Pl. *pira* 'Birnenernte'[172]

Aus der Kollektivvorstellung entwickelte sich nach dem Untergang des Neutrum Sg. wieder eine Individualvorstellung: *la feuille* 'das Blatt', (neues Kollektiv: *le feuillage*), *la poire* 'die Birne'.[173]

c) In der 3. Deklination wird bei den ungleichsilbigen Nomina die isolierte Form des Nom. Sg. durch eine nach dem Vorbild der gleichsilbigen gebildete analoge Neubildung ersetzt: Nach *panis, panis*, wird *pars, partis* umgestaltet zu: *partis, partis*; id. vlt. *coloris, coloris*, f.; *pedis, pedis*; *pulveris, pulveris*.

d) Die Zahl der K a s u s wird innerhalb der einzelnen Deklinationen von sechs auf zwei verringert. Die Gründe hierfür wurden im phonetischen Bereich (Homophonie verschiedener Endungen) gesehen, sind

---

Neutrums gegenüber den Kategorien für Belebtes (Maskulinum, Femininum) stark eingeschränkt. Im Klt. sind ferner die Deklinationsendungen der Neutra weitgehend mit denen der Maskulina homophon. Vgl. Schön 1971.

[168] Vgl. klt. *collum* und *collus*.
[169] *Latus* > afr. *lez*; nfr. in Ortsnamen, z. B. *Aix-les-Bains*.
[170] Vorbild waren die Pluralia tantum des Klt., die keinen Sg. kannten wie *castra, castrorum* 'das Lager' und Dubletten wie *loca* 'Gelände', *loci* 'Stellen in Büchern'.
[171] Nach Schön (1971, v. a. 48—53), die auch Frequenzangaben zu den einzelnen Formen macht.
[172] Dazu aus gesamtromanischer Sicht Lausberg, III, 1 § 608—613.
[173] Bei einigen Wörtern ist sowohl die Sg. Form als auch die Pl. Form im Fr. erhalten: vlt. *cornu* > fr. *le cor* 'Waldhorn', vlt. *corn(u)a* > fr. *la corne* 'Horn' (Dublette). Die kollektive Bedeutung von *feuille* liegt noch vor in: *trembler comme la feuille* 'wie Espenlaub zittern'.

wohl auch semantischer Art (inhaltliche Überfrachtung einzelner Kasus) und können auch in dem Streben der Volkssprache nach deutlicherem Ausdruck mittels Präpositionen liegen.

§ 171. Im Klt. waren einige Formen miteinander innerhalb jeder Deklination und mit Endungen anderer Deklinationen homophon; dieser F o r m e n s y n k r e t i s m u s ist durch Lautentwicklungen im Vlt. ausgeprägter, was exemplarisch am Singular der 2. Deklination veranschaulicht werden soll:

|      | vlt. |
|------|------|
| Nom. | *muros* ($\breve{u} > \varrho$, § 117) |
| Gen. | *muri* |
| Dat. | *muro* ($\bar{o} > \varrho$, § 117) |
| Akk. | *muro* (-*m* > —, § 58, $\breve{u} > \varrho$, § 117) |
| Vok. | *muros*[174] |
| Abl. | *muro* |

Im Afr. blieben nur die Formen *muros* und *muro* erhalten: afr. *murs* — *mur*.[175]

Die f u n k t i o n e l l e  Ü b e r l a s t u n g  d e r  e i n z e l n e n  K a s u s — die Schulgrammatik kennt z. B. einen genitivus possessivus, subjectivus, objectivus, explicativus, qualitatis, partitivus, pretii[176] — und das Nebeneinander präpositionaler Wendungen mit dem reinen Kasus — *quis mortalium?* (Pl.) vs. *quis ex (de) populo?* (Sg.) — hat im Vlt. zu vermehrtem Gebrauch von Präpositionen geführt.[177] Die Verwendung von Präpositionen ist expressiver und leichter, vor allem da sich danach der Akk. immer mehr durchsetzt. Der Akk. übernahm verschiedene Funktionen des Abl.[178], was durch den lautlichen Zusammenfall

---

[174] Die 2. Deklination ist die einzige, in der der Vok. vom Nom. abweicht (Ausnahme: *deus*); seit Plautus kann die Form des Nominativs dafür eintreten.

[175] Reste der lt. Kasusformen leben nur in festen Ausdrücken, in der Wortbildung, in Ortsnamen, etc. weiter; z. B. *Martis dies* > afr. *marsdi* und *dimarz, auri fabru* > *orfèvre, hāc horā* (Abl.) > afr. *ore* > *or, Francorum villa* > *Francourville, Remis* > *Reims*. Nur afr.: *gent paienour* < *gente paganorum* 'Heidenvolk'; derartige Genitive wurden auch als Adjektive aufgefaßt und erscheinen daher auch mit Plural-s: afr. *les livres paienours*. Siehe Rheinfelder II, § 88—94. Vgl. auch § 227d hier.

[176] Nach Landgraf, Leitschuh ³³1962, § 130—138.

[177] Beim Genitiv wurde, wie in obigem Beispiel angedeutet, zunächst der Genitivus partitivus und objectivus, später der possessivus durch Präpositionen ausgedrückt; vgl. Väänänen 1967, § 250 f.

[178] Genauer Väänänen 1967, § 245—247.

der Endungen noch begünstigt wurde, und wird so zu dem einzigen in Opposition zum Nominativ (Rektus) stehenden Kasus[179] (Obliquus).

### 9.2. *Prä- vs. Postdetermination, synthetisch vs. analytisch*

**§ 172.** Der Ersatz der Kasusformen durch präpositionale Ausdrücke kann mit dem Begriffspaar s y n t h e t i s c h vs. a n a l y t i s c h beschrieben werden. In einer synthetischen Sprachform wird ein Wortinhalt durch eine Kombination g e b u n d e n e r lexikalischer und grammatischer Morpheme ausgedrückt *(mur-i)*, in einer analytischen Sprachform wird derselbe Wortinhalt zwar ebenfalls durch eine Kombination lexikalischer und grammatischer Morpheme ausgedrückt, es ist jedoch zumindest e i n f r e i e s Morphem beteiligt *(de mur-o)*, hier *de*, vgl. *de alto muro*. Das Vlt. ist also bezüglich der Nominalflexion und in anderen Bereichen der Morphologie (Kap. 11, 12, 13, usw.) durch eine vorwiegend analytische Bildungsweise charakterisiert.[180]

**§ 173.** Vergleicht man *mur-i* mit *de muro* bezüglich der Reihenfolge von Determinans und Determinatum, ist die klt. Form als p o s t - d e t e r m i n i e r e n d , die vlt. als p r ä d e t e r m i n i e r e n d zu kennzeichnen.[181] Dieses Begriffspaar, das unabhängig von dem oben besprochenen ist, erfaßt die lineare Abfolge von grammatischem und lexikalischem Morphem.

### 9.3. *Die Herausbildung der altfranzösischen Deklinationsparadigmen*

Im Afr. unterscheidet man drei maskuline und drei feminine Deklinationsklassen, von denen jeweils nur die erste die entsprechende vlt.

---

[179] Rheinfelder II, § 32 gibt fünf Argumente, warum dem Obliquus die Form des lt. Akk. zugrunde liegt. Nach de Dardel (1964) existierte im Vlt. neben dem Nom. und Akk. auch ein Gen./Dat., der in den afr. Wendungen des Typs *la fille le rei* < *filia regi* (§ 288e) weiterlebt; vgl. auch Anm. 124 hier.

[180] Da die Begriffe 'frei' und 'gebunden' nicht absolut sind, sind auch 'synthetisch—analytisch' relative Begriffe, d. h., es gibt Zwischenstufen. Vgl. v. Wartburg [10]1971, S. 36 ff., Lausberg III, 2, § 584, 834 f.; kritisch dazu Weinrich 1962.

[181] Vgl. Baldinger 1968. Dazu Wandruszka 1981, der eine andere Konzeption von morpho-syntaktischer 'Determination' hat und davon die syntaktisch-semantische 'Spezifikation' unterscheidet.

Klasse direkt festsetzt. Die Einteilung erfolgt also nach synchronen, im Afr. vorliegenden Charakteristika.

§ 174. Die 1. Klasse der Maskulina ist aus der 2. lt. Deklination entstanden:

|  | Sg. | Pl. |
|---|---|---|
| R(ektus) | vlt. *muros* > *murs* | *muri* > *mur* |
| O(bliquus) | vlt. *muro* > *mur* | *muros* > *murs* |

Ebenso:

vlt. *vinus* > *vins* — *vin*
vlt. *cantus* > *chanz* — *chant*
vlt. *\*capus* > *chies* — *chief*

Nach diesem Muster richten sich ferner:
Maskulina der 3. vlt. Deklination, die im Nom. Sg. auf -s endigten:
*panis* > *pains* — *pain*
vlt.: *pedis* > *piez* — *piet*

Hier wird im allgemeinen ein Nom. Plural auf -i (∼ *muri*) angenommen, der im Merowingerlatein gelegentlich belegt ist; hierbei handelt es sich um eine spezifisch galloromanische Erscheinung.[182]
Die substantivierten Infinitive: *placere* > afr. *plaisirs* — *plaisir*.[183]
Indeklinabel sind die ehemaligen Neutra auf -us wie *corpus* > *corps* und Wörter der 2. Deklination, deren Stamm auf -s endigt wie *nasus* > *nes*.
Diese 1. Deklinationsklasse hat die übrigen stark beeinflußt, da ihr die meisten Nomina angehörten.

§ 175. Die 2. Klasse bildet die Nomina auf -er der 2. und 3. lt. Deklination, die im Sg. als indeklinabel erscheinen:

|  | Sg. | Pl. |
|---|---|---|
| R | *liber* > *livre* | *libri* > *livre* |
| O | *libru* > *livre* | *libros* > *livres* |

Ebenso:

*vesper* > *vespre*
*pater* > *pedre* > *pere*
*arbor* > *arbre* (afr. maskulin, da Entmythologisierung)

---

[182] Vgl. Harris 1966, der aus den galloromanischen Deklinationssystemen des 8.—9. Jh., also nach dem Verstummen der Ultima-Vokale (§ 49), die Elimination von -es plausibel zu machen versucht. Die belegten lateinischen Formen auf -i — vgl. *Stulti sunt Romani, sapienti sunt Paioari* (Kasseler Glossen, 9. Jh.) — sind demnach Reflexe der neuen romanischen Bildungen ohne -s.

[183] Aus der 1. lt. Klasse schloß sich *propheta* > afr. *prophetes* an — Übereinstimmung von natürlichem und grammatischem Geschlecht.

Schon im 12. Jh. erhielten diese Wörter im R Sg. analog zu *murs* ein *-s* und fallen so mit der 1. Klasse zusammen.

**§ 176.** Die 3. Klasse enthält nur Nomina der 3. Deklination, bei denen der in § 170c) geschilderte Stammausgleich nicht vollzogen worden ist. Der Grund liegt wohl darin, daß es sich hierbei ausnahmslos um Personennamen und Personenbezeichnungen handelt, die besonders häufig als Subjekt (da Agens) des Satzes verwendet werden.[184] Daher weicht im Afr. die Form des R Sg. von den drei übrigen ab.

|   | Sg. | Pl. |
|---|---|---|
| R | *cómes* > *cuens* | *\*cóm(i)ti* > *conte* |
| O | *cóm(i)te* > *conte* | *cóm(i)tes* > *contes* |

Die unterschiedliche Entwicklung resultiert bei *comes* aus der Synkopierung von drei Formen, während sie bei *latro* durch die Akzentuierung bedingt ist.

|   | Sg. | Pl. |
|---|---|---|
| R | *látro* > *lédre* > *lérre* | *\*latróni* > *larrón* |
| O | *latróne* > *larrón* | *latrónes* > *larróns* |

Ebenso:

| *homo* | > *uem* | — *ome*, nebentonig: *on* (∼ dt. *Mann* — *man*) |
| *baro* | > *ber* | — *baron* |
| *antecessor* | > *ancestre* | — *ancesssour* |
| *\*companio* | > *co(m)pain* | — *compagnon* |
| *Carolus* | > *Charles* | — *Charlon* (< *Carolonem*), auch: *Charle* |
| *pictor*, vlt. | | |
| *pinctor* | > *peintre* | — *peintour* |
| *tráditor*, vlt. | | |
| *tradítor* | > *traítre* | — *traïtour* (*i* ∼ R) |

Seit dem 12. Jh. erhält der R Sg. auch dieser Klasse — sofern nicht lautgesetzlich vorhanden — ein analoges *-s* (*lerres*). Die isolierte Form wird jedoch schon seit afr. Zeit durch eine analoge ersetzt: R Sg. *larrons*, *contes*. Damit ist eine vollständige Übereinstimmung mit der 1. Deklinationsklasse hergestellt.

---

[184] Nach Plank 1979 kommt hinzu, daß diese Nomina häufig in possessiven Relationen begegnen (Typ: 'das Pferd des Grafen'), wo eine formale Unterscheidung von Subjekt und Genitivattribut notwendiger ist als bei den übrigen Nomina — daher kein vlt. Stammausgleich. Analoges gelte für die in § 170b aufgeführten indeklinablen Neutra. Er verweist ferner auf die hier § 288e behandelten Konstruktionen, die ebenfalls nur bei Personennamen und Personenbezeichnungen möglich sind.

Im Afr. lebt entsprechend der allgemeinen Entwicklung (§ 171) der Obliquus weiter bei: *conte, larron, baron, homme*. Dagegen blieb der Rektus erhalten bei *peintre, traître, ancêtre*,[185] die Erhaltung beider Formen ermöglicht eine semantische Differenzierung: *copain, compagnon; sire, sieur* (§ 196).

§ 177. Die 1. Klasse der Feminina geht auf die 1. lat. Deklination zurück; im Sg. sind Rektus und Obliquus lautgesetzlich zusammengefallen (R: *porta*, O: *portam* > *porta*), im Pl. ist im Rektus wohl von einer alten oskisch-umbrischen Endung *-as* auszugehen,[186] so daß im Pl. auch nur eine Form weiterlebt; dies gilt auch für die Adjektive (§ 186 f.) und Pronomina (§ 215). Bei den Feminina liegt also keine Zweikasusdeklination vor:

|  | Sg. | Pl. |
|---|---|---|
| R/O | *porta* > *porte* | *portas* > *portes* |

Ebenso:

vlt. *facia* > *face*
vlt. *folia* > *fueille*
vlt. *gaudia* > *joie*
vlt. *pira* > *poire*

Dazu kommen einige Feminina der 3. Deklination auf *-tas*:

*tempéstas*, vlt. *tempésta* > afr. *tempeste* (↔ *cívitas*, O: *civitáte* > *citez*)

---

[185] Für Mańczak (1969) setzte sich wegen der hohen Frequenz der Wörter die kürzere Form durch, die im R Sg. vorliegt. Spence 1971 situiert die Entwicklung dieser Deklinationsklasse in dem größeren Rahmen des Stammausgleichs der Nomina (§ 170c, 180) und Verben (§ 271 f.) und stellt gegenüber Mańczak fest, daß gerade häufige Verben wie *avoir, aller, faire*, etc. davon nicht erfaßt werden; folglich müsse es sich hier vornehmlich um Wörter geringer Frequenz handeln. Auf die Frage, warum in bestimmten Wörtern der Rektus, in anderen der Obliquus weiterlebt, geht Spence nicht ein.
Hamlin/Arthurs (1974) erklären den Untergang der auf *-our* endigenden Nomina dieser Klasse mit der fehlenden Stützung durch ein entsprechendes Verb: *chanteur* ~ *chanter*, *ancesseur* ~ —, *traiteur* ~ —.
Bei bestimmten Wörtern, darunter einigen der 1. Deklination *(Carolus > Charles, filius > fils, \*seior > sire* (§ 196), dürfte ihre Verwendung in der Anrede (Vokativ) zur Erhaltung des Rektus beigetragen haben.

[186] Die Formen sind seit 100 v. Chr. bis im Spätlatein bezeugt: Grabinschrift *bene requiescant reliquias Maximini!* Auch die Parallelität mit dem Sg. mag mitgewirkt haben. Siehe Väänänen 1967, § 238.

Ferner einige mit Stütz-*e*:
> vlt. *pulvere* > afr. *poldre* > *poudre*

§ 178. Die Nomina der 2. Klasse der Feminina enden auf Konsonant und haben offenbar im Sg. wie die Maskulina zwei Formen gehabt:

|   |      | Sg.                    | Pl.              |
|---|------|------------------------|------------------|
| R | vlt. | *partis* > *parts, parz* | *partes* > *parz* |
| O | vlt. | *parte* > *part*       | *partes* > *parz* |

Ebenso:
> vlt. *coloris* > *colours*
> *manus* > *mains*

Schon im 12. Jh. wurde diese Gruppe der 1. Klasse der Femina angeglichen: afr. R Sg. *part, colour, main*.

§ 179. Die 3. Klasse der Feminina entspricht der 3. der Maskulina; auch hier ist eine Form gegenüber den anderen isoliert:

|   | Sg.              | Pl.                |
|---|------------------|--------------------|
| R | *sóror* > *suer* | *soróres* > *serours* |
| O | *soróre* > *serour* | *sorores* > *serours* |

Ebenso:
> vlt. *Eva* — *Evâne* > *Eve* — *Evain*
> (-*âne* ~ -*óne* in *latrone, Carlone*)
> *amita* > *ante* — *antain*, neben *ante*;
> nfr. *tante*

Im Afr. kann die isolierte Form zwar ebenfalls ersetzt werden (R Sg. *serour*), im Nfr. setzt sich aber meist die originäre Form des Rektus durch: nfr. *sœur, Eve, tante*. Beide Formen leben nfr. weiter von *putida* > *pute* — *putain*.

## 9.4. Charakteristik der altfranzösischen Zweikasusdeklination

§ 180. Da die afr. Zweikasusdeklination auf dem Wechsel zwischen Formen mit und ohne flexivischem -*s* beruht, können durch lautgesetzliche Entwicklungen unterschiedliche Nominalstämme entstehen: S t a m m a b s t u f u n g.

Schon im Afr. sind Tendenzen zu einer Vereinheitlichung des Stammes wirksam: Stammausgleich.[187]

a) Vollständiger Ausgleich in Graphie und Aussprache ist erfolgt bei:

---

[187] Im folgenden ist im Sg. und Pl. die Obliquusform angegeben, die sich im Nfr. im allgemeinen durchsetzt.

*capu* > *chief* (§ 89, 105), nfr. *chef* — *chefs*
*capos* > *chies* (§ 84)
*capillu* > *chevel*
*capillos* > *chevels* > *cheveus* > *cheveux*[188] (§ 80), nfr. *cheveu* — *cheveux*

Bei *chef* ist der Stammausgleich nach der Form ohne -s erfolgt, bei *cheveu* nach der Form mit -s, da das Wort wohl im Plural häufiger gebraucht wird.

b) Nur in der Graphie erfolgte Stammausgleich bei:
*bove* > *buef* (§ 105), nfr. *bœuf* [bœf] (§ 166)
*boves* > *bues* (Anm. 74), nfr. *bœfs* [ø]

c) Die Doppelstämmigkeit ist noch nfr. erhalten bei:
*caballu* > *cheval*
*caballos* > *chevals* > *chevaus* > *chevaux*[189]

d) Die Doppelstämmigkeit wird zur semantischen Differenzierung genutzt (Dubletten):
*caelu* > *ciel*, nfr. *ciel*
*caelos* > *ciels* > *cieus*, nfr. *cieux*

Daneben nfr. *ciel* — *ciels*, 'Betthimmel', Pl. auch 'Klima'.

Diese bei zahlreichen Nomina vorhandene Stammabstufung ist eines der wesentlichen Charakteristika der afr. Morphologie. Sie wurde in den meisten Fällen ausgeglichen, so daß die Sprecher nicht mehr zwei durch keine synchrone Regel voneinander ableitbare Formen lernen mußten.

§ 181. Ein beträchtlicher Teil der Nomina des Afr. ist, wie oben dargestellt, indeklinabel (z. B. fast alle Femina); bei den Nomina mit Zweikasusflexion liefert jedoch das flexivische -s allein keine eindeutige Identifizierung der Funktion: so kann *murs* entweder R Sg. oder O Pl. sein. Die funktionelle Eindeutigkeit wird durch Prädeterminanten (*li murs* R Sg. — *les murs* O Pl., § 203) und/oder andere syntaktische Faktoren gewährleistet, z. B. kann *murs* nicht Subjekt von *voir, regarder* sein.[190]

---

[188] Die häufige Endung -us wurde im Afr. mit dem Graphem ⟨x⟩ wiedergegeben: *chevex*. Später wurde es nur noch als graphische Variante von ⟨s⟩ angesehen, und das ⟨u⟩ wiedereingeführt: *cheveux*.

[189] Jüngere Nomina haben regelmäßigen Plural, da die Regel der Vokalisierung des [l] nicht mehr lebendig war: *carnaval* (16. Jh.), *festival* (19. Jh.), Pl. *carnavals, festivals*.

[190] Siehe Schøsler 1973, v. a. S. 244. Weitere Faktoren sind unterschiedlicher Numerus von Subjekt und Objekt, Transitivität des Verbs, etc.

§ 182. Schon seit dem Alexiuslied finden sich in den Texten zahlreiche sog. Verstöße gegen die Zweikasusdeklination, die tendenziell eine Bevorzugung des Obliquus gegenüber dem Rektus aufweisen, z. B.
*Ja mais n'ert jur que il n'en seit parlét* (Roland 3905)
Diese Verstöße (*jur* statt *jurs*) wurden meist späteren Kopisten und deren Unkenntnis der inzwischen untergegangenen Zweikasusdeklination angelastet. Nach Guiraud (1958, 93—101; 1962) handelt es sich bei *jur* in obigem Beispiel um die Nennung keines aktuellen Tages (actuel vs. virtuel), daher kein Artikel und keine Zweikasusdeklination, d. h. Form des Obliquus. Bei einer vollständigen Auswertung des Rolandsliedes mußte diese Theorie viele Abstriche hinnehmen, und für die Verwendung der beiden Kasus wurden bestimmte Tendenzen entdeckt, z. B. vor dem Verb eher die Form des Rektus zu gebrauchen als nach dem Verb bei Inversion.[191] Zwar habe nach oft vertretener Ansicht[192] die Zweikasusdeklination die relativ freie Wortstellung ermöglicht (§ 374—379), jedoch war ihre funktionale Belastung gering,[193] da die oben erwähnten anderen syntaktischen Faktoren das eindeutige Verständnis gewährleisten.

§ 183. Der Untergang der Zweikasusdeklination, der sich in den genannten Verstößen ankündigt, wird im allgemeinen mit dem Verstummen des auslautenden -s (§ 103 ff.) in Verbindung gebracht, wodurch die Unterscheidung zwischen Rektus und Obliquus aufgehoben wurde. Deswegen seien die sechs Wortstellungstypen des Afr. auf die Reihenfolge S—P—O reduziert worden.

Demgegenüber sieht Schøsler 1973 in der nach ihr schon im Afr. in $2/3$ bis $3/4$ der Hauptsätze vorherrschenden Wortstellung S—P den Grund für die Redundanz der Kasusflexion, so daß sie nach dem Verstummen des flexivischen -s aufgegeben werden konnte.

Laubscher (1921) führt 22 verschiedene syntaktische Faktoren an, die die Aufgabe der Zweikasusdeklination begünstigt haben; so z. B. un-

---

[191] Spence 1966, Woledge et al. 1967, 1969, Woledge 1973. Diese Annahme wird jedoch von Schøsler 1973 bestritten.

[192] Z. B. v. Wartburg $^7$1965, 103 f.

[193] Nach Daniels 1972 liegt bei 72,5 % der 7391 Nominalgruppen (etwa Artikel+Nomen) eines Romans von Chrétien de Troyes (2. Hälfte 12. Jh.) Kasusunterscheidung vor. Nur 55 Passagen (mit 76 Nominalgruppen), d. h. etwa 1 % wären ohne Zweikasusdeklination ambig, wenn ausschließlich der unmittelbare Kontext betrachtet wird. In Anbetracht der hohen Redundanz natürlicher Sprachen hält die Autorin diese Zahl für hoch genug, um die Funktionalität des afr. Zweikasussystems zu beweisen.

persönliche Konstruktionen, in denen das logische Subjekt oft im Obliquus erscheint: *Or i covient esgart mout grant* (S. 49).

§ 184. Daß sich der Obliquus gegenüber dem Rektus durchgesetzt hat, liegt wohl in der Funktionsbreite (§ 288) und höheren Frequenz dieses Kasus. — Nur die Numerusunterscheidung durch *-s* wurde zumindest graphisch beibehalten,[194] phonetisch erfolgt sie jedoch prädeterminierend durch Artikel, Pronomina, etc., nfr. [lemyʀ] : [ləmyʀ].

## 10. Das Adjektiv

§ 185. Nur die ersten drei lt. Deklinationen enthielten auch Adjektive, die im Vlt. analoge Veränderungen wie die Substantive mitmachen, z. B. Verlust des Neutrums, Reduzierung der Zahl der Kasus, Stammausgleich. Auf dem Weg ins Nfr. setzt sich ebenfalls wie beim Substantiv der Obliquus durch.

### 10.1. *Die altfranzösischen Deklinationsparadigmen*

§ 186. Die 1. Klasse der Adjektive entspricht ganz der 1. Klasse der Maskulina *(murs)* sowie der Feminina *(porta)*: *durus, dura*.

|   | Mask. |  | Fem. |  |
|---|---|---|---|---|
|   | Sg. | Pl. | Sg. | Pl. |
| R | *durs* | *dur* | *dure* | *dures* |
| O | *dur* | *durs* |  |  |

Die meisten Beispiele für dieses Paradigma entstammen den entsprechenden lt. Klassen; dazu kommen:
 a) die im Tempussystem häufig gebrauchten Partizipien des Perfekts:
 *cantátus* > *chantez*, f. *chantede* > *chantée*
 vlt. \**venutus* (§ 238 c) > *venuz*, f. *venue*
 vlt. \**prensu* (§ 238 d) > *pris*, f. *prise*
 b) einige Adjektiva der 3. Deklination, die entweder im Vlt. zu *-us* umgestaltet worden waren oder im Afr. gleich ein analoges *-e* im Femininum erhielten:

---

[194] Nach Price 1971, 97 kennzeichnet nur den Obliquus in allen Deklinationen eine durchgängige Beziehung: O Sg. Ø — O Pl. *-s*, *mur* — *murs*. Dies ist weniger ein Argument für die Erhaltung des Obliquus als für die Pluralmarkierung mit *-s*.

klt. *tristis, -e*, vlt. *tristus*[195] > afr. *tristes* (gelehrt), f. *triste*
klt. *acer, acris, acre*, vlt. *acrus*[196] > afr. *aigres*, f. *aigre*
klt. *amabilis, -e*, id. vlt. > afr. *aimables*, f. *aimable*

§ 187. Die 2. Klasse der Adjektive entspricht der 2. Deklination der Maskulina, da sie auf *-er* endigende Adjektive enthält: *tener, tenera*.

|   | Mask. |  | Fem. |  |
|---|---|---|---|---|
|   | Sg. | Pl. | Sg. | Pl. |
| R | tendre | tendre | tendre | tendres |
| O | tendre | tendres |  |  |

Da der R Sg. früh ein analoges *-s* erhält, geht diese Klasse in der ersten auf.

§ 188. Die 3. Klasse der Adjektiva ist aus lt. zwei- oder einendigen Adjektiven entstanden, d. h. Adjektiven, die keine eigene Form für das Femininum haben, wie *grandis, grande*. Diese Adjektive entwickeln also für Maskulinum und Femininum keine unterschiedlichen Formen:

|   | Mask. |  | Fem. |  |
|---|---|---|---|---|
|   | Sg. | Pl. | Sg. | Pl. |
| R | granz | grant | granz | granz |
| O | grant | granz | grant |  |

Die Formen entsprechen genau der 1. Klasse der Maskulina — bzw. der 2. Klasse der Feminina. Zu dieser Klasse gehören einige Adjektiva der 3. Deklination wie *fortis* > *forz/fort, viridis* > *verz/vert, mortalis* > *mortels/mortel, gravis*, vlt. *grevis* (~ *lĕvis*) > *gries/grief, brĕvis* > *bries/brief*, ferner *talis, qualis, crudelis, regalis* und das Partizip Präsens sowie einige Adjektive auf *-ans/-ens*:

*cántans, cantántis*, vlt. *cantántis, cantántis* (§ 170 c) > afr. *chantanz/chantant*.

Auch bei den anderen drei Konjugationen wurde die Endung auf [a] verallgemeinert (§ 248):

*veniens*, vlt. *\*ven-antis* > afr. *venanz/venant*

Ferner: *prudens, constans* > afr. *prudent* (gelehrt), *constant* (gelehrt, 14. Jh.).

Wie bei der entsprechenden Klasse des femininen Nomens liegt afr. im R Sg. auch die Form ohne *-s* vor:

*grant est la noise* (Roland 1455)

---

[195] App. Probi: *tristis non tristus*, vielleicht analog zu *laetus* (Antonym) oder *maestus* (Synonym).

[196] App. Probi: *acre non acrum*.

## Das Adjektiv

§ 189. Diese Tendenz wurde abgelöst von einer Neubildung der femininen Formen durch Anfügung eines analogen -e: ( ~ dure): *grande, forte, verte, mortele, grieve, brieve, chantante, prudente, constante,* etc.; ein gewisses Problem stellt hierbei die unterschiedliche Entwicklung von *grant* ~ *grande* (Alternanz [t] : [d] nach dem Gesetz der Auslautverhärtung, § 105) und *vert : verte* (afr. auch *verde,* aber z. B. nie \*forde) dar.[197]

Relikte der alten Form des Feminins in nfr. *grand-mère, pas grand chose, Gran(d)ville* (Ortsnamen), etc. vgl. Rheinfelder II, § 125.

### 10.2. Stammverschiedenheit — Stammausgleich

§ 190. Wie beim Nomen kann durch das auslautende -s eine Doppelstämmigkeit des Adjektivs entstehen, die in der Mehrzahl der Fälle ausgeglichen wird.

a) Stammausgleich, meist nach der vollen Form (ohne -s), ist erfolgt bei
O Sg.: *mortale* > *mortel,* nfr. *mortel — mortels*
O Pl.: *mortales* > *mortels* > *morteus*

b) Die Doppelstämmigkeit ist noch erhalten bei:
*legale* > *leial* > *loial,* nfr. *loyal*
*legales* > *leials* > *loiaux,* nfr. *loyaux* [198]

c) Einige Adjektive auf -*l* verändern seit dem 13. Jh. ihren Stamm auch satzphonetisch:
*bellu* + Vok. > *bel*
*bellu* + Kons. > *beau* (§ 80)
*bellos* > *bels* > *beaus* > *beaux*

---

[197] Zur Erklärung wurden die verschiedensten Gründe angeführt: unterschiedlicher Zeitpunkt der analogen Neubildung (*grande* vor *verte*), Einfluß von Ableitungen (*grandir, reverdir*), Einfluß von strukturverwandten Wörtern (*verte* ~ *ouverte; grande* ~ *marcheant — marcheandise*); semantische Assoziation von *verte* und *forte*; unterschiedliche Nähe zum lat. Etymon, das bei *grant,* jedoch nicht bei *vert* den Sprechern bewußt war. Zusammenfassung nach Lausberg III, 1, § 676. Zahlreiche Stellen mit beiden Adjektiven bietet Fischer 1912, die ältesten Belege (Alexius, Roland) bespricht Rheinfelder II, § 108. Eine Beschreibung der Entwicklung im Rahmen der generativen Phonologie gibt Walker 1974.

[198] Jüngere Adjektive haben wie die Nomina (Anm. 189) regelmäßigen Plural: *fatal, naval* (13./14. Jh.) *amical* (18. Jh.), Pl. *fatals, navals, amicals.* Im 17. Jh. auch *fataux, navaux.*

**§ 191.** Bei Adjektiven ist die Stammverschiedenheit auch durch unterschiedliche Entwicklung des stammauslautenden Konsonanten vor *-a* und *-u* bedingt.
   a) Stammausgleich ist erfolgt bei:
   *longu* > *lonc*
   *longa* > *longe* [-dʒə], neben afr. *longue* (∼ *lonc*)
Nfr. *long* — *longue* hat wegen Verstummens des Auslautkonsonanten phonetisch wieder Stammabstufung: [lõ] — [lõg]. Bei *largu* ist der Ausgleich schon vorliterarisch erfolgt: afr. *large* ist m. und f.
   *firmu* > *ferm*, seit 13. Jh. *ferme*
   *firma* > *ferme*
Ohne den Stammausgleich würde die maskuline Form \*[fɛr] lauten.
   b) Kein Stammausgleich liegt vor bei:
   *siccu* > *sec*          *vivu* > *vif*
   *sicca* > *seche*        *viva* > *vive*
   c) Erst durch Lautentwicklungen im Afr. wurden doppelstämmig:
   *bonu* > *bon*
   *bona* > *bone*, nfr. *bon* (§ 79), *bonne* (§ 153)
   *factu* > *fait*
   *facta* > *faite*, nfr. *fait* (*-t* > —, § 105), *faite*


## 11. Die Steigerung der Adjektive

### 11.1. *Die lateinische Grundlage*

**§ 192.** Im Lateinischen erfolgte die Steigerung bei der Mehrzahl der Adjektive auf synthetische Weise durch Anfügung der Komparativ- und Superlativmorpheme, wobei letzteres in drei Allomorphen auftritt:

|       | Positiv | Komparativ | | Superlativ/Elativ |
|---|---|---|---|---|
|       | altus   | altior, m., f., | altius, n. | altissimus |
| -er:  | acer    | acrior,    | acrius | acerrimus |
| -lis: | facilis | facilior,  | facilius | facillimus |

Eine zweite Gruppe bilden Adjektiva auf *-us* mit vokalischem Stammauslaut, plus einige isolierte Adjektive, die mit *magis/maxime* oder *plus* auf analytische Weise gesteigert werden:
   *necessarius, magis necessarius, maxime necessarius*[199]
   id. *ferus, laudabilis*

[199] Seit dem Altlt. ist diese Bildungsweise gelegentlich mit anderen Adjek-

Suppletion liegt in einer dritten Gruppe vor, die einige häufige Adjektive enthält:

| bonus | melior, m., f., | melius, n. | optimus |
| malus | peior, | peius | pessimus |

Ebenso:

magnus — maior — maximus
parvus — minor — minimus
senior, iunior, usw.

Weitere Unregelmäßigkeiten der klt. Komparation verzeichnet jede lat. Schulgrammatik.

## 11.2. Die Herausbildung des altfranzösischen Paradigmas

§ 193. Es entspricht einer öfter festzustellenden Tendenz, wenn im Vlt. die analytische Bildungsweise, die hier auch prädeterminierend ist, üblich wird. Im Fr., Rät., It., Sard. und in einigen pr. Dialekten also in zentralen Gebieten, setzt sich die Komparativbildung mit *plus* durch, die übrigen Sprachen bewahren älteres und 'vornehmeres' *magis*[200]; vgl. § 11. Die Superlativbildung mit *maxime* lebt in den romanischen Sprachen nicht weiter.

afr. *plus haut, plus aigre, plus facile, plus necessaire*

§ 194. Im Afr. hatte der Typ *plus haut* zunächst sowohl die Funktion des Komparativs als auch die des Superlativs[201] und Elativs. Daneben war schon im 12. Jh. die Setzung des Artikels in individualisierender Funktion zum Ausdruck des Superlativs möglich: *li plus haut pui*[202], wird aber erst im 17. Jh. obligatorisch.

§ 195. Zum Ausdruck des Elativs verfügte das Lt. neben der Superlativform über Adverbien wie *multum, valde, bene,* etc. sowie über das Präfix *per- (permagnus)*:

Afr. leben *mou(l)t, bien,* etc. weiter wie auch die Bildung mit *par*, das wie lt. *per* vom Adjektiv auch getrennt sein kann (Tmesis):

---

tiven belegt (*plus miser*, Ennius) und dient im Klt. stilistischen Zwecken: *disertus magis quam sapiens* (Cicero).

[200] Im Spätlatein kommt auch *melius* in graduierender Funktion vor; afr. *des miels gentils* (Alexius, v. 20), gelegentlich nfr., vgl. Grevisse § 363 R. 1.

[201] Noch superlativische Bedeutung liegt vor in nfr. *ce qu'il y a de pire* (< *peior*), *le pire*, etc.

[202] Vgl. Rheinfelder II, § 139—141 mit Analyse von Textstellen.

> *per mihi gratum est* (Cicero)
> afr. *par est granz*

Nfr. wird *mout* durch *beaucoup* und *très* (< *trans*) ersetzt.

**§ 196.** Reste der lt. synthetischen Komparative und Superlative finden sich im Afr. noch in größerem Umfang, im Nfr. nur bei den lt. Suppletivbildungen.

Im Afr. wurden die Komparativformen oft auch als Positive verwendet, wie *altiore* > *halçour* 'hoch' und 'höher', *meliore* > *meillour* 'gut' und 'besser'; der Komparativ konnte auch durch *plus meillour* ausgedrückt werden.[203] Die nur afr. erhaltenen Superlativformen haben elative Bedeutung: *pessimus* > afr. *pesmes* 'sehr schlecht'.

Nfr. noch erhalten sind:

*melióre* > *meilleur* (afr. *mieldre* < *mélior*, § 176)
*melius* (Neutrum!) > afr. *mielz* > nfr. *mieux*
*peior* (Rektus) > *pire*
*peius* (Neutrum) > *pis*
*sęnior* > afr. *sendra* (Straßburger Eide, § 30, Hapax legomenon)
*sęnióre* > afr. *seignour*
      Schnellsprechformen:
*sęior* > afr. *sire*
*sęiore* > afr. *sieur* (vgl. § 176)

## 12. Das Adverb

**§ 197.** Das Klt. besaß einerseits synthetische Verfahren zur Bildung von Adverbien, enthielt eine relativ hohe Zahl nicht-ableitbarer Formen und konnte die Form des Neutrums adverbiell gebrauchen (Kap. 12.1.) Andererseits ist ihm auch die analytische Bildungsweise nicht unbekannt (Kap. 12.2).

### 12.1. *Die synthetischen Formen im Lateinischen und Französischen*

**§ 198.**
a) Adjektive der 1. und 2. Deklination werden durch Anfügen von *-e* oder *-o* zum Adverb.

---

[203] So volkssprachlich in vielen Sprachen: *magis stultius* (Plautus); vgl. fr. pop. *c'est bien le plus meilleur*; Alessio 1955, S. 26, Bauche 1928, S. 95.

*malus — male, longus — longe, durus — dure*[204], *tardus — tarde*
*serus — sero, falsus — falso*
Mit altlt. Fernassimilation von [ĕ] zu [ŏ]:
*bonus* — aber noch *bene.*
Im Fr. leben nur einige häufige Adverbien auf *-e (mal, bien, tard, loin)* weiter.
   b) Adjektive der 3. Deklination endigen als Adverbien auf *-ter*:
*acer — acriter, sciens — scienter.*
Einzig *scienter* lebt in afr. *men escientre* 'meines Wissens' weiter.
   c) Vor allem im Komparativ fungierte die Form des Neutrums als Adverb:
*multum — plus, melius — peius, fortiter,* vlt. *forte*
Vgl. afr. *molt*, afr. und nfr. *plus, mieux, pis, fort.* Nfr. *sentir bon, coûter cher,* etc. setzen also vlt. Konstruktionen fort (Gamillscheg 1957, 527).
   d) Nicht-ableitbare Adverbien:
*he̱ri*         > *hier*
*hodie*      > *hui*, nfr. *aujourd'hui*
*cras*         > —, *demain* < *de* + *mane*, afr. *l'endemain*, nfr. *lendemain*
*umquam* > *onque*
*hāc hōrā* > *ore*
*magis*    > *mais* 'mehr' > 'aber', nfr. *jamais*
*donique* > *donc*
Da viele Adverbien auf *-s (plus, mais)* oder auf *-e (onque, ore)* endeten, wurde das adverbiale *-s* und *-e* auf andere Adverbien übertragen und in der Folge gar ein ursprüngliches *-e* getilgt:
afr. *donc*   — *donque, donques*
     *hier*   — *hiers*
     *onque* — *onques, onc*
     *ore*    — *ores, or* (nfr. *d'ores et déjà, dorénavant*)

## 12.2. *Die analytische Bildungsweise*[205]

§ 199. Die analytische Umschreibung des Adverbs war im Lt. durch den Ablativus modi vorgegeben: *hac ratione, aequo animo, humano*

---

[204] Auch *duriter*. Über weitere, zahlreiche Ausnahmen informieren die lt. Grammatiken.
[205] Hierzu Deutschmann 1959 und 1971, 71—80.

*modo, digna mente,* usw. Hiervon setzte sich nicht das semantisch neutralste *mŏdŏ* durch, da es zwei kurze Vokale enthielt und somit bei der Synthetisierung in einem mot phonétique nach dem Pänultimagesetz (§ 43) nicht den Akzent tragen konnte [206]: *humānō mŏdŏ* hätte *\*humanómodo* ergeben.[207] Dagegen konnte *mente* wegen seiner gedeckten Silbe betont werden und wird in den meisten romanischen Sprachen (außer Rum. und Südit.) zur Abverbbildung benutzt, wobei entsprechend dem Genus von *mens* die feminine Form des Adjektivs verwendet wird.

*dígna ménte > dìgnaménte >* afr. *dignement.*

Zunächst bezog sich das so gebildete Adverb auf die innere Einstellung des Subjekts, doch ist diese Einschränkung wohl schon früh gefallen; vgl. afr. *Ja fu cleremant ajorṇé* (Cligès, v. 2026).

§ 200. Die Adverbbildung mit *mente* stellt also ursprünglich eine analytische Bildung dar, die seit vlt. Zeit wieder synthetisiert wurde.[208] Auf den analytischen Charakter weist die Trennbarkeit von Adjektiv und *mente* durch einen Satzteil hin: *timida circumspice mente* (Ovid). Weitere Indizien sind die Voranstellung von *mente* und die Verwendung des Plurals *mentibus.*

Im Afr. erscheint diese Bildungsweise als fast vollständig synthetisch; nur die in Afr. äußerst selten belegte Möglichkeit, bei der Koordination zweier Adverbien *-ment* nur einmal zu setzen (*humeles et dulcement,* Roland 1163), verweist auf die frühere analytische Bildung; vgl. *bona vel mala mente* (Quintilian). Ebenso apr., altit. und kat., sp., pg. noch heute (zum unterschiedlichen Tempo der Synthetisierung, vgl. § 259).

---

[206] Demnach muß dieser Vorgang vor dem Quantitätenkollaps (§ 117) angesetzt werden.

Die Verschmelzung zweier autonomer Wörter wird von Klausenburger (1970, im Anschluß an Pulgram) wie folgt beschrieben: Die Entwicklung geht im Lt. von "word language" (frühes Vlt.) über "nexus language" (spätes Vlt., Afr.) zu "cursus language" (Mfr., Nfr.). In einer Nexus-Sprache gruppieren sich Klitika um ein akzentuell autonomes Lexem, in einer Cursus-Sprache — ein Cursus ist die phonotaktische Einheit zwischen zwei Pausen — gibt es keine akzentuell autonomen Lexeme und der Akzent fällt auf ein bestimmtes Segment des Cursus, im Nfr. auf die letzte Silbe.

Zum Zeitpunkt der Verschmelzung von Adjektiv und *mente* wäre demnach Latein eine Nexus-Sprache gewesen. Vgl. Anm. 82, § 203, Anm. 238, § 259, § 267.

[207] Nur *quómodo* lebt als *comme* weiter; vgl. § 61 und 74.

[208] Nach Ashby 1977, v. a. S. 43 f.

§ 201. Im Afr. entwickelten sich bei der 3. Klasse der Adjektive, die anfangs keine gesonderte feminine Endung aufwies, später jedoch ein analoges Femininum bildet, zweierlei Formen des Adverbs:
    *grandi mente* > afr. *granment* > *grandement* (seit 14. Jh.)
    ~ *grande*
    *forti mente* > afr. *for(t)ment* > *fortement* (seit 14. Jh.) ~ *forte*
Obwohl die Adjektive auf *-ant/-ent* ein analoges Femininum bilden, ist nfr. noch die ältere Form des Adverbs erhalten:
    *prudemment, constamment.*

## 13. Der Artikel

Da das Lt. keinen Artikel kannte, handelt es sich bei der Entstehung des Artikels wieder um eine analytische und prädeterminierende Neuschöpfung (§ 172 f.).

### 13.1. Die Entstehung des Artikels

§ 202. Wie in anderen indogermanischen Sprachen ist auch in den romanischen Sprachen der bestimmte Artikel aus einem Demonstrativpronomen entstanden. Hierzu bot sich das weder auf den Sprecher noch auf den Hörer verweisende *ille* an (§ 205), das satzphonetisch in vier verschiedenen Umgebungen begegnet[209]:

    a) K\_\_\_\_K: *vident illu caballu: illu*
    b) K\_\_\_\_V: *vident illu agru:*   *il*
    c) V\_\_\_\_V: *vidio illu agru:*     *l*
    d) V\_\_\_\_K: *vidio illu caballu: lu*[210]

Durch Elision erscheint das nicht-haupttonige Demonstrativpronomen in vier kombinatorischen Varianten; mit der Generalisierung des Gebrauchs und der semantischen Abschwächung zum Artikel — hierfür wird gr. Adstrateinfluß angenommen — setzen sich bestimmte Formen durch.[211]

---

[209] Nach Lausberg III, 2, § 744. Analoges gilt für das Femininum *illa* und den Plural.
[210] Vgl. *ut facia lum mortu* 'er möge ihn totmachen' auf einer Verfluchungsinschrift aus Numidien.
[211] Nach Abel 1971 ersetzt in den lt. Bibelübersetzungen vorzugsweise *ille* den griechischen Artikel und hat in einigen Fällen keine deiktische Funktion mehr.

### 13.2. Die Herausbildung der altfranzösischen Formen

**§ 203.** Entsprechend der Entwicklung der Deklination ist auch beim Artikel nur von Rektus und Obliquus auszugehen:

|   | Mask. | | Fem. | |
|---|---|---|---|---|
|   | Sg. | Pl. | Sg. | Pl. |
| R | *ĭlle*, vlt. *illi* > *li* a) | *illī* > *li* | *illa* > *la* d) | *illas* > *les* c) |
| O | *illŭm* > *lo* > *le* b) | *illos* > *les* c) | | |

Im Fr. wurde der Typ d) mit Aphärese der ersten Silbe verallgemeinert, vor Vokal tritt statt *lo, le, la* Typ c) auf: *le roi, l'ami*. Die Entwicklung im einzelnen:

a) In der häufigen Verbindung *ille* ..., *quī* (§ 205 f.) dürfte *ĭllī* und durch *i*-Umlaut vlt. *illi* entstanden sein — weitere Wirkungen des Relativpronomens auf *ille*, § 209.

b) Die Entwicklung *lo* > *le* zeigt vortonige Abschwächung wie *jo* > *je* (§ 226 a) und *submonere* > *semondre*; vgl. § 35, 39.

c) Der Zusammenfall und damit die Neutralisierung der maskulinen und femininen Form im Plural findet sich auch beim Demonstrativ- (§ 210) und Possessivpronomen (§ 215 c).[212]

d) Nur bei *la* und den beiden *li* liegt normale nebentonige Entwicklung vor.[213] Zu dialektalen Formen: § 35, 39.

**§ 204.** Mit den Präpositionen, die die Funktionen der untergegangenen Kasusendungen ersetzen, verschmelzen die Artikelformen des Obliquus *le* und *les*:

*de* + *le* > *del*          *de* + *les* > *des*
*a*  + *le* > *al*           *a*  + *les* > *as* (> *aux* ~ *au*)
*en* + *le* > *enl*[214] > *el*   *en* + *les* > *es*

Die amalgamierten Formen resultieren aus Enklise des Artikels an die vorausgehende Präposition (Anm. 206). Vor Konsonant entstehen durch Vokalisierung des [l] (§ 80) die Varianten *deu, au, eu*; die unregelmäßige Lautentwicklung von *deu* > *dou, du* und *eu* > *ou, u, on* ist mit ihrer später vortonigen Stellung zu begründen:

nfr. *de l'ami* — *du mur*, etc.

---

[212] Siehe Spence 1965, der in dem Verstummen des auslautenden -s den Anlaß zu einer einheitlichen Differenzierung zwischen Sg. und Pl. durch die Vokalqualität sieht.

[213] Es handelt sich um Subjektsformen, die vielleicht durch häufige Position am Satzanfang mehr als die Objektsformen betont werden konnten.

[214] Nfr. wieder *enl* vor Vokal: *en l'honneur de*.

Die Formen *ou, u, on* und *es* gehen im 16. Jh. in *au/aux* auf,[215] ein Teil ihrer Funktionen wird von seit Ronsard geläufigem *dans* übernommen; nfr. ist *es* noch erhalten in *docteur ès lettres*, u. ä.[216] Nach dem Verstummen des auslautenden *-s* übernahmen der Artikel und andere Prädeterminanten die Unterscheidung zwischen Sg. und Pl.: afr. *le mur — les murs* [ləmyr] — [lemyr]; sie mußten demnach in vermehrtem Umfang gesetzt werden.[217]

## 14. Das Demonstrativpronomen

### 14.1. *Die lateinische Grundlage*[218]

§ 205. Die lt. Demonstrativpronomina unterscheiden sich hinsichtlich ihrer Nähe zu Sprecher und Hörer, was wie folgt veranschaulicht werden kann:

```
              Beobachter/Denotatum
                  (er/sie/es)
                     ille
      Sprecher              Hörer
       (ich)                (du)
        hic                  iste
```

Während diese drei Demonstrativpronomina auch auf Dinge der außersprachlichen Realität verweisen, bezieht sich das D e t e r m i n a t i v -

---

[215] Die Präposition *au* in *au printemps* gegenüber *en* in *en hiver, été, automne* erklärt sich aus dieser Verschmelzung von *ou* und *au*: < *en le printemps* < \**in illo primo tempus*. Die ererbten Bezeichnungen der Jahreszeiten bedurften als Eigennamen keines Artikels. Dies gilt auch für *hiems* ersetzendes *hibernum* (belegt!) — vgl. *diurnum* > *jour* statt *dies*. Wie *en décembre* vs. *au mois de décembre* zeigt, ist der Wechsel zwischen *en* und *au* nicht durch den vokalischen oder konsonantischen Anlaut des folgenden Wortes bedingt.

[216] Auch bezüglich des Artikels stellt Ashby 1977 Synthetisierungstendenzen fest: die im Vlt. noch mögliche Nachstellung von *ille* wurde aufgegeben; ferner: die schwachtonige Vokalentwicklung (Nexus-Sprache, Anm. 206), die vom Afr. zum Nfr. geringer werdende Zahl von vorangestellten Adjektiven (§ 299).

[217] Die Entstehung des unbestimmten Artikels aus dem Zahlwort *unus* sowie die des Teilartikels wirft keine morphologischen Probleme auf; zur Syntax vgl. § 293—297.

[218] Vgl. v. Wartburg ³1970, S. 140—143.

pronomen *is* anaphorisch nur auf im Text stehende Syntagmen, meist in der Verbindung *is* ... *qui*:
> Caesar ... *legatos misit in eas civitates, quas* ... *pacaverat.*

Ebenfalls determinative Funktion haben *ipse* 'selbst', das ein Satzglied besonders hervorhebt und *idem* 'derselbe'.[219]

§ 206. Schon in klt. Zeit treten *hic* und *ille* an die Stelle von *is*; *hic* lebt jedoch, da phonetisch ebenso schwach wie *is*, nur in einigen erstarrten Wendungen weiter,[220] so daß *ille* im Afr. noch allein (Anm. 300), im Nfr. nur verstärkt (§ 328) die determinative Funktion ausfüllt: *ille* ... *qui*.

§ 207. Der Untergang von *hic* zerstörte das dreigliedrige System der Demonstrativpronomina. An die Stelle von *hic* rückte *iste* nach, behält aber auch seine ursprüngliche Funktion.

Daraus resultiert folgendes vlt. noch gemein-romanisches System (etwa 2. Jh.):

```
              Beobachter/Denotatum
                     ille
      Sprecher                Hörer
       iste                    iste
```

Während andere romanische Sprachen die Dreistufigkeit des Systems wiederherstellen,[221] unterscheidet das Fr., Pr., Rät. und Rum. nur noch zwischen Nähe und Ferne zu den Kommunikationspartnern. Von Wartburg (1967, S. 104 f.) führt diese Reduktion auf germanischen *(dieser — jener)* bzw. slawischen Einfluß zurück.

§ 208. Da seit der späteren Kaiserzeit *ille* in die Funktion des bestimmten Artikels hineinwächst (Kap. 13) und als Subjektspronomen gebraucht wird (Kap. 17. 2), mußte zur Kennzeichnung der demonstrativen Funktion eine volkssprachlich schon seit Jahrhunderten mögliche emphatische Verstärkung durch die deiktische Partikel *ecce* bzw. *eccu* ('sieh da!') grammatikalisiert werden, wobei *ecce* den afr. Formen zugrunde liegt:

---

[219] *Ipse* wird im Vlt. wie *ille* als Artikel (→ Altkat., Sard.), als Demonstrativpronomen (→ It., Sp., Pg., Kat.) und als Personalpronomen (→ Sard.) gebraucht. Ferner verdrängte es *idem* seit dem 2. Jh. und hat fr. die beiden Bedeutungen 'selbst' und 'derselbe': *même* und *le même* < afr. *mèisme* < vlt. *met-ips-imu* (met- ~ *egomet ipse, -imu*, cf. Petron *ipsimus*).

[220] Afr. *oan* < *hoc anno*; *oui* < *oil* < *hoc ille* (Bejahung, Rheinfelder II, § 251); *avec* < *avuec* < *ab hoc*; ferner Anm. 222.

[221] Siehe Lausberg III, 2, § 740. Nach Abel 1971 geben die lt. Bibelübersetzungen keinen Hinweis auf ein neues dreistufiges System.

*eccillum video* (Plautus)
*eccistam* < *ecce istam* (Plautus)
*ecce hic (locus)* (Perigrinatio Aetheriae)[222]


14.2. *Die Herausbildung der altfranzösischen Paradigmen*

§ 209. Ähnlich wie beim Personal- (Kap. 17.2) und Relativpronomen (Kap. 16) ist beim Demonstrativpronomen neben Rektus und Obliquus im Singular ein weiterer obliquer Kasus erhalten.

|  |  | Singular | | | | | |
|---|---|---|---|---|---|---|---|
|  |  | Mask. | | | Fem. | | |
|  |  | Klt. | Vlt. | Afr. | Klt. | Vlt. | Afr. |
| R |  | *ĭlle* | *ęcce ĭlli* a) | *(i)cil* b) | *ĭlla* | *ęcce ęlla* | *cele* |
| Dat. |  | *ĭllī* | *ęcce ęllúi* a) | *celui* | *ĭllī* | *ęcce ęllaei* a) | *celí* b) |
| O |  | *ĭllŭm* | *ęcce ęllo* | *cel* | *ĭllam* | *ęcce ęlla* | *cele* |

|  |  | Plural | | | | | |
|---|---|---|---|---|---|---|---|
|  |  | Mask. | | | Fem. | | |
|  |  | Klt. | Vlt. | Afr. | Klt. | Vlt. | Afr. |
| R |  | *ĭllī* | *ęcce ĭlli* | *cil* | *ĭllae* | *ęcce ęllas* | *celes* |
| O |  | *ĭllōs* | *ęcce ęllọs* | *cels* | *ĭllās* | *ęcce ęllas* | *celes* |

a) Zur vlt. Form *illi* vgl. (§ 203 a); der Dativ *illī* wurde ebenfalls in Analogie zum Relativpronomen *(cui)* zu *illui* umgestaltet; die feminine Form *illaei* — alle Formen sind belegt — entstand aus *illi* und *illae* (~ *portae*).

b) Die afr. Formen entstehen entsprechend der Bedeutung des Demonstrativpronomens in haupttoniger Entwicklung, deutlich sichtbar bei *ęcce ęllaei* > *\*celiei* (§ 125 und Anm. 125) > *celi*.
Alle Formen sind afr. und bis ins 16. Jh. auch mit anlautendem *i-* belegt, welches nicht lautgesetzlich ist.[223]

§ 210. Das Paradigma von *ecce iste* ist auf dieselbe Weise entstanden und hat im Prinzip dieselben Formen — statt [l] ist nur [st] zu setzen — jedoch mit einer Ausnahme:

---

[222] Von *hic* lebt außer einigen festen Wendungen (Anm. 220) nur das Neutrum *ecce hoc* > *(i)ço* > *ce* weiter (nfr. *c'est, ce qui, parce que*). Auch *ce* wurde im Mfr. durch *-ci* und *-la* verstärkt: *ceci, cela*; vgl. § 213 und 330. — Dialektal lebt auch das Neutrum von *ille* weiter: § 35, 42.

[223] Nach Rohlfs (1968, S. 162 und Anm. 431) ist das [i] aus lautgesetzlich entstandenem [ei̯] in der proklitischen Stellung abgeschwächt worden.

|   | Sg. | | Pl. | |
|---|---|---|---|---|
|   | Mask. | Fem. | Mask. | Fem. |
| R | cist | ceste | cist | cez a) |
| D | cestui | cesti | — | — |
| O | cest | ceste | cez < *cests | cez a) |

a) Die zu erwartenden Formen cestes finden sich nur in südlichen und westlichen Mundarten (§ 35, 40), in den meisten Dialekten war wie beim Artikel (§ 203 c) im Plural die Genusopposition neutralisiert.

### 14.3. Charakteristik des altfranzösischen Demonstrativsystems und seine Entwicklung

§ 211. Die im Vlt. entstandene Dichotomie zwischen dem Ausdruck der Nähe und der Ferne ist im Afr. noch bewahrt: *cist murs* 'diese Mauer (hier)' vs. *cil murs* 'jene Mauer (dort)'.[224] Beide Pronomina wurden sowohl adjektivisch (wie in den eben gegebenen Beispielen), als auch substantivisch verwendet, die zwei Dativformen fungieren wie die Obliquusformen, werden aber seltener gebraucht. Mit dem Untergang der Zweikasusdeklination werden die Rektusformen nicht mehr benötigt.

§ 212. Auf dem Weg zum Nfr. hat eine Umstrukturierung des gesamten Systems stattgefunden, denn man unterscheidet nfr. adjektivisch *(ce livre)* von substantivisch *(celui-ci)* gebrauchte Formen, wobei Nähe oder Ferne bei den substantivischen Pronomina obligatorisch, bei den adjektivischen fakultativ ausgedrückt werden *(ce livre-ci)*.

Nach Price (1969 und 1971, S. 123—127 und Dees 1971) tritt schon im 12. Jh. die Form *cez* in adjektivischer Funktion für den O Pl. *cels* und in geringerem Umfang für *celes* ein, so daß im Plural die Opposition 'nah' : 'fern' wie die Genusopposition neutralisiert ist. Für diese Entwicklung werden phonetische Gründe *(cels > cez)* und analoge Einflüsse *(~ les, des, mes)* geltend gemacht.

Ende der afr. Epoche entsteht satzphonetisch vor Konsonant eine Form *ce* sowohl aus *cest* als auch aus *cel*; damit ist bei einem Teil der Singularformen die Oppositon 'nah' : 'fern' ebenfalls aufgehoben.[225]

---

[224] Für Guiraud (1967) lag der Unterschied beider Pronomina primär in ihrer Zugehörigkeit zu den Registern der Erzählung *(cil)* und der direkten Rede *(cist)*. Dagegen Price (1968).

[225] Auf ähnliche Weise wurde auch in substantivischer Verwendung die Opposition 'nah' : 'fern' beseitigt.

§ 213. Die Sprecher steuerten seit dem 13. Jh. dieser sich herausbildenden Ambiguität durch die Verwendung der Adverbien -*ci* (< *ici* < *ecce hic*) und -*la* (< *illac*) entgegen [226]:
cest faict cy, aber auch *cel endroit chi* (*chi*, pik. = *ci*).
Wohl wegen ihrer Verwendung in determinativer Funktion [227] (§ 205) werden die Fortsetzer von *ille* im Nfr. substantivisch gebraucht:

|     | Mask.          | Fem.         |
|-----|----------------|--------------|
| Sg. | celui-ci/-là   | celle-ci/-là |
| Pl. | ceux-ci/-là (< cels) | celles-ci/-là |

Die adjektivische Funktion übernehmen *iste* und die aus beiden Pronomina entstandenen Formen:

|     | Mask.   | Fem.  |
|-----|---------|-------|
| Sg. | ce, cet | cette |
| Pl. | ces     | ces   |

## 15. Das Possessivpronomen

§ 214. Die lt. Possessivpronomina entwickeln sich in der Position vor dem Nomen wie der Artikel nicht-haupttonig (§ 202) (*mèus cabállus* > afr. *mès cheváls*), in anderen syntaktischen Fügungen, z. B. in prädiktativer Funktion *(Multitudo civium tota nóstra est)* haupttonig. Die Existenz der unbetonten Formen wird von einem Grammatiker Virgilius des 5. oder 7. Jh. bezeugt: Mask. Sg. *mus* = *meus*, *mum* = *meum*, Pl. *mi, mos*; Fem. Sg. *ma*, Pl. *mae*.

### 15.1. Die Herausbildung der altfranzösischen Formen

§ 215. In der Entwicklung zum Fr. ist wie beim Nomen und Artikel nur von Rektus und Obliquus auszugehen. Die Formen der 1. Person Singular lauten:

---

[226] Harris (1977) verweist darauf, daß nach dem Verstummen des flexivischen -*s* der bestimmte Artikel seine spezifizierende (= determinierende ≠ determinativ! [§ 205]) Funktion verlor und nur zur Genus- und Numerusmarkierung diente; so habe das adjektivische Demonstrativpronomen *ce, cet, ceste, cez* diese Funktion übernommen und müsse durch -*ci/-la* verstärkt werden, um als Demonstrativ zu wirken, das nach Harris immer eine Angabe zur Entfernung enthält.
[227] Von Wartburg ¹⁰1971, S. 133.

|     |   | Mask.       |           |        | Fem.        |          |
|-----|---|-------------|-----------|--------|-------------|----------|
|     |   | Klt.  Afr.  |           | Klt.   | Afr.        |          |
|     |   |       unbet.[a] | betont |        | unbet.[a]   | betont   |
| Sg. | R | měus  mes [b]  | miens↑ | měa    | ma [f]      | meie [e] |
|     | O | měum  mon   | mien [d]  | měam   |             |          |
| Pl. | R | měī   mi    | mien ↓    | měae   | mes [c]     | meies [e]|
|     | O | měos  mes   | miens ↓   | měas   |             |          |

a) Für das afr. unbetonte Paradigma ist von den genannten einsilbigen vlt. Formen auszugehen, die sich bei *meus* analog zur nicht-lautgesetzlichen Entwicklung *tŭŭs* > *tŭs* und *sŭŭs* > *sŭs* (vgl. dagegen § 45) ergeben haben können.[228]

b) Ein vlt. *mos*, apr. noch in dieser Form erhalten, wurde im frühen Afr. zu *mes* abgeschwächt (vgl. § 203 b und § 226 a).

c) Der Plural des Femininums zeigt wie beim Artikel (§ 203 c) und Demonstrativpronomen (§ 210) Übereinstimmung mit dem Maskulinum.

d) Bei der betonten Entwicklung ist vom Obliquus Singular des Maskulinums *meum*, bzw. von einem einsilbigen *\*mem* auszugehen, das afr. *mien* ergibt. Davon wurden der Rektus und der Plural gebildet.[229]

e) Die afr. Formen erfordern ein vlt. *męa* (mit [ę]), das analog zu *tŭa*, vlt. *tǫa*, *sŭa*, vlt. *sǫa* entstanden sein könnte. Die Form *meie(s)* entwickelte sich noch zu *moie* und wurde dann im 13. Jh. von einer analogen Neubildung zu *mien*, nämlich *miene(s)* abgelöst.

f) *Ma, ta, sa* elidieren wie der Artikel *la, le* ihren Vokal vor vokalisch anlautendem Wort: *m'amie*. Seit dem 14. Jh. tritt hierfür die maskuline Form ein: *mon amie*.[230]

§ 216. Die Formen der 2. und 3. Person *tŭŭs* und *sŭŭs* haben sich unbetont wie *meus* entwickelt:

    Mask.: *tes, ton, ti, tes* — *ses, son, si, ses*
    Fem.: *ta, tes* — *sa, ses*

In betonter Entwicklung ergab *túum/súum* afr. *tuen, suen*, die noch im 12. Jh. den Vokalismus der 1. Person übernehmen: afr. *tien, sien*.

---

[228] Nach Lausberg III, 2, § 754, der auch Einfluß von Formen wie *tŭōs* > *tos* (mit [u] im Hiat, § 45) annimmt.

[229] Alessio 1955, S. 81 f. nimmt für das Pik. Fortsetzer von *meus* an; vgl. auch § 35, 41.

[230] Nfr. Relikte sind: *m'amie, ma mie* 'mein Liebchen' (in Liedern erhalten, Silbenzahl!) und *faire des mamours à qn* 'mit jemand schmusen'.
Rickard (1959) erklärt die Ersetzung durch die maskuline Form damit, daß die Zahl der vokalisch anlautenden maskulinen Substantive die der femininen weit übertrifft und einige davon im Genus schwankend waren.

Die betonten Femininformen *tóue, sóue* (< *tọa, sọa,* s. o. e)) entwickeln sich zu *teue, seue* weiter und werden in einer ersten Analogie nach der 1. Person *moie* zu *toie, soie* umgestaltet; nach dem Aufkommen von *miene* (s. o. e)) erfolgt in einer zweiten Analogie die Bildung von *tiene, siene*.

§ 217. Auf die Formen für mehrere Besitzer *noster* und *vester,* altlt. und vlt. *voster,* wirkt sich wegen der geschlossenen Silbe der Unterschied zwischen unbetonter und haupttoniger Entwicklung nicht in solchem Umfang aus. Das Paradigma für *noster* und *voster* lautet:

|    |   |   | Mask. |        |   | Fem.    |        |
|----|---|---|-------|--------|---|---------|--------|
|    |   | Klt. | Afr. |      |   | Klt.    | Afr.   |
|    |   |      | unbet. | bet. |   | unbet. | bet.   |
| Sg. | R | *noster* | *nostre* | *nostre* | *nostra* | *nostre* | *nostre* |
|     | O | *nostrum* | *nostre* | *nostre* | *nostram* | | |
| Pl. | R | *nostri* | *nostre* | *nostre* | *nostrae* | *noz* a) | *nostres* |
|     | O | *nostros* | *noz* a) | *nostres* | *nostras* | | |

a) Auffällig sind die beiden unbetonten Kurzformen *noz,* so daß auch hier wie bei den Personen des Singulars im Obliquus Plural der Genusunterschied neutralisiert ist; vgl. § 215 c. Die Form *noz* ist beim Maskulin entstanden und auf das Feminin ausgedehnt worden.[231]

Das Pik. hat danach ein ganzes Paradigma von Kurzformen ausgebildet; vgl. § 35, 41.

§ 218. Bei der Herleitung der Formen des Possessivparadigmas mußte sehr oft auf Analogie rekurriert werden,[232] da es sich offensichtlich um ein im Bewußtsein der Sprecher klar ausgeprägtes System ('mein' vs. 'dein' vs. 'sein') handelt.

## 15.2. *Die Funktion der Formen im Lateinischen und Altfranzösischen*

§ 219. Ein funktionaler Unterschied zwischen Lt. und Fr. ist nur in der 3. und 6. Person eingetreten. Das klt. Pronomen *suus* bezieht sich sowohl auf einen (3. Person) als auch auf mehrere Besitzer.

*Mater amat filium suum. Mater amat filios suos.*
*Parentes amant filium suum. Parentes amant filios suos.*
Die Beispiele zeigen, daß *suus* im Klt. einen reflexiven Bezug zum

---

[231] Wunderli (1977) gibt eine strukturalistische Analyse der grammatischen Funktionen der afr. Possessivpronomina.
[232] Auch im Vlt. hat *meus* z. B. *suus* beeinflußt: *cum marito seo,* statt *suo.*

Subjekt des Satzes ausdrückte: 'Die Mutter liebt ihren (eigenen) Sohn'. Da hierbei der 'Besitzer' (des Sohnes) identisch mit dem Subjekt ist, braucht die Zahl und das Genus der Besitzer nicht nochmals im Pronomen ausgedrückt zu werden.[233]

Handelt es sich dagegen um einen nicht-reflexiven Bezug, steht im Klt. das Determinativpronomen *is*:

*Mater amat filium eius*, etc.

Hier ist der Sohn einer dritten Person gemeint. Die Zahl der Besitzer geht jetzt nicht aus dem Subjekt hervor und wird daher durch das Pronomen markiert: *eius*: 1 Besitzer, m. oder f., *eorum/earum*: mehrere Besitzer m. bzw. f.

§ 220. Schon in klt. Zeit wurde die Trennung in reflexive und nicht-reflexive Formen öfter durchbrochen. Nach dem Untergang von *is* (§ 206) fungiert zunächst nur *suus* als einziges Possessivpronomen der 3. und 6. Person — so noch im Sp. und gelegentlich im frühen Afr.: *Li soleil et la lune perdirent ses clartez*.

Im Fr. wurde *suus* auf im Singular stehende Subjekte beschränkt:

*La mère aime son fils.*
*La mère aime ses fils.*

Ob der Bezug reflexiv ist oder nicht, muß sich aus dem Kontext ergeben oder wird durch Hinzufügung von *à lui, à elle, à eux, à elles*, ebenso wie gegebenenfalls die Zahl der Besitzer verdeutlicht.

Für im Plural stehende Subjekte entstand im Fr. auf unterschiedlich erklärte Weise [234] aus *illorum*, dem Genitiv Plural von *ille*, die Form *leur*:

*Les mères aiment leur fils.*
*Les mères aiment leurs fils.*

Auch hier sind gegebenenfalls verdeutlichende Zusätze nötig.

---

[233] Dagegen erscheint im Dt. das Genus des Besitzers auch im Pronomen: *ihren : seinen*, jedoch wird nicht zwischen reflexivem und nicht-reflexivem Bezug unterschieden. Zur Disambiguierung wird *deren/dessen* verwandt: *Grete verabschiedete sich von Regine und deren Mann.*

[234] Nach Rheinfelder II, § 311 ersetzt *illorum* direkt untergegangenes *eorum*.

Lausberg III, 2, § 753 nimmt einen verdeutlichenden Zusatz von *illorum* an, als nur *suus* für die 3. und 6. Person zur Verfügung stand: *sua casa illorum*; dadurch sei schließlich *suus* überflüssig geworden.

Togeby (1968) leitet die possessive Funktion von *illorum* von der Verwendung als Dativ des Personalpronomens ab (§ 227), da nur in Sprachen, wo *illorum* zum Personalpronomen wurde, auch der possessive Gebrauch vor-

## 16. Das Relativ- und Interrogativpronomen

### 16.1. Die Veränderungen im Lateinischen

§ 221. Die Relativpronomina *quī, quae, quod* unterscheiden sich von dem substantivischen Interrogativpronomen *quĭs, quĭd* ('wer?' 'was?') nur im Nominativ, mit dem adjektivischen (*qui liber* 'welches Buch?') sind sie vollständig homonym. Daher beeinflussen sich beide Typen in ihrer Entwicklung:

a) Das Fragepronomen *quis* verliert analog zu *qui* das -s: daher fr. *Qui est venu?* und *L'homme qui vient*.[235]

b) Das Relativpronomen *quod*, n. wird durch die interrogative Form *quĭd* (> fr. *que/quoi*) ersetzt.

c) Das Femininum des Relativpronomens *quae* wird seit dem 2. Jh. vielleicht ebenfalls in Analogie zum Fragepronomen durch die maskuline Form ersetzt: *Leucadia ... qui vixit annos XVI* (Grabinschrift).

In spätlateinischen Inschriften treten schließlich *quem* und *cui* ohne Unterschied für alle obliquen Kasus ein und bezeugen so den Untergang der Genitiv- und Ablativformen:

*cum quen vix(it)* = *quo*.

Wurden im Klt. die 36 verschiedenen grammatischen Funktionen des Relativpronomens — 3 Genera, 2 Numeri, 6 Kasus — durch immerhin 14 unterschiedliche Formen realisiert, so ist ihre Zahl auf vier reduziert worden: *qui, cui, quem, quid*.

### 16.2. Die Herausbildung der altfranzösischen Formen

§ 222. Die afr. Formen des Relativ- und Interrogativpronomens lauten:

| | | Relativpronomen | Interrogativpronomen |
|---|---|---|---|
| | lt. | afr. | afr. |
| R | *quī* | *qui* | *qui* |
| D(at.) | *cui* | *cui*[b)] | *cui*[b)] |
| O | *quem* | *que* | — |
| Neutrum | *quĭd* | *que*[c)] — *quei*[a)] | *que* — *quei* |

---

liege. Er führt zur Stützung seiner These ferner fr. *son livre à lui*, altit. *la loro casa* und *il lui padre* an.

[235] Diese und die folgenden nfr. Beispiele aus Price 1971, Kap. 10.

a) Die afr. Formen sind wohl in unbetonter Entwicklung entstanden außer *quei* > *quoi*, das nur nach Präposition steht (§ 336 und 340).
b) Die Dativform *cui* wird im 12./13. Jh. mit *qui* homophon (Anm. 152), daher nfr. *L'homme avec qui je suis venu* und *Avec qui êtes-vous venu?* sowie *Qui voyez-vous?* Siehe § 334.
c) Im 13. Jh. wird *que* als Rektus des Neutrums durch *qui* ersetzt: nfr. *Ce qui me plaît* vs. *Ce que je fais*, vgl. § 333.

### 16.3. Bildung neuer Formen

§ 223. Die drastische Reduzierung der Formen des Relativpronomens im Vlt. und der völlige Zusammenfall mit dem Interrogativpronomen war wohl der Anlaß für einige Neubildungen:
Seit dem 2. Jh. v. Chr. kann *unde* 'von wo' statt eines Relativpronomens gebraucht werden, später wurde es durch *de* verstärkt *(de unde)* und fungiert im Afr. *(dont)* als Genitiv neben *de qui* und *cui*. Beispiele, § 334 und 337.

§ 224. Klt. *qualis* 'wie beschaffen' fragt wie das adjektivische Interrogativpronomen nach der Qualität des Nomens[236] und kann daher dessen Funktion übernehmen; von hier aus wird es meist mit Artikel auch substantivisch gebraucht: nfr. *Quel livre désirez-vous? Lequel de ces garçons est votre frère?* Ohne Artikel nur noch vor *être*: *Quel est son nom?* Zum afr. Gebrauch, siehe § 341.

Erst im späteren Afr. tritt *lequel* sporadisch auch als Relativpronomen auf, ein Gebrauch, der im 16. Jh. ungeheuer in Mode kommt und heute auf bestimmte syntaktische Typen restringiert ist. Zum afr. Gebrauch, siehe § 338.

## 17. Das Personalpronomen

### 17.1. Die 1., 2., 4., 5. Person

§ 225. Das Klt. besaß Personalpronomina für die 1. *(ego)*, 2. *(tu)*, 4. *(nos)* und 5. *(vos)* Person, für die 3. und 6. Person stand das Determinativpronomen *is* zur Verfügung,[237] das im Vlt. aus den oben genannten Gründen (§ 206) durch *ille* ersetzt wird.

[236] Dagegen fragt das substantivische Interrogativpronomen nach dem Namen, bzw. der Definition; vgl. Landgraf/Leitschuh ³³1962, § 56, Anm. 1.
[237] Benveniste (1966, S. 225—236) hat auf den fundamentalen Unterschied

Da im Lt. die Subjektspronomina nur zur Hervorhebung dienten, haben sie sich haupttonig ins Fr. entwickelt; die Objektsformen sind ähnlich wie der Artikel satzphonetisch unbetont und erscheinen je nach phonetischer Umgebung in verschiedenen Varianten — vgl. die für den Artikel aufgestellte Typologie (§ 202).[238] Wie beim Relativ- und Demonstrativpronomen ist in der 3. Person, als weitere Obliquusform im Singular der Dativ, im Plural der Genitiv erhalten.[239]

§ 226. Die Verhältnisse im einzelnen:

|   | 1. Person | | | 2. Person | | |
|---|---|---|---|---|---|---|
|   | Lt. | Afr. | | Lt. | Afr. | |
|   |   | betont | unbetont |   | betont | unbetont |
| R | ĕgŏ | gié, jo, je a) | | tū | tu | |
| O | mē | mei b) | me | tē | tei b) | te |
|   | 4. Person | | | 5. Person | | |
| R | nōs | no(u)s c) | | vōs | vo(u)s c) | |
| O | nōs | no(u)s | nos | vōs | vo(u)s | vos |

a) Die drei afr. Formen für den Rektus der 1. Person leiten sich aus einem im 6. Jh. belegten *eo* ab, wobei *gié* die betonte Entwicklung darstellt und wohl unbetontes *jo* zu *je* abgeschwächt wurde,[240] vgl. *lo > le*, § 203 b.

Da die Setzung des Subjektspronomens im Afr. sowohl von inhaltlichen (Betonung, Gegensatz) wie von kontextuellen (neues Subjekt) und satzrhythmischen (Zweitstellung des Verbs) Faktoren abhängt,[241] ist eine klare Scheidung betonter und unbetonter Formen der drei Formen der 1. Person nicht festzustellen.

zwischen der 1. und 2. Person Sg. und Plural einerseits und der 3. Person andererseits hingewiesen. Während erstere durch ihre Mitwirkung am Kommunikationsvorgang als Personen definiert sind, sind letztere Variablen mit der Möglichkeit, auch Dinge zu bezeichnen.

[238] Ausführliche Darstellung bei Lausberg III, 2, § 723—727. Dies ist für Klausenburger (1970, v. a. S. 12 ff.) ein weiteres Beispiel für Vlt. als einer Nexus-Sprache, da z. B. *qui me vídet* sich phonetisch genauso entwickelt wie *bónitátem*, nämlich mit Verlust der Zwischentonsilbe: afr. [kimvɛjt], auch *quim veit* geschrieben, und *bonté*. Vgl. auch Anm. 206.

[239] In nördlichen und östlichen Dialekten sind auch die Dative *mihi, tibi* als *mi, ti* erhalten. Vgl. § 35, 42.

[240] Für Spence (1973, S. 379 f.) ist auch *jo* eine betonte Entwicklung, die aus einem anderen satzphonetischen Typ als *gié* entstanden ist: *io vídio (gié)* vs. *ió llu vídio (jo)*. Ausführlicher hierzu Berchem 1973. Vgl. auch § 35, 42.

[241] Vgl. v. Wartburg ³1970, S. 64—76.

Hinzu kommt, daß die Subjektspronomina durch ihre vermehrte Verwendung semantisch abgeschwächt wurden und so in die unbetonte Reihe übergingen. An ihre Stelle traten seit dem 12. Jh. die betonten Obliquusformen *moi, toi, lui, eux* (s. u.).

b) Die betonten Obliquusformen sind wohl in der Position nach Präposition entstanden (Typ: *dè mé* > afr. *de mei*); zu ihrer Verwendung im Afr. siehe § 311—316.

c) Ein gewisses Problem stellen die Subjektsformen *nous, vous* dar, die betont eigentlich *\*neus, \*veus* lauten müßten.[242]

## 17.2. Die 3. und 6. Person

§ 227. Die Formen der 3. und 6. Person lauten:

### Maskulinum

| | 3. Person | | | 6. Person | | |
|---|---|---|---|---|---|---|
| | Lt. | Afr. | | Lt. | Afr. | |
| | | betont | unbetont | | ↑betont | unbetont |
| R | *ĭlle* | ↑*il*a) ——→ | | *illī* | *il*c) ——————→ | |
| D/G | *ĭllī* | \|*lui*a)——→*li*b) | | *illōrum* | *lour* > *leur* → | *lor* |
| O | *ĭllŭm* | | *lo* > *le* | *illōs* | *els* > *eux* | *les* |

### Femininum

| | 3. Person | | | 6. Person | | |
|---|---|---|---|---|---|---|
| | Lt. | Afr. | | Lt. | Afr. | |
| | | betont | unbetont | | ↑betont | unbetont |
| R | *illa* | \|*ele* ——————→ | | *illae* | \|*eles* ——————→ | |
| D/G | *illī* | \|*li*a) | *li*b) | *illārum*d) | \|*lour* > *leur* → | *lor* |
| O | *illam* | ↓ | *la* | *illās* | \|*eles* | *les* |

a) Als vlt. Formen sind auch hier *illi, illui* und *illaei* anzusetzen, vgl. § 203 a und § 209 a.

b) Die unbetonten Dativformen stammen aus *illi*. Sie zeigen wie alle unbetonten Formen Aphärese der ersten Silbe, die aus postvokalischer Stellung kommt; vgl. § 202. Dagegen zeigen alle Rektusformen Erhaltung der ersten, betonten Silbe, da haupttonig entwickelt.

c) Seit dem 14. Jh. mit analogem *-s: ils* (~ *murs*).

d) Im Vlt. wurde *-orum* als einzige Genitiv Plural Endung verallge-

---

[242] Nach Spence (1973) sind *vous/nous* regelmäßige haupttonige Entwicklungen, da seiner Auffassung nach einsilbige Wörter mit geschlossener Silbe nicht diphthongieren. Vgl. dazu Anm. 111.

meinert; vgl. *la Chandeleur* 'Lichtmeß' < *festa candelarum*, vlt. \**candelorum*.

§ 228. Die Entwicklung der Formen verläuft im Prinzip wie bei den anderen Personen:
Mit der Abschwächung der ursprünglich betonten Subjektsformen treten auch hier betonte Objektsformen in die frei werdende Funktion: hierfür steht bei der 3. Person des Maskulinums nur die Dativform *lui* zur Verfügung, in den beiden 6. Personen werden die Akkusativformen verwendet, in der 3. Person des Femininums übernahm *ele* beide Funktionen. Vgl. § 324.

Die Dativform der 3. Person des Maskulinums *li* wird noch im Afr. durch *lui* ersetzt, was durch die Aussprache [lüí] erleichtert wurde (Anm. 152). Ebenso verdrängt *lui* die unbetonte feminine Dativform *li*. Daher nfr. *je lui donne* 'ich gebe ihm/ihr'. Vgl. § 325.

Der betonte feminine Dativ *li*, der wie die anderen Dativformen auch als Akkusativ fungieren und nach Präposition stehen konnte,[243] wird durch *à elle* ersetzt.

Analoge Entwicklung laufen auch in der 6. Person ab.

§ 229. Die eingetretenen Veränderungen ergeben z. B. für die 3. Person des Maskulinums und Femininums folgendes Bild:

|   | Maskulinum 3. Person Nfr. | | Femininum 3. Person Nfr. | |
|---|---|---|---|---|
|   | betont | unbetont | betont | unbetont |
| R | *lui* | *il* | *elle* | *elle* |
| D | *(à lui)* | *lui* | *(à elle)* | *lui* |
| O | *(lui)* | *le* | *(elle)* | *la* |

Zum Gebrauch dieser Formen und ihrer Stellung siehe § 306—325.

### 17.3. *Charakteristik der Entwicklung*

§ 230. Ein System von obligatorisch zu verwendenden Subjektspronomina entspricht der häufig zu beobachtenden Tendenz zum analytischen Sprachbau und zur Prädeterminierung (§ 172 f.). Dieses System ist wohl erst im späten Afr. ausgebildet, weist also wie die Artikelsetzung eine große Verzögerung gegenüber anderen analytischen

---

[243] Rheinfelder II, § 201—224, 244—269 gibt zahlreiche kommentierte Beispiele zur Verwendung der Personalpronomina.

Tendenzen auf (vgl. § 171, Kap. 12.2). Noch im 16. Jh. sind die Subjektspronomina als freie Morpheme zu betrachten, da sie u. a. durch Satzteile oder Nebensätze vom Verb getrennt werden können.

Im Nfr. sind die Subjektspronomina relativ gebundene Formen, da nur noch eine kleine Zahl anderer Morpheme (Objektspronomina, *ne*) zwischen sie und das Verb treten kann. Auch hier hat eine Resynthetisierung stattgefunden.[244]

## 18. Das Verbum

**§ 231.** Verbalsysteme sind im allgemeinen komplexer als etwa die Nominal- oder Pronominalsysteme, da das Verb als Zentrum des Satzes u. a. Aussagen über das Genus verbi, über Tempus, Modus, Person und Numerus enthält und daher in einer Vielzahl von Formen auftritt: Im Klt. gibt es vier Konjugationen, in denen ein Verb allein im Aktiv in 73 verschiedenen Formen auftritt; dazu kommen jeweils mindestens 35 Passivformen.

### 18.1. Die lateinische Grundlage

#### 18.1.1. Rekomposition

**§ 232.** Im Altlateinischen war durch den initialen Wortakzent bei den Komposita im Verhältnis zu den Simplicia ein Ablaut entstanden (Anm. 44):

téneo, réteneo > altlt. rétineo > klt. retíneo
Ebenso: klt. *facere — perficere*
*claudere — includere*

Im Vlt. wurde durch analoge Neubildung des Kompositums mit dem Stammvokal des Simplex das Ableitungsverhältnis wieder durchsichtig gemacht: Rekomposition.

vlt. *tenére* — *reténeo* (fr. *retenir*)
*fácere* — *perfácio* (fr. *parfaire*)
*claudere* — *inclaudo* (fr. *enclore*)

Dagegen ist keine Rekomposition erfolgt bei:
klt. *conficere* ≙ vlt. *conficere* (fr. *confire*)

---

[244] Im français populaire kann *il* vor jeder Verbform stehen: *Ma femme il est venu* (Bauche 1928, 109, Anm. 1). Weitere Indizien für die Resyntheti-

Offenbar war den Sprechern das Ableitungsverhältnis nicht mehr bewußt.

### 18.1.2. Unregelmäßige Konjugationen

§ 233. Die lateinischen Hilfsverba wie *esse, posse, velle* und einige andere Infinitive wie *offerre, sufferre* werden teilweise oder vollständig an die geläufigeren Paradigma angeglichen:
Analog zu *habuit — habere* wird umgestaltet:
*potuit — posse* zu vlt. *potére* (afr. *poeir*)
*voluit — velle* zu vlt. *volére* (afr. *voleir*)
Zu beiden Verben wird ein regelmäßiges neues Paradigma gebildet: z. B. tritt an die Stelle von *poterat* im Vlt. *potebat* (Itala), ebenso für *si vis* — vlt. *si voles* (App. Probi), etc.
Neue Infinitive treten ein für *esse* mit vlt. *essere* (afr. *estre*) und für *offerre, sufferre* mit vlt. *offerire, sufferire* (fr. *offrir, souffrir*).

### 18.1.3. Konjugationsklassen

§ 234. Im Klt. unterscheidet man nach dem Themavokal des Verbalstammes vier Konjugationen:
1. *a*-Konjugation: *cantá-re, canto (< \*canta-o)*
2. *e*-Konjugation: *habḗ-re, habeo*
3. konsonantische Konjugation: *scríb-e-re* (mit [e] als Stammerweiterungsvokal vor konsonantisch anlautenden Endungen), *scribo*
4. *i*-Konjugation: *vení-re, venio; dormire, dormio*

Zur 3. Konjugationsklasse zählen auch die Verben auf [-ŭ] z. B. *battú-e-re, battuo*, ferner Verben wie *fúg-e-re* mit einem Stamm auf [-ĭ] im Präsenssystem: *fúgi-o*.

§ 235. Im Vlt. kommt es bei zahlreichen Verben aufgrund formaler Ähnlichkeiten flektierter Formen und durch Lautwandel zum Wechsel der Konjugationsklasse:
a) Schon in altlateinischer Zeit bestand bei einigen Verben ein Schwanken zwischen der 2. und 3. Konjugationsklasse, was zu einer Verstärkung der 3. Konjugation führte:

sierung liefert Ashby 1977. Zum Status der nfr. Subjektspronomina als gebundener Formen, siehe Hunnius 1977.

respondḗre, vlt. respóndĕre (afr. *respondre*)
ridḗre, vlt. rídĕre (afr. *rire*)
Der umgekehrte Vorgang ist seltener:
sápĕre, vlt. sapḗre (afr. *saveir* > *savoir*)
b) Die zur 3. Konjugation gehörenden Verben des Typs *fugere*, *fugio* gehen in der 4. Konjugation auf, wobei der Infinitiv analog neu gebildet wird:
*venio — venire*
*fugio —* vlt. *fugire* (von App. Probi getadelt; fr. *fuir*)
*Battuere* wird zu *\*battere* (fr. *bat(t)re*).

§ 236. Eine Klasse von Verben der 4. Konjugation bezeichnet eine Zustandsveränderung wie *mollire* 'weich machen' (zu *mollis*). Im Vlt. kommen einige Neubildungen wie *grandire* (Plautus) *(grandis)*, *florire* (Arnobius) *(flos, floris)* hinzu, die aufgrund der Bedeutungsnähe mit der i n c h o a t i v e n  K o n j u g a t i o n  des Typs *florescere* 'erblühen', *mollescere* 'weich werden' zu einem Paradigma verschmelzen:

vlt. *grandésco, grandéscis, grandéscit, grandímus, grandítis, grandéscunt*.[245]

Der Vorteil dieser Konjugation besteht in der Vereinheitlichung des Akzents auf der immer zweisilbigen Endung, wodurch sich der Verbalstamm in allen Personen phonetisch gleich entwickelt. Die spezifische Bedeutung des Infixes {-sc-} ging in der Folge verloren.

Im Galloromanischen wurde in Analogie zu Endungen der 4. Konjugation mit betontem [i] *(grandímus, grandíre, grandítum)* das Suffix {-esco} zu {-isco} vereinheitlicht und auf das gesamte Präsenssystem ausgedehnt: fr. *grandis, grandis, grandi(s)t, grandissons, grandissez, grandissent*. Aus der 4. Konjugation schlossen sich nur wenige andere Verben dem neuen Typ an *(finire, finio,* vlt. *\*finisco* > afr. *finis)*, jedoch können Latinismen *(punire* > *punir)*, romanische Neubildungen (fr. *embellir* < *in+bellu+ire*) und germanische Lehnwörter (fr. *bannir* < frk. *\*bannjan*) danach gebildet werden.

[245] Darstellung nach Th. H. Maurer jr. 1951. Nach gemeinhin vertretener Auffassung (z. B. Lausberg III 2, § 919—923) hat das Nebeneinander von *florere* (Zustandsverb) und *florescere* (inchoativ) die Verschmelzung ihrer Konjugation ermöglicht — das Perfekt *florui* war bereits klt. beiden Verben gemeinsam; *floreo* wurde im Vlt. *florio* ausgesprochen (§ 45) und sei deshalb in die 4. Konjugation *(venio, venire)* übergegangen: *florire*. Zum Zeitpunkt der Entstehung des gemischten Paradigmas muß die inchoative Bedeutung des Infixes {-sc-} bereits verloren gewesen sein. — Zur Entwicklung in anderen romanischen Sprachen vgl. Lausberg a. a. O.

## 18.1.4. Perfektbildung

**§ 237.** Die Bildung der Formen des Perfektstammes erfolgt im Lateinischen nach unterschiedlichen Verfahren, die mit den vier Konjugationsklassen des Präsenssystems nicht in einer eineindeutigen Relation stehen. Während der Typ *cantare — cantavi — cantatum* als regelmäßig bezeichnet wird, gelten alle übrigen als unregelmäßig. Schon die Schulgrammatiken verzeichnen ca. 300 Simplicia. Die wichtigsten Typen sind:
a) schwaches Perfekt (endungsbetont) bei 1., 2., 4. Konjugation möglich:
*cantávi — cantátum, delévi — delétum, audívi — audítum, dormívi*
b) starkes Perfekt (in 1., 3., 6. Person stammbetont):
*-ui: habeo — habui — habitum, aperio — aperui — apertum*
*-si: scribo — scripsi — scriptum, claudo — clausi — clausum*
Ablaut des Stammvokals: *vĕnio — vēni — vĕntum, făcio — fēci — făctum*
Reduplikation : *curro — cucurri — cursum*
Die Zugehörigkeit der Verben zu den einzelnen Perfektklassen und die jeweilige Bildung des Partizips Perfekt ist durch keine synchrone Regel vorhersagbar; dazu kommt, daß der Verbalstamm bei den starken Perfekta aufgrund lauthistorischer Entwicklungen stark verändert worden sein kann, so daß die Formen einzeln memoriert werden mußten: z. B. *vivo — vixi, quaero — quaesivi — quaesitum,* etc.

**§ 238.** Es entspricht einer auch in anderen Zusammenhängen beobachteten Tendenz, daß im Vlt. eine Regularisierung dieser morphologischen Disparatheiten versucht wird; bei der beträchtlichen Zahl verschiedener Bildungsmuster und Verben konnte dies den Sprechern nur unvollständig gelingen. Einige wichtige Tendenzen der Vereinfachung sind:
a) Die endungsbetonten Formen auf *-avi* und *-ivi* — der Typ *delevi* lebt wegen geringer Anzahl von Verben nicht weiter — werden nichtlautgesetzlich (vgl. § 90) zu *-ái* und *-íi*[246]; analog dazu werden im Vlt. Galliens bei auf [l], [r] endigenden Verbalstämmen[247] die starken Perfekta auf *-ui* durch Akzentverlagerung zu schwachen: *váluit* > *valúit* (fr. *valut*)

---

[246] Zwischenvokalisches [v] war zwischen [i—i] schon früh geschwunden; analog dazu *-ávi* > *ái*.
[247] Zur Begründung für die Restriktion auf [l] und [r] siehe Rheinfelder II, § 441.

b) Die starken Perfekta auf ⁻ui erweitern auf der anderen Seite ihren Verwendungsbereich:

lego — legit, vlt. léguit > fr. lut
cresco — crevit, vlt. crévuit > fr. crut

c) Analog zu *cantavi — cantatum* und *audivi — auditum* werden im Vlt. Galliens zu beiden Typen der *ui*-Perfekta Partizipien auf *-útum* gebildet:

hábui — hábitum, vlt. *habútu > afr. eüt
veni — ventum, vlt. *venútu > afr. venút
rupi — ruptum, vlt. auch *rompútu > afr. rot, rompút

d) Durch Neubildung analog zum Partizip auf *-s* entstehen zahlreiche Perfekta auf *-si*:

klt. prehendo — prehendi — prehensum
vlt. prendo — prensi — prensu (§ 59, 45)

Ebenso:

klt. occido — occidi — occisum
vlt.            occisi > afr. ocis

Dabei wurde zwischen Partizip und Perfekt eine Übereinstimmung im Verbalstamm hergestellt.

e) Vom Partizip Perfekt aus konnte auch ein neues, regelmäßiges Verb gebildet werden:

klt. audeo — ausus sum (Semideponens)
vlt.            ausare > fr. oser

Ebenso:

obliviscor — oblitus sum > vlt. *oblitare > fr. oublier
utor — usus sum > vlt. *usare > fr. user

f) Die Perfektbildung mittels Reduplikation verschwand mit einer Ausnahme aus der gesprochenen Sprache: *cucúrri* wird ersetzt durch *cúrrui* [248].

Einzig die Komposita von *dare* wie *perdere, perdidi* oder *vendere, vendidi* bilden im Vlt. durch Rekomposition ein neues redupliziertes Perfekt: *perdę́di* (belegt), *vendę́di*. Durch Dissimilation von [-d-] entstehen die Formen *-ę̄, -ę̄sti, -ę̄t, -ę̄mos, -ę̄stes, -ę̄ront* [249], die analog zu *-ái, -íi* und *-úi* als Perfektendungen verstanden wurden und auch an einige auf *-d* endigende und auch andere Verbalstämme traten:

klt. descendo, descendi — vlt. descendidit (1. Jh. v. Chr.)
>*descendęt > afr. descendiet
klt. rumpo, rupi — vlt. *rump-ęt > afr. rompiet

[248] Durch Akzentverlagerung (vgl. Punkt a)) entsteht *currúi > fr. *courrus*.
[249] Die recht komplexe Entwicklung zeichnet Lausberg III, 2, § 825, 892 bis 896 nach.

Daraus entsteht lautgesetzlich im Afr. ein Paradigma des Typs *perdí, perdís, perdiét, perdímes, perdístes* ([i] der 4., 5. Pers. ~ 1., 2. Pers.), *perdiérent*, in dem schon im 12. Jh. die Endung auf [í] generalisiert werden.

### 18.1.5. Genera Verbi

§ 239. Das Klt. kannte zwei Genera Verbi, Aktiv und Passiv, sowie D e p o n e n t i a, Verba mit passiver Form, aber aktiver Bedeutung, die Reste des indogermanischen Mediums darstellen, wie *mentiri* 'sich etwas ausdenken, lügen'.
Schon seit dem 2. Jh. v. Chr. wurde im Vlt. der Widerspruch zwischen Form und Inhalt bei den Deponentien durch Aufgabe der passivischen Endungen beseitigt — vgl. auch Flobert 1975.

klt. *hortari*, vlt. *hortare* (Plautus) > afr. *enorter (en < in-)*
klt. *mentiri*, vlt. *mentire* (belegt) > afr. *mentir*

§ 240. Das P a s s i v p a r a d i g m a wurde im Präsenssystem auf synthetische Weise mittels eigener Personenendungen gebildet, im Perfektsystem analytisch durch Partizip Perfekt und dem Hilfsverb *esse*:
Formen der 3. Person Singular[250]

| Präsenssystem | | Perfektsystem | |
|---|---|---|---|
| Präsens | *amatur* | Perfekt | *amatus est* |
| Imperfekt | *amabatur* | Plusquamperfekt | *amatus erat* |
| Futur | *amabitur* | Futur exakt | *amatus erit* |

Die synthetischen Formen des Passivs wurden von Anfang an (Plautus) volkssprachlich wenig gebraucht und auf verschiedene Weise ersetzt:

§ 241. Seit dem 1. Jh. n. Chr. kann das Passiv durch ein r e f l e - x i v e s  V e r b wiedergegeben werden: *Myrima, quae Sebastopolim se vocat* (Plinius d. Ä.), statt *vocatur*. Diese Möglichkeit ist jedoch auf die 3. und 6. Person und auf nicht-menschliche Subjekte beschränkt — in den übrigen Personen muß reflexiver Bezug genommen werden — und lebt so im Frz. weiter: *Le livre se vend bien.*

§ 242. Im Vlt. wurde der Vergangenheitsbezug der Formen des

---

[250] Die 3. Person Singular dürfte im Passiv die häufigste sein, im Aktiv zu den meistgebrauchten zählen. Das vollständige Paradigma z. B. des Indikativ Präsens lautet: *amor, amaris, amatur, amamur, amamini, amantur.* Auf die analog gebildeten Konjunktivformen kann in diesem Zusammenhang verzichtet werden.

Perfektsystems durch eine entsprechende Form des Hilfsverbs unterstrichen: *amatus est* 'er ist geliebt worden' wird deutlicher durch *amatus fuit* ausgedrückt. Unterstützend mag dabei die Ambiguität bestimmter resultativer Verben gewirkt haben, denn *porta clausa est* ist präsentisches Zustandspassiv mit der Bedeutung 'die Tür ist geschlossen' wie auch perfektisches Vorgangspassiv mit der Bedeutung 'die Tür ist geschlossen worden'. Durch die Verwendung von *fuit* konnte der Handlungscharakter betont werden. Dadurch werden die Präsensformen von *esse* frei zum Ausdruck der bislang synthetischen Form des Präsensstammes: *amatur* wird ersetzt durch *amatus est*, *amabatur* durch *amatus erat*, etc.

Die Ambiguität des Typs *porta clausa est* besteht auf der Zeitstufe des Präsens weiter, vgl. nfr. *la porte est fermée*.

Das Passiv wird demnach im späten Vlt. ganz in Übereinstimmung mit den sonst festgestellten Entwicklungstendenzen nach einem einheitlichen Muster und auf analytische Weise gebildet.

### 18.1.6. Tempora und Modi

§ 243. Je drei Tempusformen vom **Präsens-** und vom **Perfektstamm** werden als ursprünglicher Ausdruck der drei Zeitstufen Gegenwart, Vergangenheit und Zukunft verstanden. Die beiden Reihen können historisch so erklärt werden, daß die Formen des Perfektstammes wie das griechische Perfekt zunächst nur das Resultat einer vorausgehenden Handlung wiedergaben — daher 'perfectum' gegenüber dem vom Präsensstamm gebildeten 'infectum'.

In der Folge übernahm das lt. Perfekt auch die vergangenheitsbezogene Bedeutung des griechischen Aorists. Deswegen kann klt. *vixit* sowohl 'er ist jetzt tot' als auch 'er hat gelebt' bedeuten.[251]

|  | Präsensstamm | | |
|---|---|---|---|
|  | Indikativ | Konjunktiv | Imperativ |
| Präsens | *cantat* | *cantet* | *canta, cantate* |
| Imperfekt | *cantabat* | *cantaret* | — |
| Futur | *cantabit* | — | *cantato, cantatote* [252] |

---

[251] Vgl. eine Grabinschrift, die mit beiden Bedeutungen spielt: *Vixit. Dum vixit, bene vixit.*
[252] Bereits klt. nur formelhaft gebraucht und nicht weiterlebend; durch Konjunktiv Präsens ersetzbar.

Das Verbum

|  | Perfektstamm | |
|---|---|---|
|  | Indikativ | Konjunktiv |
| Perfekt | cantavit | cantaverit |
| Plusquf. | cantaverat | cantavisset |
| Fut. exakt | cantaverit | — |

Von den 12 Formenparadigmen wurde die Hälfte im Vlt. wegen störender Homonymien oder geringer semantischer Differenzierung aufgegeben. Während im Klt. die Verwendung der Tempora in abhängigen Sätzen durch die Consecutio temporum in differenzierter Weise geregelt war, kommt in der Umgangssprache z. B. der Konjunktiv Perfekt kaum vor; Formen, die eine relative Zeitstufe ausdrücken, wie Plusquamperfekt oder Futurum exactum verlieren ihren spezifischen Wert.

§ 244. Das Futur wurde in den verschiedenen Konjugationen nicht nach einem einheitlichen Muster gebildet und war mit anderen Paradigmen homophon:

cantabit, vlt. cantavit (§ 60) = cantavit (Perf.)
vendet = vendĭt, vlt. vendet (§ 117) (Präs.)

Diese formalen Schwierigkeiten sind möglicherweise mitwirkende, aber nicht hinreichende Gründe für den Untergang der Futurformen. (Vgl. § 255—259.)

§ 245. Der Konjunktiv Imperfekt der Verba der 1. Konjugation war im Vlt. homophon mit den poetisch belegten kontrahierten Formen des Futurum exactum (oder: Futur II) und des Konjunktiv Perfekt, sowie in der 1. Person mit dem Infinitiv:

cantaret = canta(ve)rit, vlt. cantaret (Fut.ex., Konj. Perf.)
cantarem, vlt. cantare (§ 58) = cantare (Inf.)

An die Stelle des Konjunktiv Imperfekt trat der semantisch deutlichere Konjunktiv Plusquamperfekt, der auch dessen syntaktische Funktionen, Ausdruck der Irrealität der Gegenwart, und Konjunktiv in Abhängigkeit von einem Verb im Praeteritum bei Gleichzeitigkeit (imperavit, ut cantaret) übernimmt (§ 367). Von den wenigen Funktionen des Konjunktiv Perfekt (Potentialis, Prohibitiv, abhängige Form von einem Verb im Präsens bei Vorzeitigkeit) wurden die beiden ersten durch andere syntaktische Fügungen ausgedrückt (§ 246, 366), die dritte vom Konjunktiv Plusquamperfekt ausgefüllt (§ 367) — die dem Konjunktiv Perfekt und dem Futur exakt gemeinsamen Formen wurden im Vlt. zunächst auf die Funktion des Futurs exakt beschränkt. Das Futur II tritt im späten Vlt. häufig an die Stelle des Futur I und wird erst durch die romanischen Neubildungen ersetzt; vgl. Anm. 264.

§ 246. Die 5. Person des Imperativs (cantate) wurde im Vlt.

seit dem 1. Jh. n. Chr. durch die entsprechende Form des Indikativ Präsens *(cantatis)* ersetzt: fr. *vous chantez* und *chantez!*

Der im Klt. durch *ne cantaveris/cantaveritis* und *noli/nolite cantare* ausgedrückte negierte Imperativ (Prohibitiv) wird in der 2. Person afr. durch *ne chanter,* in der 5. durch *ne chantez* wiedergegeben; nfr. setzt sich die Bildungsweise *ne* + Imperativ durch.[253]

§ 247. Der Indikativ Plusquamperfekt, der zum Ausdruck der Vorvergangenheit diente, konnte schon bei Plautus, aber auch im Klt. als einfaches Vergangenheitstempus verwendet werden. In dieser Funktion steht er in Konkurrenz zum Imperfekt sowie Perfekt und ist nur im frühen Afr. einige Male belegt: afr. *auret* 'sie hatte' < *habuerat* (Eulalia).

18.1.7. Infinite Formen

§ 248. Während der Infinitiv Präsens erhalten bleibt, wird der Infinitiv Perfekt nach der Neubildung des periphrastischen Perfekts (§ 251—254) durch *habere* + PP, fr. *avoir chanté* wiedergegeben.

Der Genitiv der deklinierten Formen des Infinitivs, das klt. Gerundium (Typ: *ars scribendi*) wird durch *de* + Infinitiv ersetzt: fr. *l'art d'écrire.*

Der Ablativ des Gerundiums (Typ: *docendo discimus*) ist im Vlt. erhalten und hat die Funktion des Partizip Präsens mit übernommen: klt. *moriar stans* 'ich werde stehend sterben', vlt. *moriar stando* (Ammian) > afr. *morrai estant.*

Im Galloromanischen fallen auch ihre Formen zusammen:

*cantans, cantantem* > afr. *chantant*
*cantando* > afr. *chantant*

Erst die Grammatiker des 17. Jh. führen wieder eine formale und funktionale Trennung zwischen Gerundium (fr. gérondif) und Partizip Präsens ein: *en chantant* vs. *chantant* (vgl. § 300—303).[254]

§ 249. Vom Gerundiv (Typ: *nunc est bibendum* 'jetzt muß getrunken werden') sind im Fr. nur einige als Substantiva lexikalisierte Relikte erhalten: *offerenda* (Neutrum Plural) 'das Darzubringende' > fr. *offrande* 'Opfergabe'.

§ 250. Das Partizip Futur (*cantaturus est* 'er ist im Begriff

---

[253] Genauer bei Lausberg III, 2, § 806; vgl. auch § 370 hier.
[254] Dazu auch Grevisse [10]1975, § 799—803.

zu singen') wie die S u p i n - F o r m e n (*salutatum venire* 'zur Begrüßung kommen', *incredibile auditu* 'es klingt unglaublich') sterben wegen ihrer geringen syntaktischen Verwendungsmöglichkeiten im Vlt. aus.

### 18.1.8. Analytische Neubildungen

Der Verlust finiter Formen wurde durch analytische Neubildungen wieder ausgeglichen.

#### 18.1.8.1. *Periphrastisches Perfekt*

§ 251. Das klt. Perfekt diente sowohl zum Ausdruck des gegenwärtigen Zustandes (*vixit* = 'er ist tot') wie auch der vergangenen Handlung ('er hat gelebt'). Zur Differenzierung konnte das Partizip Perfekt + *habere* verwendet werden, um den aus der Handlung folgenden Zustand wiederzugeben:
*equitatum ex omni provincia coactum habeo* (Caesar).
Im Afr. lebt diese Zustandsfunktion noch weiter, jedoch findet auch eine Bedeutungsverschiebung zur Angabe der vergangenen Handlung statt, die bis zum Sprechzeitpunkt andauert bzw. fortwirkt.

§ 252. Die Bildung des periphrastischen Perfekts macht — wie andere analytische Fügungen auch — einen allmählichen S y n t h e t i s i e r u n g s p r o z e ß durch:
Während im Afr. auch noch die lateinische Wortstellung, Part. Perf. vor *habere*, geläufig ist — *grant joie menee avoit* —, wird seit dem 16. Jh. die Stellung des Hilfsverbs vor dem Partizip obligatorisch. Die Verbindung von *habere* und Part. Perf. wird enger: Im Afr. kann eine Nominalphrase zwischen beide Elemente treten, im Nfr. sind hier nur einige Adverbien (nicht auf -*ment*) möglich, vgl.

    afr.   *Jo ai paiens veüz.* (Roland 1039)
    nfr.   *J'ai vu les paiens.*
    nfr.   *Il l'a bien expliqué.*

§ 253. Schon seit dem 6. Jh. werden auch andere Tempora als das Präsens von *habere* verwendet, wodurch eine Reihe n e u e r T e m p o r a u n d M o d i entsteht:
    *habeo cantatu* > *j'ai chanté*
    *habebam cantatu* > *j'avais chanté*

    *habui cantatu*   > *j'eus chanté*
    *habeam cantatu* > *que j'aie chanté*
    *habuissem cantatu* > *que j'eusse chanté*

Erst durch die Bildung des analytischen Futurs (§ 255—259), werden zwei weitere Formen ermöglicht: *j'aurai chanté* und *j'aurais chanté*.

§ 254. Die Periphrase mit *habere* ist verständlicherweise auf die Perfektbildung bei transitiven Verben beschränkt; bei intrasitiven Verben, z. B. *venire*, bot sich zur Umschreibung *esse* an, das im vlt. Passiv bereits zum Ausdruck des gegenwärtigen Zustandes diente: *amatus est* 'er wird geliebt'. Entsprechend fr. *il est venu*, das dieselbe semantische und syntaktische Entwicklung durchläuft wie die Formen mit *habere*.[255] (Vgl. § 304 f.)

### 18.1.8.2. Analytisches Futur und Conditionnel

§ 255. Neben den im Paradigma und in der Lautentwicklung liegenden Gründen (§ 244) wird noch die Entbehrlichkeit der Tempuskategorie Futur und die Möglichkeit ihrer Umschreibung durch Verbalperiphrasen als Erklärung für ihren Untergang angeführt.

Umgangssprachlich kann das Präsens für die Formen des Futurs eintreten, wenn durch Kontext oder z. B. ein temporales Adverb die zeitliche Situierung sichergestellt ist: *cras venit, il vient demain*.[256]

Vlt. V e r b a l p e r i p h r a s e n, die in romanischen Sprachen zur Futurbildung dienten, sind [257]:

    *volo cantare*     > Rum. (*volo* ~ spätgriech. θέλω?)
    *debeo cantare*    > Sard.
    *venio ad cantare* > Rät.
    *habeo de cantare* > Pg.
    *habeo ad cantare* > Afr., südit. und sard. Mundarten [258]
    *habeo cantare*    > altnordit., südit., sard. Mundarten
    *cantare habeo*    > Fr., Pr., It., Kat., Sp., Pg.

---

[255] Zu *être* vs. *avoir* bei bestimmten Verben der Bewegung *(j'ai couru)*, bei reflexiven Verben *(je me suis lavé)*, in anderen romanischen Sprachen sowie zur Veränderlichkeit des Partizips, siehe Lausberg III, 2, § 857—859, 833, Grevisse [10]1975, § 656—658, 781—783.

[256] So enthält die Peregrinatio Aetheriae (5. Jh.) keine Futurformen.

[257] Semantische Analyse der verwendeten Modalverben in Wunderli 1969.

[258] Alexius 165: *tant cum il ad a vivre* 'solange er leben wird'.

§ 256. Da auch in zahlreichen anderen Sprachen das Futur durch modale Periphrasen ausgedrückt wird, und die lt. Futurformen ursprünglich eine modale Bedeutung besaßen[259], ist sowohl die semantische Nähe beider Bereiche zu erklären, als auch die Ablösung der lt. Futurformen durch die genannten Periphrasen an einem bestimmten Punkt der Sprachgeschichte.
Coseriu (²1971) gibt eine vor allem von Heidegger inspirierte Begründung für die Einwirkung modaler Vorstellungen auf das Futur und sieht im Christentum, das die Zukunft „in bewußter Verantwortung als Absicht und moralische Verpflichtung" (S. 87) versteht, den auslösenden Faktor für den Ersatz des lt. Futurs; die neue Geisteshaltung sei durch die semantisch entsprechenden periphrastischen Formen ausgedrückt worden.[260] Demgegenüber stellt B. Müller (1964) fest, mit *habere* habe sich gerade das am schwächsten modale Auxiliar durchgesetzt; eine Sichtung auch heutiger Futurperiphrasen in romanischen Sprachen führt ihn zu dem Schluß, entscheidende Triebkraft sei das Streben, das Futur aus Sprachökonomie mittels präsentischer Konstruktionen zu erfassen.

§ 257. Wie Thielmann (1885) nachgewiesen hat, begegnen die mit *habere* + Infinitiv umschriebenen Formen in größerem Umfang seit Tertullian (Anfang 3. Jh., Nordafrika) vor allem bei christlichen Autoren. Der neue Typ wird jedoch hauptsächlich mit dem Infinitiv Passiv, dem Imperfekt von *habere* und in Nebensätzen verwendet und tritt folglich noch nicht mit dem Futur in Konkurrenz[261]:

sicut ovis ad occisionem ducetur. (Vulgata)
cum tamquam ovis ad victimam deduci habebat. (Tertullian)

Die von Jesaias (53,7) im Futur gegebene Prophezeiung wird, nachdem sie erfüllt ist, von Tertullian im später so genannten 'futur du passé', einer Verwendung des Konditionalis, bestehend aus Infinitiv + Imperfekt von *habere* wiedergegeben.[262] Neutestamentliche, noch

---

[259] Vgl. engl. *I shall sing, he will sing*. Dazu Coseriu ²1971.
[260] Coseriu verwirft die vor allem durch K. Vossler bekannt gewordene These, der Zeitbegriff des Futurs sei dem niederen Volk (Vulgärlatein!) nicht geläufig gewesen.
[261] Im Aktiv stand in erster Linie der Typus *cantaturus eram/sum*, in Hauptsätzen *cantare habebo* (!) zur Verfügung.
[262] In ähnlicher Weise wird der im Nfr. fehlende Konjunktiv des Futurs durch *vouloir/devoir* + Infinitiv umschrieben: *Je ne crois pas que cela doive arriver.*

nicht in Erfüllung gegangene Weissagungen werden entsprechend durch Infinitiv + Präsens von *habere* bezeichnet, d. h., die Funktion der Periphrase liegt ursprünglich darin, die Prädestination des künftigen Geschehens[263] zum Ausdruck zu bringen — die periphrastischen Formen koexistieren noch mit den klt. Futurformen, von denen sie sich semantisch unterscheiden.

Seit dem 4. Jh. werden die genannten syntaktischen Restriktionen der neuen Bildung von weiteren christlichen Autoren allmählich aufgehoben und das ursprüngliche inhaltliche Konzept ('es soll geschehen') zum Ausdruck des Futurs ('es wird geschehen') verallgemeinert (etwa 6.—7. Jh.).

§ 258. Ausgangspunkt für die Futurperiphrasen war die klt. Wendung *nihil (quid, hoc) habeo, quod dicam* 'ich habe nichts, was ich sagen kann', die in einer Rede Ciceros (~ 80 v. Chr.) zu *nihil habeo dicere* umgestaltet wurde, wofür volkssprachlicher (Thielmann 1885) oder griechischer Einfluß (Leumann 1962) verantwortlich gemacht wird. Seit dem 1. Jh. n. Chr. begegnen auch andere Verben im Infinitiv als die verba dicendi, das Objekt kann wegbleiben; der Typ *habeo cantare* 'ich kann singen' mit Voranstellung von *habere* erfuhr erst durch die Übersetzungen christlicher Autoren, vor allem seit Tertullian in Nachahmung von gr. ἔχω ('ich habe') + Infinitiv weiteste Verbreitung. Davon wurde formal und inhaltlich der Typ *cantare habeo* 'ich soll singen' durch Nachstellung von *habere* unterschieden.[264]

§ 259. Im Afr. ist die Verschmelzung beider Bestandteile bereits vollzogen, während im Apr., Asp., Akat., it. Dialekten und noch im heutigen Pg. eine Trennung beider Elemente (Tmesis) möglich ist: apr. *donar-lo-t'ai*, '(je) te le donnerai'. Demnach dürfte das romanische synthetische Futur in Nordfrankreich entstanden sein, wofür auch die aus dem 6. und 7. Jh. stammenden ältesten Belege sprechen.[265]

---

[263] Kritische Sichtung einiger seit 1968 vertretenen Ansichten über die Bedeutung der Periphrase, den Zeitpunkt und Ort der ersten romanischen Bildungen und über morphologische Probleme durch Clancy 1975.

[264] Die Nachstellung von *habere* wurde auf unterschiedliche Weise erklärt — Zusammenstellung bei Stimm 1977, der auf die spätlateinische Verwendung des Futurum exactum anstelle des Futurs verweist, so daß *canta-(ve)rit* eher eine Bildung *cantar(e)-at* als *\*at cantare* nach sich gezogen hätte.

[265] Bislang galt die Form *daras* 'du wirst geben' aus der Fredegar-Chronik Anfang des 7. Jh. als ältester Beleg — vgl. Valesio 1968 —, jedoch hat Stimm 1977 einen indirekten Beleg aus dem 6. Jh. beigebracht: *pussedir-avit* = *possider-a(t)*.

18.1.9. Vergleich des klassisch-lateinischen und des altfranzösischen Tempussystems

Präsenssystem

|  | Indikativ | Konjunktiv | Conditionnel |
|---|---|---|---|
| Präsens | cantat | cantet | |
| Imperfekt | cantabat | cantaret / cantavisset > chantât | |
| Futur | cantabit / cantare habet > chantera | | —— / cantare habebat > chanterait |
| Futur du passé | —— / cantare habebat > chanterait | | |

Perfektsystem

|  | Indikativ | Konjunktiv | Conditionnel II |
|---|---|---|---|
| Perfekt | cantavit | cantaverit / habeat cantatu > ait chanté | |
| Passé composé | —— / habet cantatu > a chanté | cantavisset / habuisset cantatu > eût chanté | |
| Plusquamperfekt | cantaverat / habebat cantatu > avait chanté | | —— / habere habebat cantatu > aurait chanté |
| Passé antérieur | —— / habuit cantatu > eut chanté | | |
| Futur II | cantaverit / habere habet cantatu > aura chanté | | |
| Futur antérieur du passé | —— / habere habebat cantatu > aurait chanté | | |

Formen links vom Schrägstrich sind klt., rechts davon romanische Neubildungen; fehlt der Schrägstrich, lebt die lt. Form im Fr. weiter.

Die unterbrochene Linie und die Position zwischen den Zeilen der lt. Formen deuten an, daß der Conditionnel auch Funktionen der klt. Konjunktive übernommen hat.

## 18.2. Die Herausbildung der altfranzösischen Konjugationsparadigmen [266]

§ 260. Bei den Verben des Afr. wird wie im Lt. zunächst zwischen Formen des **Präsens**- und des **Perfektsystems** unterschieden. Im Afr. wäre innerhalb des ersteren eine Gruppierung wie im Lt. nach vier Konjugationsklassen irrelevant; man unterscheidet daher:
1. Konjugationsklasse: *cantat* > afr. *chante*, *cantet* > afr. *chant*. Die 3. Pers. Sg. enthält im Indikativ ein [a], nicht im Konjunktiv. Dazu gehören die vlt. Verba auf *-are* (1. lt. Konjugation) und die frk. auf *-ōn*. Vgl. *wardōn* > *gu̯arder*.
2. Konjugationsklasse: *vendit* > afr. *vent*, *vendat* > afr. *vende*. Die 3. Pers. Sg. enthält ein [a] im Konjunktiv, nicht im Indikativ. Dazu gehören die vlt. Verba auf *-ēre*, *-ĕre*, *-ire* (2.—4. lt. Konjugation) und die frk. auf *-jan*. Vgl. *hatjan* > *haïr*.

### 18.2.1. Die Formen des Präsenssystems

§ 261. Indikativ Präsens

| 1. Konjugation | | 2. Konjugation | |
| --- | --- | --- | --- |
| lt. | afr. | lt. | afr. |
| cánto | chant > chante a) | véndo | vent c) |
| cántas | chántes | véndis | venz, vens |
| cántat | chántet > chante | véndit | vent |
| cantámus | chantóns b) | véndimus | vendóns b) |
| cantátis | chantéz | vénditis | vendéz d) |
| cántant [267] | chántent | véndunt | véndent e) |

a) Das *-e* wurde (z. B. nach Fouché 1967, S. 182) seit dem 13. Jh. an das auslautende [t] von *chant* angefügt, um dessen Verstummen zu verhindern (§ 104) und einen einheitlichen Verbalstamm zu bewahren.[268] Dialektale Formen in §§ 35, 44.

---

[266] Speziell mit der Morphologie des Verbs beschäftigen sich Fouché 1967, Lanly 1977, Foley 1979.

[267] Nach Lausberg (III, 2, § 798, 880) ist in allen Konjugationen *-unt* anzusetzen, also *cantunt*, *habunt* (~ *vendunt*, *sunt*), so daß das Galloromanische die Formen des Plural als *-úmus*, *-átis*, *-unt* vereinheitlicht hätte.

[268] Nach Rheinfelder (II, § 424) seien die nicht sehr zahlreichen Verben mit Stütz-*e* (§ 49) Vorbild gewesen: *intro* > afr. *entre*. Fouché führt zur Stützung seiner These an, *preco* > afr. *pri* habe das *-e* erst später erhalten.

Das Verbum 139

b) Die Herkunft der Endung -ons, die sich in beiden Konjugationen findet und die auch in den Konjunktiv (§ 262 b) und in andere Tempora (§ 263 c) eingewirkt hat, ist trotz zahlreicher Vorschläge noch umstritten.[269]

Nach verbreiteter Ansicht[270] hat sich von *sumus* aus die Endung -ons allmählich auf alle Verben und Konjugationen analog ausgebreitet; früher und häufiger belegt als *sons* ist indessen *somes*.

Lausberg[271] sieht einen Parallelismus mit der Generalisierung von -*unt* in der 6. Person, der auch in der geographischen Verbreitung -*umus* > -*ons* entspreche. Er postuliert die Entstehung der Endung bei der 3. Konjugation *(véndimus* > *vendímus/vendúmus)* und nimmt ebenfalls analoge Übertragung auf die anderen Konjugationen an.

Dagegen erklärt Mayerthaler 1972 -*ons* als Resultat lautgesetzlicher Entwicklungen aus *cantámus, tenémus, venímus, scríbimus* — lautgesetzlich im Sinne der generativen Phonologie, die morphologisch bedingten Wandel (Verbalendung) in spezifischen lautlichen Umgebungen (vor -*m*) mit anschließender Regelgeneralisierung in Richtung auf natürliche Klassen kennt.[272]

c) Bei *vent* findet sich schon im 12. Jh. ein auslautendes -*s* wohl in Analogie zu Verben mit lautgesetzlichem -*s* in der 1. Person wie *cognosco* > afr. *conois*, \*grandisco > afr. *grandis*.

Erst etwa im 15. Jh. erfolgt noch in der Graphie Stammausgleich (Kap. 18.2.2.) nach den endungsbetonten Formen (auch *vendra, vendait, vendit,* etc.); daher nfr. *vends, vends, vends....*

d) Die aus der 1. Konjugation stammende Endung -*ez* < -*átis* wurde auf die 2. Konjugation übertragen und hat wie -*ons* auch auf den Konjunktiv (§ 262 c) und andere Tempora (§ 263 c) eingewirkt. Da die 4. und 5. Person die am seltensten gebrauchten sein sollen, entspricht es dem Prinzip der Sprachökonomie, wenn je ein Morphem im gesamten Präsenssystem verallgemeinert wird.

e) Stütz-*e* in der Endung (§ 49).

---

[269] Bibliographische Angaben und Kritik früherer Arbeiten in Mayerthaler 1972.
[270] Vgl. v. Wartburg ³1970, 58 f.
[271] Lausberg I, § 138; III, 2, § 798, 880. Ähnlich Spence 1977.
[272] De la Chaussée (1977, S. 123) nimmt Diphthongierung des [a] bei *cantámus* zu *áo* > *áu* und Monophthongierung zu [o] in westlichen Dialekten an (vgl. die Entwicklung des Imperfekts in diesen Dialekten, § 264) mit folgender analoger Übertragung auf andere Gebiete und Konjugationen. Zu dialektalen Formen, § 35, 45.

§ 262. Konjunktiv Präsens

| 1. Konjugation | | 2. Konjugation | |
|---|---|---|---|
| lt. | afr. | lt. | afr. |
| cántem | chant > chánte a) | véndam | vende |
| cántes | chanz > chántes a) | véndas | vendes |
| cántet | chant > chánte a) | véndat | vendet > vende |
| cantémus | chantóns b) | vendámus | vendons b) |
| cantétis | chantéz c) | vendátis | vendez c) |
| cántent | chántent | véndant | vendent |

a) Das auslautende -e wurde aus den genannten Gründen schon seit dem 12. Jh. an die Personen des Singulars angefügt, woraus Übereinstimmung mit der 2. Konjugation resultierte. Reliktform der 3. Person noch bei Voltaire: *Que Dieu vous gard' d'un pareil logement*.

b) In der 4. Person der 1. Konjugation liegt immer die aus dem Indikativ übertragene Endung -ons vor, selbst bei Verben mit palatalem Stammauslaut: *laxēmus* > afr. laissons — zu erwarten wäre *laissins (§ 146); erst im 13. Jh. findet sich analog zur 2. Konjugation *laissiens*. In der 2. Konjugation liegt zwar auch -ons vor, jedoch nach Palatal -iens (Bartsch'sches Gesetz, § 147): *faciamus* > afr. *faciens*. Die mfr. Endung -*ions* entsteht im 13. Jh. durch Kontamination aus -*ons* × -*iens* und setzt sich im 15. Jh. in beiden Konjugationen durch; vgl. auch § 35, 46.

c) In der 5. Person lebt *cantétis*, ausgenommen einige sporadische lautgesetzliche Formen auf -*eiz*, als *chantez* mit Übernahme der Endung aus dem Indikativ weiter; nach Palatal findet sich schon früh nicht-lautgesetzliches -*iez*: *laxētis* > afr. *laissiez*, statt *laissiz (§ 146). Hier wird eine Analogie aus der 2. Konjugation vorliegen, wo *vendez* und nach Palatal *faciez* < *faciatis* lautgesetzlich entstanden sind. Diese phonologische Alternanz wurde morphologisch genutzt und -*iez* im 16. Jh. als Konjunktivendung verallgemeinert.

§ 263. Indikativ Imperfekt

Von den drei vlt. Imperfektendungen -*ábat* (*cantabat*), -*ēbat* (*habebat*, *vendebat*) und -*íbat* (< -*iebat*, *venibat* < *veniebat*) hatte sich im Französischen -*ebat* in allen Konjugationen durchgesetzt, was zu den nfr. Endungen führt:

| lt. | afr. | | nfr. |
|---|---|---|---|
| vendébam | vendeie | > vendoie a) | vendais d) |
| vendébas | vendeies | > vendoies | vendais |
| vendébat | vendeit | > vendoit b) | vendait |
| vendebámus | vendiiens | > vendions c) | vendions |
| vendebátis | vendiiez | > vendiez c) | vendiez |
| vendébant | vendeient | > vendoient | vendaient |

Entsprechend auch: afr. *chant-eie, usw.* und *ven-eie*, usw.

a) Es muß nicht-lautgesetzlicher Verlust des zwischenvokalischen [b] (§ 60 und 90) angenommen werden, der mit Dissimilation bei einigen häufigen Verben erklärt wird: *habébam* > *\*abéa, debébat* > *\*debéat*; von hier aus können die Formen ohne [b] auf die übrigen Verben übertragen worden sein.

b) Die zu erwartende Endung *-eiet* liegt in den ältesten Texten einige Male vor: *saveiet* (Jonasfragment, 10. Jh.). Die Einsilbigkeit der Endung wird mit Analogie zum Perfekt (*chantá* < *cantavit*, Rheinfelder II, § 435) oder phonetisch (Fouché 1967, S. 240 f.) begründet.

c) Vlt. *\*vendeámus* > *vendiámus* (§ 45) > afr. *vendi-iéns* (§ 147), ebenso erklärt sich *vendi-iez*[273]. Die seit dem 12. Jh. belegte Endung *-ions* wird als Kontamination von *-iens* mit *-ons* erklärt.

d) Zur Entwicklung des Diphthongen [éi̯] siehe § 128 und 163. Das *-s* wurde nach dem Verstummen des *-e* (§ 49) vielleicht analog zu afr. *conois, grandis* als Zeichen für die 1. Person angefügt: *vendois*.

§ 264. In östlichen D i a l e k t e n leben die drei vlt. Endungstypen weiter (§ 35, 48):

*cantabam* > *chanteve* (*-b-* > *v*, § 90)
*vendēbam* > *vendeie*
*venibam* > *venive*   (*-b-* > *v*, § 90)

Die Formen auf *-ive* sind jedoch sehr selten.
In westlichen und nördlichen Dialekten existieren noch *-abam* und *-ebam* (§ 35, 48):

*cantabam* > *chanto(u)e* (*-b-* > *v* > *u̯*, dadurch Labialisierung
*vendebam* > *vendeie*                                des [a] zu [o][274].
*venibam*, afr. *veneie* ~ *vendeie*

---

[273] Posner (1961) und Mayerthaler (1972, Anm. 38) lehnen die unter a) referierte Erklärung des Verlustes von [b] durch Dissimilierung ab, da sie normalerweise regressiv wirke *(peregrinus* > *pèlerin)*. Nach Stimm (mündlich) war die Analogiebasis mit acht bis zehn Verben zu schmal; da zwischenvokalisches [v] vor dem Akzent unstabil war *(favilla* non *failla*, App. Probi), konnte es in der 4. und 5. Person zum Verlust des [b] kommen: *vendebámus* > *\*vendevámus* > *\*vendeámus* > vgl. c). Problematisch bleibt, daß von den beiden selten gebrauchten Personen die restlichen Formen umgestaltet worden sein müßten.

[274] Kritik an dieser Erklärung durch Fouché 1967, 237 f. Nach Lausberg (III, 2, § 808) führte *\*cantavunt* zu *chantoent*, was eine analoge Bildung der Singularformen nach sich gezogen habe.

**§ 265.** In allen Dialektgebieten liegt jedoch in der 4. und 5. Person -*iens*/-*iez* vor, das in den drei Konjugationen lautgesetzlich entstanden ist (zu -*b*- > — vgl. hier a) und Anm. 273):

càntabámus > *chanteámus (a > e, § 49)    > *chantiámus (§ 45)
> chantiiéns
vèndebámus > *vendeámus    > *vendiámus > vendiiéns
vènibámus > *veniámus    > *veniámus > veniiéns

Da die 4. und 5. Person der 1. Konjugation mit den Formen der 2. homophon wurden — der Typ -*ibam* findet sich nur in einer Randlage —, können sich deshalb in den anderen Personen die Formen der 2. Konjugation durchgesetzt haben.[275]

**§ 266.** Futur und Konditionalis

Da Futur und Konditionalis im Galloromanischen durch Infinitiv + *habere* neu gebildet werden (§ 255—259), seien zunächst die hier relevanten Formen von *habere* entwickelt:

| klt. | vlt. | afr. |
|---|---|---|
| hábeo | *abi̯o > ai̯o a) | ai |
| hábes | *aves | as b) |
| hábet | *avet | at b) |
| habémus | *avemus | avons c) |
| habétis | *avetis | avez c) |
| hábent | *avunt [267] | ont d) |

a) Häufige, schneller abgeschliffene Form: -*bi̯*- > *i̯* statt zu *dʒ* (§ 101) id. *debeo* > *dei̯o* > *dei, sapio* > *saio* > *sai*.

b) Nebentonig, wohl in proklitischer Stellung entwickelt.

c) Analoge Übertragung von -*ons*/-*ez*; die zu erwartende Form *aveiz* ist nur in östlichen Dialekten belegt, als Futurmorphem ist -*eiz* jedoch etwas weiter verbreitet (§ 35, 47).

d) Labialisierung von [a] durch [v], vgl. § 264 und 281 b.

Die Imperfektformen von *habere* können dem vorhergehenden Paragraphen entnommen werden.

**§ 267.** Die Synthetisierung des Infinitivs mit *habere* etwa im 6. Jh. (§ 259) ist ein weiteres Indiz (Anm. 206) für die Aufgabe des Wortakzentes zugunsten der Akzentuierung ganzer Syntagmen (mot phonétique), die folglich wie e i n Wort behandelt werden.[276]

*càntáre ái̯o > càntaráı̯o
*véndere ái̯o > vènderáı̯o

[275] Nach H. Stimm (mündlich).
[276] Die Kriterien und Etappen der Synthetisierung gibt Ashby 1977, S. 35 bis 43.

Das Verbum 143

Nach dem Darmeststerschen Gesetz (§ 47) entsteht afr. *chanterai* (mit [ə]) und *vendrai*.[277]

§ 268. Die Futurformen

| afr. | afr. |
|---|---|
| chanterai | vendrai |
| chanteras | vendras |
| chanterat | vendrat |
| chanterons a) | vendrons a) |
| chanterez a) | vendrez a) |
| chanteront | vendront |

a) In der 4. und 5. Person wurden nur die Personalmorpheme -*ons*/ -*ez* — und nicht das ganze Verb — angefügt; auch im Konditionalis treten nur die Endungen hinzu.

§ 269. Die Formen des Konditionalis entwickeln sich wie die des Imperfekts:

| afr. | afr. |
|---|---|
| chantereie | vendreie |
| chantereies | vendreies |
| chantereit | vendreit |
| chanteriiens | vendriiens |
| chanteriiez | vendriiez |
| chantereient | vendreient |

18.2.2. Lautgesetzlich entstandene Unregelmäßigkeiten

§ 270. Die Interferenz zwischen der phonetischen und der morphologischen Ebene der Sprache führt dann zu Komplikationen, wenn regelmäßiger Lautwandel zu uneinheitlichen morphologischen Paradigmen führt.[278] Demgegenüber ist eine Tendenz wirksam, Paradigmen phonetisch zu harmonisieren, damit e i n e m Inhalt immer ein und derselbe Ausdruck entspricht.

§ 271. Die Verbalformen des Lt. sind teils stammbetont (1., 2., 3. und 6. Person des Indikativ und des Konjunktiv Präsens, Infinitiv der

---

[277] Einzig das Futur von *esse* ist afr. als *ier, iers,* ... < *ero, eris,* ... erhalten; nfr. *je serai* < *(es)sèr* + *áio*. Lat. *eram, eras,* ... > afr. *iere, ieres,* ... Nfr. *étais* < *\*st-ebam* zu *stare*.

[278] Ein krasses Beispiel ist *\*disieiunare* 'zu fasten aufhören', das stammbetont (*\*disieiúnat*) zu *déjeuner*, endbetont über *disnare* (9. Jh.) zu *dîner* führt; somit ist das Paradigma zerstört.

3. Konjugation), teils endungsbetont (Imperfekt, 4. und 5. Person Indikativ und Konjunktiv Präsens, Infinitiv der 1., 2. und 4. Konjugation, vlt. Neubildung des Futur und Konditionalis, Partizip Präsens). Da sich die Nebentonvokale praktisch nicht verändern (§ 122 f.), entsteht dadurch bei entsprechenden Verben eine S t a m m s t u f u n g.

>  lávat        > afr. lévet   (á[ > e, § 130)
>  lavátis      > afr. lavéz   (à = a, § 122)
>  ámat         > afr. áime    (á + N > ấi̯, § 153)
>  amátis       > afr. améz    (à + N = ã, § 150)
>  sápit        > afr. set     (§ 130, 84)
>  vlt. *sap-átis > afr. savéz (§ 122, 130)

§ 272. Schon im Afr. ist auf der morphologischen Ebene eine Gegentendenz wirksam, die Verbalstämme zu vereinheitlichen: S t a m m a u s g l e i c h. Da die endungsbetonten Formen bedeutend zahlreicher als die stammbetonten sind, bedarf ein Ausgleich nach ersteren keiner weiteren Begründung.

Nach der endungsbetonten Form ausgeglichen wurde: *lévet* zu nfr. *lave*.

Nach der stammbetonten Form ausgeglichen wurde: *améz* zu nfr. *aimez* (Erklärung: die besondere Verankerung der 1. Person im Bewußtsein)

Kein Stammausgleich bei: *savoir, il sait — vous savez*
(Mögliche Erklärung: sehr häufiges Verb, einzeln memoriert; ebenso die drei anderen Hilfsverben *devoir, pouvoir, vouloir*.[279]

Wo Stammausgleich erfolgt, setzt er sich meist erst im 16. Jh. durch; die zahlreichen stammabstufenden Formen im Nominal- und Verbalsystem sind ein wesentliches Charakteristikum des Afr.[280]

§ 273. Bei der Verschmelzung von Infinitiv mit *habere* bei der Futurbildung kam es zu Assimilationen, die den Zusammenhang mit dem Infinitiv verdunkelten:

>  donare + *ai̯o > afr. donerai > donrai > dorrai (nördl. Dialekte)
>  venire + *ai̯o > afr. venrai, vendrai (Übergangskonsonant, § 48),
>                  verrai (Assimilation), nfr. viendrai.

---

[279] Bei *pénsat — pensátis* > afr. *póise — peséz* erfolgte zunächst Ausgleich nach der endbetonten Form: *pése — peséz* (mfr. — 17. Jh.), jedoch wurde das [e] unter den Hauptton zu [ɛ] geöffnet: nfr. *pèse — pesez*. Graphisch durch accent grave oder Doppelkonsonanz ausgedrückt: nfr. *appelle — appelons*.

[280] Vgl. dazu Guiraud ⁴1971, 66—68.

Nur bei Verben der 1. Konjugation konnte Rekomposition nach dem Infinitiv erfolgen, da hier der Infinitiv auch in den Futurformen gut identifizierbar geblieben ist: *chanter — chanterai; doner — donerai,* aber: *venir — v(i)endrai.*

§ 274. Eine weitere Gruppe von unregelmäßigen Formen entstand dadurch, daß Konsonanten durch die verschiedenen Endungen eines Paradigmas in unterschiedliche Positionen (vorkonsonantisch, auslautend, etc.) gekommen sind, wo sie sich lautgesetzlich entwickeln:

*vivo* > afr. *vif*
*vivis* > \**vivs* > afr. *vis*
*vivit* > \**vivt* > afr. *vit*
*vivunt* > afr. *vivent*

Die drei afr. Stämme *vif, vi-, viv-* wurden im Nfr. auf zwei reduziert: *vi-* für die Personen des Singulars *(vis, vis, vit), viv-* für den Plural und die übrigen Tempora und Modi des Präsenssystems.

18.2.3. Die Formen des Perfektsystems

§ 275. Die für das Lt. gegebene Einteilung in schwaches, endungsbetontes und starkes, stammbetontes Perfekt ist auch für das Afr. gültig. Unter Berücksichtigung der im Vlt. eingetretenen Um- und Neugestaltungen haben sich die folgenden vier Typen endungsbetonter Perfekta ins Fr. entwickelt:

1. *-á(v)i*   : *canta(v)i*
2. *-í(v)i*   : *dormi(v)i*
3. *-úi*      : *valui*
4. *-dédi* > *éi* : *vendei* (zur Entwicklung, s. § 238 f.)

§ 276. Indikativ Perfekt des endungsbetonten Perfekts
-avi

| klt. | vlt. | afr. |
|---|---|---|
| cantávi | cantái a) | chantái |
| cantavísti | cantá(vi)sti b) | chantás d) |
| cantávit | cantáit c) | chantát e) |
| cantávimus | cantá(vi)mus | chantámes f) |
| cantavístis | cantá(vi)stis b) | chantástes |
| cantavérunt | cantá(ve)runt b) | chantérent |

a) *Probavi* non *probai* (App. Probi); vgl. Anm. 246 und § 90.

b) Gegenüber dem Klt. fällt die schon altlt. Vereinheitlichung des Akzentes auf dem Themavokal der Endung [a] auf, was die angegebenen Synkopierungen zur Folge hatte. Die daraus resultierenden Formen sind seit Plautus häufig belegt.

c) Selten belegt, vgl. *irrītāt* = *irritativ* (Lukrez).

d) Lautgesetzlich wäre *\*chantast* zu erwarten; Verlust des *-t* vielleicht analog zu *habes* > *as* und der 2. Person anderer Tempora: *chantes, chanteies, chanteras*, etc.

e) Unregelmäßige Erhaltung des [a], eventuell wegen früh geschlossener Silbe (vgl. c) oder analog zur 2., 4., 5. Person.[281]

f) Lausberg (III, 2, § 824) setzt vlt. *\*cantammus* an, das vor allem für it. *cantammo* sowie die sp. und pg. Form benötigt wird; für das Afr. erklärt sich damit die Erhaltung des [a] (gedeckte Stellung) und das [e] der Ultima (Stütz-*e*).

§ 277. Für die Entstehung der anderen Konjugationen gelten analoge Bemerkungen; sie werden daher nur kurz kommentiert:

Indikativ Perfekt

| -*ívi* a) | -*úi* |
|---|---|
| *dormí* b) | *valúi* b) |
| *dormís* | *valús* c) |
| *dormít* | *valút* |
| *dormímes* | *valúmes* |
| *dormístes* | *valústes* |
| *dormírent* | *valúrent* |

a) Diesem Typ schloß sich im Afr. das *dedi*-Perfekt an, § 238 f.

b) Da vlt. [i] und [u] in jeder Position als [i] bzw. [y] erhalten sind, haben diese beiden Paradigmen einen einheitlichen Tonvokal. Das erst nfr., rein graphische *-s* (*je dormis, je valus*) hat etwa *misi* > *mis*, *dixi* > *dis* als Analogiequelle.

c) Es muß vlt. *\*valústi* (statt *valuísti*), etc. mit Vereinheitlichung des [u] (entsprechend zu [a], [i]) vorgelegen haben.

§ 278. Bei den **starken Perfekta** lassen sich die Perfekta auf *-i* (Typen: *veni, vidi, presi, planxi*) und die auf *-ui* (Typ: *habui*) unterscheiden.

§ 279. Indikativ Perfekt auf *-i*: *veni* (stammbetontes Perfekt)

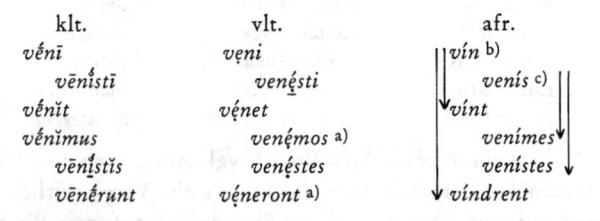

| klt. | vlt. | afr. |
|---|---|---|
| *vḗnī* | *vęni* | *vín* b) |
| *vēnístī* | *venęsti* | *venís* c) |
| *vḗnĭt* | *vęnet* | *vínt* |
| *vēnĭmus* | *venęmos* a) | *venímes* |
| *vēnístĭs* | *venęstes* | *venístes* |
| *vēnḗrunt* | *vęneront* a) | *víndrent* |

[281] Fouché 1967, 247—249 gibt eine andere, sprachgeographisch begründete Erklärung.

Das Verbum 147

a) Gegenüber der klt. Betonung, die im Prinzip wie beim Typ *cantavi* geregelt war, fällt auf, daß im Vlt. der Akzent nicht vereinheitlicht wurde, und bei zwei Personen ein Wechsel zwischen stamm- und endungsbetonter Form erfolgte: Die 4. Person wird endungsbetont, wohl in Analogie zu vlt. *dormí(vi)mus* und zum Präsens *venímus, venítis*.

Die 6. Person war schon im Altlt. stammbetont *(vénerunt)*, wurde von Dichtern auch in klassischer Zeit (Horaz, Vergil) gelegentlich aus metrischen Gründen verwendet und hat sich bis in die romanischen Sprachen erhalten.

b) Durch *i*-Umlaut (§ 136) lautgesetzlich entstandenes *vin* überträgt seinen Vokal [i] auf die beiden anderen stammbetonten Formen: *vint, vindrent* (Übergangslaut [d], § 48). Nfr. -s in *je vins* analog zu *pris, fis, dis*.

c) Ebenfalls durch *i*-Umlaut (§ 136) ist *venis* entstanden, analoge Übertragung des [i] auf die beiden anderen endungsbetonten Formen. Seit dem 16. Jh. liegt bei *venir* Stammausgleich nach den stammbetonten Formen vor, der Übergangskonsonant [d] der 6. Person fiel endgültig erst im 17. Jh.;[282] daher nfr. *vins, vins, vint, vînmes, vîntes, vinrent*.

§ 280. Die drei weiteren Typen des *i*-Perfektums sind im Afr. auf die gleiche Weise entstanden, daher genügt es, die afr. Formen zu geben; Unterschiede zeigen sich in der Entwicklung zum Nfr.

| *vīdi* | *prẹsi* | *scripsi* |
|---|---|---|
| afr. | afr. | afr. |
| *vi* | *pris* | *escris* |
| *veís*[283] | *presís* | *escressís*[283] |
| *vit* | *prist* | *escrist* |
| *veímes* | *presímes* | *escressímes* |
| *veístes* | *presístes* | *escressístes* |
| *virent* | *prisdrent* | *escristrent* |

Bei *vidi* liegt seit dem 13. Jh. Tilgung des Hiatvokals in den endungsbetonten Formen und damit Generalisierung des betonten Verbalstammes vor: nfr. *je vis, tu vis*, ...

Die endungsbetonten Formen *presís, presímes, presístes* verloren ihr zwischenvokalisches [s] analog zu *veís*, etc. und entwickeln sich wie *vidi* weiter: nfr. *je pris, tu pris*. Dialektal bleibt das [s] erhalten: § 35, 49.

---

[282] Fouché 1967, 278.
[283] Dissimilation aus *vi͜ís*, oder analog zu *presís*; ebenso bei *escressís*.

Dagegen erfolgt beim Typ *scripsi* kein Stammausgleich, sondern mit dem Präsensstamm (*escriv-*, cf. *escrivons, escrivait*) wird ein neues schwaches *-ivi*-Perfekt gebildet: nfr. *j'écrivis, tu écrivis,* etc.[284]

§ 281. Die starken Perfekta auf *-ui* bilden nur eine kleine Gruppe von Verben, die jedoch häufig gebraucht werden. Als Beispiel diene das Paradigma von *habere*:

| klt.a) | vlt.a) | afr. |
|---|---|---|
| hábuī | ábu̯i b) | ói̯ |
| habuístī | abu̯ísti c) | oűs > eűs d) |
| hábuit | ábu̯et b) | óu̯t, ot |
| habúimus | abu̯ímos c) | oűmes > eűmes d) |
| habuístis | abu̯ístes c) | oűstes > eűstes d) |
| habuĕrunt | habúerunt > ábu̯eront b) | óu̯rent |

a) Der Akzent, der im klt. Paradigma auf drei verschiedenen Silben lag, wurde im Vlt. den anderen Perfektklassen angeglichen: *abu̯ímos* wie *cantámos, venémos*; *habúerunt* war bereits altlt. Betonung wie *vénerunt* und wurde stammbetont wie *hábuit*: *ábu̯eront*.

b) Für die Entwicklung der stammbetonten Formen ist anzunehmen: lautgesetzliche Entstehung des Halbvokals [u̯] (§ 45), Assimilation von [b] an [u̯] (§ 84) *au̯u̯et*, assimilatorische Rundung (Labialisierung) von [a]: *ou̯u̯et*, Degeminierung: *ou̯et* (§ 93), Verstummen des Ultima-*e* (§ 49): afr. *óu̯t, óu̯rent*.

Die Form *ói̯* der 1. Person ist durch das erhalten gebliebene Ultima-*i* bedingt: *óu̯i > ói̯* (zu [u̯] siehe c)).

c) In den endungsbetonten Formen wurde das betonte [i] der Endung durch das vorausgehende [u̯] zu [ü] labialisiert (*ou̯ímos > *ou̯ümos), woraufhin das zwischenvokalische [u̯] verstummte: afr. *oűmes*.

d) Dissimilation des im Hiat stehenden [o] zu [e] und Verstummen des Hiatvokals im 13. Jh. Im Nfr. Stammausgleich nach den Formen mit [y]; *j'eus, tu eus,* ...

§ 282. Im Prinzip wie *habui* haben sich entwickelt:

*dę́buit* > afr. *dut* [y]
*debuísti* > afr *deűs* > *dus*; nfr. *je dus, tu dus,* ...
*pǫ́tuit* > afr. *pout*
*potuísti* > afr. *poűs* > *peűs* > *pus* [y]; nfr. *je pus, tu pus,* ...

---

[284] Ebeno *planxi* > afr. *plains* > nfr. *plaignis* und weiteren Verben auf *-angere, -ingere, -ungere*. Bei *construxi* > afr. *construis* > nfr. *construisis* erfolgt nfr. schwache Perfektbildung auf der Basis der afr. endungsbetonten Formen: *construxisti* > afr. *construisis*.

§ 283. Die Formen des Konjunktiv Plusquamperfekt, die zum Subjonctif Imparfait führten, werden in allen Konjugationen nach demselben Muster gebildet und unterscheiden sich nur im Tonvokal.

| klt. | vtl. | afr. |
|---|---|---|
| cantavíssem | cantássem a) | chantásse |
| cantivísses | cantásses | chantásses |
| cantavísset | cantásset | chantást |
| cantavissémus | cantassémus | chantissiéns > -ions b) |
| cantavissétis | cantassétis | chantissiéz b) |
| cantivíssent | cantássent | chantássent |

a) Akzentverlagerung analog zum Indikativ Perfekt.

b) Dieselbe Entwicklung der Endung wie beim Konjunktiv Präsens und Imperfekt. Das zwischentonige [i] — zu erwarten ist ebenfalls belegtes *chantessions* — wohl analog zu *dormissemus, venissemus,* etc. Seit dem 16. Jh. *chantassions* analog zu den übrigen Personen.

§ 284. Für die anderen Verben genügt es, das afr. Paradigma anzugeben:

| | |
|---|---|
| dormivíssem | valuíssem |
| dormisse | valusse |
| dormisses | valusses |
| dormist | valust |
| dormissions | valussios |
| dormissiez | valussiez |
| dormissent | valussent |
| id. venísse | id. eüsse |
| veïsse | deüsse |
| presísse | peüsse |
| escrisísse | |

Bei den starken Perfekta wurde der Stammausgleich in gleicher Weise im Perfekt wie im Konjunktiv Plusquamperfekt vollzogen: nfr.: *qu'il vînt, vît, prît, écrivît, eût, dût, pût.*

§ 285. Es wurden nicht alle Bereiche der Formenlehre abgehandelt — so fehlen die Zahlen, Präpositionen, indefiniten Pronomina —, da die Entwicklungstendenzen und Charakteristika der wichtigsten morphologischen Systeme herausgearbeitet werden sollten, die auch zum Verständnis der syntaktischen Eigenschaften des Afr. beitragen können.

# IV. SYNTAX

## 19. Das Substantiv

§ 286. Von den verschiedenen Deklinationsformen des Substantivs (z. B. *murus, -i, -o, -um, -o; muri, -orum, -is, -os, -is*), die im Lat. — neben präpositionellen Möglichkeiten — zum Ausdruck der Kasus dienen, sind im Afr. in Singular und Plural nur jeweils zwei (*murs, mur; mur, murs* — vgl. § 171), im Nfr. je eine Form (*le mur; les murs* mit nur graphischem *-s*) erhalten. Die Tatsache, daß sich die Obliquusform zum Nfr. hin durchgesetzt hat, wird im allgemeinen auf ihre größere Häufigkeit und Funktionsbreite zurückgeführt, die im Afr. beide sehr deutlich nachzuweisen sind.[285]

§ 287. Der R e k t u s  hat im wesentlichen die Funktion des lat. Nominativs, d. h. er steht als Subjekt zum Verbum oder als Attribut zum Subjekt, und die Funktion des lat. Vokativs:

Li *chevaliers* en tel maniere s'en part. (Chast. de Vergi 472—3)

Je sui ses *fieus*, il est mes *pere*. (Courtois d'Arras 588)

Ha! sire *damoisiaus*, bevés! (ib. 148)

§ 288. Demgegenüber findet der O b l i q u u s  Verwendung (a) als direktes Objekt:

On m'apeloit *seignor* et *mestre*. (Rutebeuf, Th 48)

(b) nach allen Präpositionen, z. B. zum Ausdruck von Funktionen des lat. Dativs, des lat. Genitivs oder in Umstandsbestimmungen:

Itels estoit la pucele,
La fille *au roi* de Tudele. (Colin Muset III, 7—8)

*Dedenz sa cort* est sa chapele. (Vair Palefroi 1243)

---

[285] Vgl. § 288 und die nach Abschluß des Manuskripts erschienene ausführliche Darstellung der Syntax des Substantivs bei Chrétien de Troyes von B. Woledge.
Vgl. zu diesem und den folgenden Kapiteln auch die nicht jeweils eigens zitierten Handbücher von Nyrop, Foulet, Sneyders de Vogel, Lerch, Le Bidois, v. Wartburg/Zumthor, Gamillscheg, Regula, Ménard und Grevisse.

(c) ohne Präposition als indirektes Objekt:

*Son oncle* conta bonement
Son couvenant et son afere. (Vair Palefroi 462—3)

Faites *un povre aveule* bien. (Le Garçon et l'Aveugle 70)

(d) als Umstandsbestimmung wie noch in nfr. Ausdrucksweisen (z. B.: *y aller chaque jour, rester un an, se promener le chapeau sur l'oreille*). Vgl. afr.:

Carles li reis, nostre emperere magnes,
Set anz tuz pleins ad estéd en Espaigne. (Roland 1—2)

Erec dormi po *cele nuit.*
*L'andemain,* lues que l'aube crieve,
isnelemant et tost se lieve. (Erec 696—8)

Li chevaliers s'an part
*les granz galoz.* (Perceval 341—2)

(e) zum Ausdruck der (verwandtschaftlichen) Zugehörigkeit, des Besitzes vor allem bei meist höhergestellten Personen und bei Personennamen[286]:

Il avoit esté engendrez en la fille *le roi Pellés.* (Graal 20, 3—4)

Reste dieser afr. Konstruktion finden sich noch z. B. in nfr. *Hôtel-Dieu, Eglise Notre-Dame,* in Ortsnamen wie *Château-l'Evêque, Bourg-la-Reine* etc. sowie in *Dieu merci* (mit umgekehrter Wortstellung; cf. Foulet, § 24). Die dafür im Nfr. übliche Konstruktion mit *de* wird im Afr. vorwiegend bei Tieren und Sachen verwendet. Die Konstruktion mit *a*, die nfr. umgangssprachlich sehr vital ist (z. B. fr. pop. *la bagnole au toubib, la fille au père Mathurin, la maison à M. Grandet*), steht im Afr. häufig anstelle der präpositionslosen Konstruktion, wenn es sich um beliebige oder unbekannte Personen handelt. In dem oben sub (b) angeführten Beispiel ist entsprechend von einem beliebigen „roi de Tudèle", einem beliebigen Märchenkönig, die Rede.

---

[286] Vgl. zu dieser Konstruktion und den Konkurrierenden mit *a* und *de* jetzt ausführlich Palm 1977, dessen Statistik Foulets Ausführungen im wesentlichen bestätigt.

## 20. Der Artikel

### 20.1. Der bestimmte Artikel

§ 289. Nicht nur formal (§ 203), sondern auch funktional hat sich der bestimmte Artikel in den romanischen Sprachen aus den lateinischen Demonstrativpronomen entwickelt. Einen Artikel kennt das Latein nicht. Für das Französische — wie für die meisten romanischen Sprachen — liegt *ille* zugrunde, dessen d e m o n s t r a t i v e  F u n k t i o n noch in nfr. Ausdrucksweisen wie *de la sorte, pour le coup, du coup, dans le temps, du jour* u. a.[287] vorliegt. Im Afr. ist diese Funktion indessen eher zweitrangig:

> Fole ne suis ne n'ay seigneur
> Ne poursuite de compaignon
> Se *la de Dieu* le puissant non. (Galeran 4200—2)

Meist liegt in diesen Konstruktionen eine substantivische Verwendung vor, die inhaltlich dem nfr. *celui; celle; ceux de* unter Bezug auf ein vorangegangenes Substantiv entspricht:

> Al tens Noë ed al tens Abraham
> Ed *al* David ... (Alexius 6—7)

> il abati ton cheval et *le* Perceval ensemble.
> [« celui de Perceval »] (Graal 144, 10—11)

> L'ame Uterpandragon son pere,
> Et *la* son fil et *la* sa mere. (Yvain 663—4)

Reste dieser Bedeutung finden sich noch in Ortsnamen: *Villeneuve-la-Guyard* (« Villeneuve, celle de Guyard »), *Nogent-le-Rotrou* u. a.

§ 290. An erster Stelle steht im Afr. jedoch die d e t e r m i n i e r e n d e  F u n k t i o n des Artikels, von der seine Setzung im wesentlichen abhängig ist. Er fehlt somit beim Ausdruck undeterminierter Begriffe, häufig bei Abstrakta, bei allgemeinen Aussagen und Wendungen:

> Avoec se merla *jalousie,*
> *Desesperanche* et *derverie.* (Jeu de la Feuillée 159—60)
>
> *Paien* unt tort et *crestiëns* unt dreit. (Roland 1015)
>
> Blanc[e] ad la barbe cume *flur* en avrill. (ib. 3503)
>
> *Curuz* de rei n'est pas gius de petit enfant. (Vie de S. Thomas 1636)

---

[287] Vgl. u. a. Sneyders de Vogel, § 8.

Nfr. Reste dieses Sprachgebrauchs liegen in der häufigen Artikellosigkeit von Abstrakta vor, sowie in Ausdrucksweisen und Wendungen wie: *pauvreté n'est pas vice, noblesse oblige; froid comme glace, blanc comme neige*,[288] *vin compris, avoir honte, avoir tort, fermer boutique, plier bagage; par terre et par mer, en temps et lieu*, etc.

§ 291. Funktional fehlt demnach der Artikel bei Eigennamen (Ortsnamen und Personennamen) und einmaligen Dingen:

> Devers *Ardene* vit venir uns leuparz. (Roland 728)
>
> ... a remembrer li prist:
> De *dulce France* ... (Roland 2377—9)
>
> L'oz est sor *Tamise* logiee. (Cligès 1261)
>
> *Enfers* ne me plest pas ... . (Rutebeuf, Th 422)

Vgl. noch nfr. Reste ohne Artikel, z. B. *Meung-sur-Loire, aller en Bourgogne, la terre de Champagne, roi de France, fromage de Hollande*, ferner *Dieu*, teilweise auch periodische Phänomene wie *Noël* (*Noël arrive*), *dimanche matin* u. a.

§ 292. Hingegen steht der Artikel, sobald ein Abstraktum einen konkreten Bezug erhält, ein Begriff individualisiert, spezifiziert, d. h. determiniert verwendet wird[289]:

> Ne vous doi mie forconter
> Le termine *du* mariage.
> [= du mariage de la fille d'un chevalier] (Vair Palefroi 684—5)

Diese bestimmende Funktion verliert der trotzdem so genannte „bestimmte" Artikel in spätafr. Zeit. Er wird jetzt allmählich — von Ausnahmekonstruktionen abgesehen — bei den meisten Substantiven obligatorisch und übernimmt nach dem Verstummen des auslautenden *-s* die Markierung von Singular und Plural.

20.2. *Der unbestimmte Artikel*

§ 293. Zurückgehend auf das lat. Zahlwort *unus* entwickelt der sog. unbestimmte Artikel im Afr. eine hervorhebende Funktion. Lat. wie afr. hat er daneben bisweilen die Bedeutung von 'un seul; le même':

---

[288] Daneben steht der übliche Ausdruck mit Artikel: *froid comme la glace, blanc comme la neige.*
[289] Zum Artikel beim Superlativ vgl. § 194, zu *tout* § 350.

> Si dient tuit a *une* voiz. (Perceval 2149)

Generell aber individualisiert er ein im Kontext neues Individuum, einen neuen Gegenstand:

> Ki est chieus clers a chele cape?
> — Biaus fius, ch'est *uns* parisiens. (Jeu de la Feuillée 422—3)

Demgegenüber determiniert der bestimmte Artikel etwas bereits Bekanntes. Illustrieren läßt sich dieser noch nfr. Gegensatz in den folgenden Anfangsversen:

> Et sovent tel meschief en vient...
> Si comme il avint en Borgoingne
> D'*un* chevalier preu et hardi
> Et de la dame de Vergi
> Que *li* chevaliers tant ama
> Que la dame li otria /... (Chast. de Vergi 15—21)

§ 294. Ansonsten aber ist die Verwendung des unbestimmten Artikels im Afr. nicht die Regel (im Plural sogar nicht einmal zur Hervorhebung), sondern wird erst in nachafr. Zeit auch in nicht individualisierender Funktion verallgemeinert:

> Enz en lur mains portent *branches* d'olive. (Roland 93)

> Dame, dist ele, jo i ai si *grant perte*! (Alexius 148)

> Tenez mun helme, unches *meillor* ne vi. (Roland 629)

Die Nichtsetzung ist im letzten Beispiel wohl auch durch die generalisierende Funktion des negativen Adverbs *unches (onques)* bedingt. Entsprechend erklären sich nfr. Reste z. B. nach *jamais*: *Jamais baigneurs n'étaient venus dans ces parages* (Loti). Der artikellose afr. Sprachgebrauch ist — wie auch beim bestimmten Artikel — in nfr. Ausdrucksweisen bewahrt (vgl. Grevisse, § 336), z. B. *donner congé, livrer bataille, prendre place, trouver moyen; à cheval, sans fin, sous clef; être peintre, étudiant*.

§ 295. Zu *un* kennt das Afr. eine P l u r a l f o r m *uns*, die einerseits bei Paarbegriffen (z. B. *unes botes* «une paire de bottes») und andererseits — wenn auch selten — im partitiven Sinne des nfr. *des* verwendet wird:

> avoit *unes* grans narines lees et *unes* grosses levres
> ... et *uns* grans dens gaunes et lais. (Auc. et Nic. 24, 18—20)

> Est che nient uns a *uns* vers dras...?
> ['... einer mit grünen Kleidern'] (Jeu de la Feuillée 730)

## 21. Der Teilungsartikel

**§ 296.** Die als Teilungsartikel bezeichnete Konstruktion läßt sich erst seit dem 12. Jh. im Afr. nachweisen und bleibt bis zum 15. Jh. selten. Die Funktion des nfr. Teilungsartikels wird afr. jeweils ohne Artikel allein durch das Substantiv oder — zunächst vor allem nach Mengenadverbien *(molt, assez* etc.) — mit der Präposition *de* ausgedrückt:

> si mengierent *pain* et burent *cervoise.* (Graal 129, 2)
>
> *De cers, de biches, de chevreus*
> Ocist *asez* par le boscage. (Béroul 1426—7)
>
> La meillor fame qui onc beüst *de vin.* (Charroi de Nîmes 320)

Die Konstruktion mit *de* ist vom Lat. her nicht unbekannt (z. B. *comede de venatura mea,* Gen. 27, 19) und lebt in nfr. *assez de, un morceau de* etc. weiter.

**§ 297.** Entsprechend der Funktion des bestimmten Artikels bezeichnet *de* + Art., die seit dem 12. Jh. zusammen vorkommen, einen unbestimmten Anteil einer determinierten Menge, wie auch aufgrund des weiteren Kontextes in den beiden folgenden Beispielen:

> [Il] verse an la cope d'argent
> *del vin,* qui n'estoit pas troblez. (Perceval 746—7)
>
> *De l'ewe,* bele, me baillez. (Folie Tristan 981)

Nfr. wäre dies mit 'de ce vin; de cette eau' wiederzugeben. Die Determinierung des Substantivs kann auch durch ein Possessivpronomen gegeben sein:

> ... prendés de *men argent.* (Jeu de la Feuillée 247)

In der weiteren afr. Entwicklung tritt nach bestimmten Verben der Teilungsartikel auch an die Stelle der einfachen Präposition *de,* die Ursprung, Umstand oder Mittel angibt. So heißt es nfr. zwar noch *vivre de viande,* aber *manger du cheval.*

## 22. Das Adjektiv

**§ 298.** In Numerus und Kasus und — soweit nicht eingeschlechtige Adjektive (z. B. *grant, fort)* vorliegen — auch im Genus richtet sich das Adjektiv wie im Nfr. nach dem Substantiv, auf das es sich bezieht:

> Dis *blanches* mules fist amener Marsilies. (Roland 89)
>
> Li chevaliers fu *biaus* et *cointes*. (Chast. de Vergi 43)

§ 299. Ein wesentlicher Unterschied besteht jedoch in bezug auf den P l a t z des attributiven Adjektivs. Er ist weit weniger fest als im Nfr. und liegt für die determinierenden Adjektive, die im Nfr. nach dem Substantiv stehen, je nach Text in bis zu 45 % der Belege vor dem Substantiv.[290] So z. B.:

> Mais de s'espee ne volt mie guerpir,
> En sun puign destre par l'*orie* punt la tint. (Roland 466)
>
> Ploret des oilz, sa *blanche* bar[b]e tiret. (ib. 2943)

aber auch:

> Sa barbe *blanche* cumencet a detraire. (ib. 2930)

Ob die Voranstellung mit germanischem Einfluß begründet werden kann, läßt sich nicht mit Sicherheit sagen (cf. § 26). Ihr gegenüber wird mit der Folge Subst. + Art. + Adj. jedoch wohl eine besondere Hervorhebung erreicht:

> Alde la *bel*[e] est a sa fin alee. (Roland 3723)
>
> *Aucassins li biax, li blons,*
> *li gentix, li amorous.* (Auc. et Nic. 27, 1)

Erst vom 16. Jh. an nimmt die Nachstellung prozentual erheblich zu; im klassischen Theater geht die Voranstellung gar bis auf 1—2 % zurück.

## 23. Die Partizipien

### 23.1. -ant-Formen

§ 300. Die F o r m e n a u f -*ant* sind im Afr. nur schwer zu unterscheiden. Dies liegt einerseits daran, daß sie sowohl das lat. Partizip (z. B. *laborans felicitatem invenies*) als auch das lat. Gerundium (z. B. *laborando felicitatem invenies*) repräsentieren (§ 248). Andererseits aber liegen afr. neue Verwendungen dieser Formen vor. Die Verhält-

---

[290] Vgl. Wydler 1956, 218; Berschin/Felixberger/Goebl, 122 f.

Die Partizipien 157

nisse können auch mit dem Nfr. nicht verglichen werden, wo relativ eindeutig zwischen unveränderlichem Partizip Präsens *(les mouches piquant les cheveaux)*, veränderlichem Verbaladjektiv *(des mouches piquantes)* und einem unveränderlichen, stets *en* folgenden Gerundium *(en piquant)* unterschieden wird.

§ 301. Das V e r b a l a d j e k t i v ist noch am ehesten mit dem Nfr. vergleichbar, obwohl es afr. noch keine Genusunterscheidung kennt.

Il avoit les caviax blons et menus rećerćelés,
et les ex vairs et *rians* (Auc. et Nic. 2, 12—13)

Hé! bele et blonde et *avenant*,
Cortoise et sage et bien *parlant*. (Colin Muset X, 30—1)

§ 302. Eine Unterscheidung zwischen Verbaladjektiv und P a r t i z i p  P r ä s e n s ist nur vom Kontext her möglich, sofern das Partizip keine es auch formell ausweisende direkte Ergänzung hat:

Ele estoit son pere *cremanz*. (Vair Palefroi 222)

Das Partizip kann schon im Lat. auch passiven Sinn erhalten, daher afr. z. B.

Le vin aforé de nouvel, / ... /
Sade, *bevant*, et plain et gros. [„der sich trinken läßt, trinkbar"]
(Jeu de Saint Nicolas 649—51)

Aus dieser Möglichkeit erklären sich letzten Endes nfr. *musique chantante, couleur voyante, entrée payante, soirée dansante* etc.

§ 303. Am meisten unterscheidet sich das unveränderliche sog. G e r u n d i u m  vom Lat. und Nfr. So tritt es z. B. auch ohne *en* auf:

*Plorant* est de la chanbre issue. (Perceval 1962)

Et la pucele aloit *menant*
li plus sages c'on ot eslit. (Vair Palefroi 998—9)

Nfr. Reste dieser Konstruktion sind u. a. *chemin faisant, ce disant, généralement parlant,* auch *maintenant*.

Neben *en* stehen afr. auch andere Präpositionen beim 'Gerundium', die jedoch zum Nfr. hin der Infinitivkonstruktion weichen:

En *plaignant* disoit: « Mar i sui! ». (Béroul 3628)

D'ire vint toute bossoflee
a *clochant*. (Gerb. de Montreuil 5574—5)

J'ai mort celui *sor* mon cors *deffendant*. (Huon de Bordeaux 1194)

Vgl. dazu noch nfr. *à son corps défendant, à deux heures sonnant* etc.

Sowohl ohne als auch mit Präposition ist außerdem Substantivierung möglich:

> Desfi les ci, sire, vostre *veiant*. (Roland 326)
> ['vor Euren Augen']
>
> Bon crestïen, or cevalciés avant.
> Paradis est overs *des l'ajornant*. (Aspremont 4402—3)
> ['von Tagesanbruch an']

Nfr. Reste dieser Substantivierung sind z. B. erhalten in: *sur son séant, de son vivant*.

### 23.2. *Das Partizip Perfekt*

§ 304. Soweit das Partizip Perfekt nicht als Adjektiv Verwendung findet, wird es im Afr. — im allgemeinen in ähnlicher Aufteilung der Verben wie im Nfr. — entweder mit *avoir* oder mit *être* verbunden. Vom Lat. her ist die Kombination mit *habere* auf transitive Verben, diejenige mit *esse* auf intransitive Verben beschränkt. Ersteres wird unter Wegfall des zunächst notwendigen direkten Objekts *(habet cantatum cantum)* auch absolut verwendet *(habet cantatum)* und von daher auch auf intransitive Verben übertragen; so ist z. B. afr. *al(l)er* sowohl mit *être* als auch mit *avoir* verbunden oder im Nfr. liegen z. B. *avoir couru, marché* vor. Die nfr. Tendenz, Partizipien mit aktivem Sinn mit *avoir* zu verbinden, ist volkssprachlich besonders ausgeprägt (z. B. *avoir monté, resté*).

§ 305. Die Veränderlichkeit des Partizips Perfekt divergiert in den Verbindungen mit *estre* im Afr. nur bei maskulinem Genus vom Nfr., da hier das Partizip als Attribut zum Subjekt im Rektus steht, folglich im Singular mit, und im Plural ohne *-s* erscheint:

> ... il sont *venu* au jardin. (Chast. de Vergi 378)
> En tel maniere se furent cil *logié*. (Mort Artu 108, 18)

Bei dem mit *avoir* verbundenen Partizip sind die Verhältnisse komplizierter. In der lat. Ausgangskonstruktion ist das Partizip entsprechend seiner adjektivischen Verwendung an das Objekt angeglichen: *urbem occupatam habet*. Dieser Bezug zum Objekt tritt mit dem Übergang von *habere* in diesem Kontext zu einem Hilfsverb teilweise in den Hintergrund. Aus 'er hat eine eroberte Stadt', wobei 'er' nicht zwangsläufig auch der Eroberer ist, wird 'er hat eine Stadt erobert'. Damit ist eine Vergangenheitsform des Verbums geschaffen, in der sich das Partizip zwar nach dem Objekt richten kann, aber nicht richten muß. Entsprechend konkurrieren beide Möglichkeiten im Afr.; einerseits also Angleichung:

> Li empereres out sa raisun *fenie*. (Roland 193)
> ... la trahison que j'ai *fete*. (Chast. de Vergi 895)
> ... *proïe* avez la duchesse. (ib. 166)

Andererseits Unveränderlichkeit:

> En ses granz plaies les pans li ad *butét*. (Roland 2173)
> Si li a *rendu* sa promesse. (Chast. de Vergi 918)

Die Beispiele zeigen, daß beide Entwicklungen unabhängig von der Voran- oder Nachstellung des Objekts im Afr. — und darüber hinaus bis zum Beginn der normativen Tätigkeit im 16. Jh. — vorliegen. «On n'a aucune idée de la minutieuse et tyrannique réglementation d'aujourd'hui, qui du reste n'est pleinement accepté que dans les livres» (Foulet, § 146).

## 24. Das Personalpronomen

### 24.1. Das Subjektspronomen

§ 306. Zum Ausdruck der Person dient im Latein die Flexionsendung *(amo, amas ...)*, das Subjektspronomen *(ego, tu ...)* wird nur bei besonderer Hervorhebung gesetzt. Demgegenüber ist das Subjektspronomen im Nfr. zu einem vorangestellten Konjugationsmorphem geworden,[291] das die Funktion der lateinischen Endungen übernommen hat und dessen Setzung folglich obligatorisch ist *(j'aime, tu aimes ...)*. Die nfr. oft nur in der Graphie unterschiedenen Endungen sind in der Aussprache zum größten Teil identisch.

§ 307. Im Afr. kann das Subjektspronomen gesetzt oder ausgelassen werden.[292] Dieses Charakteristikum erklärt sich einerseits dadurch, daß die Flexionsendungen noch ausreichen, um die Person zu kennzeichnen.

---

[291] Im Gesamtzusammenhang der Sprachentwicklung dargestellt bei K. Baldinger 1968.
[292] Vgl die Übersicht in v. Wartburg 1962, 64—76. — Die Ergebnisse von G. Kattinger (vgl. auch Berschin/Felixberger/Goebl 146—148) bestätigen u. a. in wünschenswerter Weise die Ausführungen von Foulet, § 459 und 478 f.

Damit hat das Subjektspronomen andererseits aber noch hervorhebende Funktion, die diachronisch gesehen auch darin zum Ausdruck kommt, daß es — im Gegensatz zum Objektspronomen — nur in betonter Entwicklung im Afr. vorliegt. Beispiele für die hervorhebende Funktion:

> E *jo*, dolente, cum par fui avoglie. (Alexius 434)
>
> Vos gens y gaagnent, et *vous* y perdés et alewés le temps.
> (Froissart, Bd. 6, S. 4)

Beide Beispiele geben direkte Rede wieder, in der die Auslassung weniger häufig ist als in der Erzählung. Da die direkte Rede der die Entwicklung bestimmenden gesprochenen Sprache näherliegt, kann hier in der Setzung des Subjektspronomens bereits die Tendenz gesehen werden, die sich zum Nfr. hin durchsetzt.

Neben dieser semantischen Funktion können syntaktische Gründe für die Setzung geltend gemacht werden. So wird es z. B. gesetzt, wenn die Zweitstellung des Verbums (vgl. § 375) dadurch gewährleistet bleibt:

> Sitost que li rois d'Engleterre fu retournés...,
> *il* se traist à Londres. (ib., S. 22)

Unbetonte Pronomina, bestimmte Partikel und Konjunktionen (wie *mais* 'aber', *car, quant, se* 'wenn') können die Erstposition im Satz nicht ausfüllen, erfordern also die Setzung des Subjektspronomens.[293] Da dasselbe nicht nur für Konjunktionen, sondern auch für Relativpronomen gilt, ist nicht verwunderlich, daß das Subjektspronomen in Nebensätzen wesentlich häufiger gesetzt wird als in Hauptsätzen. Neben dem vorangehenden Beleg aus Froissart vgl. z. B.:

> Mais *il* me mandet quë en France m'en alge. (Roland 187)
>
> quant *il* virent un chevalier
> venir armé sor un destrier. (Erec 139—40)
>
> se *vous* guerriiés selonch vostre oppinion, vous
> y userés vostre vie. (Froissart, Bd. 6, S. 4)
>
> Cele part tienent lor chemin
> tant qu'*il* sont venu au jardin. (Chast. de Vergi 377—8)
>
> En ceste note dirai
> d'une amorete qui *j*'ai. (Colin Muset X, 1—2)

---

[293] Anders verhält es sich bei adverbialen Bestimmungen im weitesten Sinne (*ja, lors, maintenant, or* etc.), welche die Erstposition einnehmen können. Vgl. § 375 (5).

§ 308. Die **Nichtsetzung** des Subjektspronomens kann aufgrund der genannten Verhältnisse jedoch als üblich bezeichnet werden, auch wenn sie in direkter Rede (cf. § 307) oder in dramatischen Werken (Foulet, § 478) weniger häufig ist als in anderen Äußerungsformen. Vgl. afr.:

*En ceste note dirai*
*D'une amorete que j'ai.* (Colin Muset X, 1—2)
*Le cheval brochet des oriez esperuns.* (Roland 1225)

Reste dieser Nichtsetzung liegen im Nfr. noch in einigen Wendungen vor, z. B.[294]: *A Dieu ne plaise!, peu s'en faut, peu importe, qu'importe?, tant soit peu* etc.

§ 309. Die zunehmende Setzung des Subjektspronomens schwächt dessen hervorhebende Funktion zwangsläufig ab. So entwickeln sich afr. *nos* und *vos* auch nicht starktonig weiter zu \**neus* und \**veus*, sondern folgen mit *nous* und *vous* der schwachtonigen Entwicklung (§ 226 c). Hingegen behaupten *je*, trotz Abschwächung (§ 226 a), *tu* und *il* im Afr. noch durchweg auch ihre starktonige Form und ursprüngliche Funktion, wenn letztere auch bisweilen bereits vom Objektspronomen (§ 228) wahrgenommen wird. Ein nfr. Rest dieser Verwendung liegt in der juristischen Wendung *Je soussigné* vor.

## 24.2. Das Objektspronomen

§ 310. Während im Latein die Objektspronomen vorwiegend enklitisch zum Verbum *(pater amat me)* stehen, werden sie im Afr. in der Regel proklitisch beim Verbum verwendet. Dies gilt für beide Reihen von Pronomen, die sich aus der einen lateinischen Reihe entwickelt haben (vgl. § 226—229). Aber es gilt insbesondere für die sogenannten schwachen oder unbetonten Formen, die sich an das betonte Verbum anlehnen, während die sogenannten starken Formen im Afr. oft in ähnlicher Selbständigkeit wie Substantive vorkommen. Für beide Reihen ist die Verwendung im Afr. viel weniger festgeschrieben als im Nfr.

---

[294] Vgl. u. a. Lerch 3, § 395 Anm.

### 24.2.1. Die starken Formen

§ 311. Sie stehen vor allem nach Präpositionen, können ansonsten — im Gegensatz zu den schwachen Formen — der Hervorhebung oder der Markierung eines Gegensatzes dienen, z. B.:

> *Moi* doiz tu dire ton afere. (Erec 2694)
>
> Dex beneïe *toi*, biau frere. (Perceval 1360)
>
> Mon cheval prist et *moi* leissa. (Yvain 544)
>
> Il m'ama, et ge haï *lui*. (Perceval 8665)

Dasselbe gilt bei Zusammentreffen von zwei direkten Objekten (zwei Pronomen oder Pronomen und Substantiv):

> ... Dex beneïe
> tote ansanble la conpaignie
> des dameiseles e puis *toi*! (Perceval 7131—3)
>
> ... se deniers avoie,
> *moi* et *vous* en aaisseroie. (Le Garçon et l'Aveugle 108—9)

§ 312. Die V o r a n s t e l l u n g der betonten Formen ist vor allem beim Infinitiv üblich, besonders wenn dieser durch eine Präposition mit dem Verbum verbunden ist (cf. noch § 318), sowie beim Gerundium und Partizip:

> sergent corrurent plus de vint
> por *lui* desarmer a esploit. (Erec 1292—3)
>
> [Il] ne fina hui
> de *moi* proier au lonc du jor. (Chast. de Vergi 126—7)
>
> E cil clerc dunc se purpense
> E *sei* purpensant tint sun eire. (Adgar 27, 246—7)

Nfr. Reste dieser Verwendung liegen vor in *soi-disant*; in Konstruktionen wie: *une lettre à moi adressée* und (juristisch) *les immeubles à elle appartenant*; ferner volkssprachlich: *donne-moi un verre pour moi boire.* — Die Konstruktion wie in den ersten beiden Beispielen ist besonders typisch für das Afr., da hier im Nfr. zwischen Präposition und Infinitivergänzung die schwache Form verwendet wird *(il ne cessa de me prier d'amour tout le jour)*. Vereinzelt lassen sich schon im 13. Jh. Beispiele für den nfr. Gebrauch finden:

> Si l'enmaine, maugré Guynant
> Et ceulx qui li viennent poignant
> Pour *le* rescourre. (Galeran 5995—7)

Das Personalpronomen

§ 313. Ferner wird die starke Form vor dem Verbum verwendet, wenn Konjunktionen oder Relativpronomen vorangehen, welche die Erstposition im Satz nicht ausfüllen können (vgl. § 307), und das Subjektspronomen, das die Zweitstellung des Verbums gewährleisten könnte (vgl. § 308), ausgelassen ist; hier bei unpersönlichen Verben:

Si ai tel duel que *moi* n'en chaut. (Béroul 409)

Je voi tel chose dont *moi* poise.[295] (ib. 4455)

Vom 13. Jh. an erscheint das schwache Objektspronomen indessen auch häufiger an der Satzspitze, besonders bei der Inversionsfrage:

Ba! *me* conissiés vos? fait Aucassins. (Auc. et Nic. 24, 33)

§ 314. Hingegen ist N a c h s t e l l u n g beim nicht negierten Imperativ üblich (wie im Nfr.), wobei in der Regel das direkte Objektspronomen der ersten und zweiten Person in betonter, dasjenige der dritten Person in unbetonter Form erscheint[296]:

Lessiez *moi* en vostre manoir. (Vair Palefroi 1197)

Sié *ti*, ribaudiaus. (Jeu de la Feuillée 589)

Et coment avez vos non? Dites *le* moi. (Graal 117, 20—1)

conmendé *le*, si sera faite. (Courtois d'Arras 132)

Die Verwendung der starken Formen *moi* und *toi* lebt im Nfr. bei einigen Verben *(écouter, entendre, faire, laisser, mener, regarder, sentir, voir)* weiter (vgl. auch § 312), wenn diese einen Infinitiv regieren, z. B.: *laisse-toi convaincre!* (Aber afr. und nfr.: *fais-le venir!* Und bei anderen Verben als den genannten: *cours te préparer!*).

§ 315. Bei Verben, die ein indirektes Objekt regieren, kann dieses entweder in der schwachen Form voranstehen oder in der starken Form mit einer Präposition auf das Verb folgen:

Or ne pot plus parler a *lui*,
Eins se departent ambedui. (Pir. et Tisbé 402—3)

Diese Konstruktion, die bei *parler* bis ins 17. Jh. geläufig bleibt, haben

---

[295] Aus dieser Sicht ist die Nachstellung bei diesem Verbum, wie in *ce poise moi.* (Auc. et Nic. 4, 10), *ce poise lui* (Perceval 24) etc. auffällig.
[296] Als Erklärung werden oft rhythmische Gründe angegeben, die aber nicht alle Fragen lösen können! Vgl. z. B. Lerch 3, § 345.

im Nfr. einige Verben bewahrt, z. B. *penser, songer* und Verben der Bewegung wie *aller, venir*.[297]

**§ 316.** Das starke Reflexivpronomen *soi* verhält sich wie die übrigen starken Pronomen. Es wird im Afr. außerdem auch dort verwendet, wo im Nfr. in der Regel *lui* steht, d. h. bei Bezug auf eine bestimmte Person als Subjekt, das im Singular oder Plural stehen kann:

> Uns Sarrazins ...
> Met *sei* en piez et de curre s[e h]astet. (Roland 2274—7)

Da nur die dritte Person — wie schon im Latein — ein eigenes Reflexivpronomen hat, wird analog zu den übrigen Personen bereits früh auch das anaphorische Pronomen anstelle des Reflexivpronomens verwendet:

> Oliver sent qu'il est a mort nasfrét,
> De *lui* venger ja mais ne li ert sez. (Roland 1965—6)

> Sur palies blancs siedent cil cevaler,
> As tables juënt pur *els* esbaneier. (ib. 110—11)

Die Konkurrenz zwischen *soi* und *lui* läßt sich bei Bezug auf Sachbezeichnungen bis in die Gegenwartssprache verfolgen, während *elle, eux* und *elles* hier durch den Sprachgebrauch sanktioniert sind. Doch auch bei Bezug auf Personenbezeichnungen gibt es genügend Autoren, die den alten Sprachgebrauch fortsetzen (*Elle pensait à soi*, cf. Grevisse, § 489 Rem.).

### 24.2.2. Die schwachen Formen

**§ 317. Voranstellung.** — In den Fällen, in denen keiner der genannten Gründe für die Verwendung der starken Form vor dem finiten Verbum vorliegt, steht hier in der Regel die schwache Form, z. B.:

> ... formant *me* grieve.[298] (Cligès 3982)

oder beim verneinten oder adverbiell eingeleiteten Imperativ:

> Si ne *le* blasmés point. (Jeu de la Feuillée 948)

> ... Or *le* me dites! (Yvain 1995)

> Car *m'*eslisez un barun de ma marche. (Roland 275)

---

[297] Vgl. daneben die vorangestellte schwache Form bei diesen Verben:
s'adrece vers celui qui premiers *li* venoit. (Graal 87, 19)
[298] 'Es verdrießt mich sehr ('fortement').'

§ 318. Dies gilt auch für das Objektspronomen zu einem Infinitiv, der selbst Objekt eines anderen Verbums ist. Hier steht das Pronomen — sofern es nicht zur Hervorhebung in seiner starken Form vor den Infinitiv gesetzt wird (vgl. § 312) — ebenfalls vor dem finiten Verbum:

> Demain *te* covendra combatre encontre le champion
> dou monde. (Graal 97, 8—9)
>
> Si tost come il aperçoit qu'il se torne vers lui en cuer ou en pensee ou en aucune bone oevre, il *le* vient tost visiter. (ib. 123, 12—4)

Diese Konstruktion war bis ins 17. Jh. geläufig, ist heute aber einerseits auf literarischen Sprachgebrauch bei einigen Verben wie *pouvoir, vouloir, devoir, falloir, aller, venir, savoir* etc. beschränkt *(Il saura me comprendre).*[299] Andererseits jedoch lebt die mittelalterliche Konstruktion als obligatorische Regel weiter, wenn der Infinitiv von den Verben *écouter, entendre, faire, laisser, mener, regarder, sentir* oder *voir* (vgl. auch § 314) abhängt *(Ce paquet, je le ferai prendre)*. — Die sonst im Nfr. übliche Setzung des Objektspronomens vor dem Infinitiv läßt sich im Afr. nur sehr sporadisch nachweisen:

> Il vit une hache pendre
> A un croc, s'est alez *le* prendre. (Gerb. de Montreuil 699—700)

§ 319. Dieselbe Feststellung (wie § 318) gilt, wenn der Infinitiv durch eine Präposition oder ein Interrogativpronomen an das Verbum angeschlossen ist:

> Li gaite ... oï qu'il aloient de Nicolete parlant, et qu'il *le* maneċoient a oċċirre. (Auc. et Nic. 14, 27—28)
>
> Douċe amie o le vis cler,
> or ne *vous* sai u quester. (ibid. 35, 10—1)

§ 320. Beim negierten Imperativ ist lediglich die vorangestellte schwache Form üblich. Dies gilt auch bei einem Infinitiv, vor dem normalerweise die starke Form steht (§ 312), in Imperativfunktion:

> Entre en cele nef et va la ou aventure *te* menra. Et ne *t'*esmaier de chose que tu voies, car en quel leu que tu ailles *te* conduira Diex. (Graal 115, 16—8)

§ 321. Beim bejahten Imperativ ist N a c h s t e l l u n g des schwachen Objektspronomens der dritten Person die Regel (cf. schon § 314):

---

[299] Zur Erklärung dieses Umschwungs vgl. Galet 1971; teils referiert bei Berschin/Felixberger/Goebl 49—54.

> Et coment avez vos non? Dites *le* moi. (Graal 117, 20—1)
>
> Voire, di *li* hardiement,
> Et si li porte che present. (Jeu de la Feuillée 833—4)

Beim indirekten Objektspronomen tritt die starke Form *lui* allerdings bereits im Afr. allmählich für *li* ein:

> Crokesot, di *lui* k'il s'envoise. (ib. 828)

Einen Rest des afr. *li* sieht Foulet (§ 154) in fr. pop.: *je li ai dit*.

§ 322. Nachstellung ist ferner anzutreffen, wenn dadurch ein schwaches Objektspronomen an der Satzspitze, die im allgemeinen betont ist, vermieden wird, z. B. in Fragesätzen:

> Senescal, gabes *me* tu donques? (Jeu de S. Nicolas 1403)
>
> Avés *les* vos obliés? (Auc. et Nic. 10, 46)

Die im Nfr. hier übliche Voranstellung läßt sich nur sporadisch nachweisen:

> *Me* met ele sus sen enfant? (Jeu de la Feuillée 281)

### 24.2.3. Zusammentreffen zweier Objektspronomen

§ 323. Treffen zwei Objektspronomen zusammen, so wird im Afr. das direkte Pronomen vor das indirekte gestellt:

> ... car *le me* pardunez! (Roland 2005)
>
> ... il la vangera,
> se Damedex *le li* consant. (Perceval 2860—1)
>
> La pristrent terre ou Deus *lor* ['la leur'] volt doner. (Alexius 16, F, e)

Im Nfr. ist diese Reihenfolge nur nach Imperativen bewahrt (z. B.: *donne-le moi*), während sie sonst auf die dritte Person eingeschränkt ist *(je le lui donne)*. In der Volkssprache hingegen steht in beiden Fällen das indirekte Objekt voran *(donne moi le; il me le donne)*. Auch die Auslassung des direkten Objektspronomens ist volkssprachlich üblich *(Je lui donnerai s'il le réclame)*, wie bereits afr.

### 24.2.4. Funktionstausch zwischen Subjekts- und Objektspronomen

§ 324. Objektspronomen in Subjektsfunktion. — Seit dem 12. Jh. finden sich Beispiele für die Verwendung starker Objektspronomen in Subjektsfunktion, besonders in Verbindung mit einem anderen Subjekt:

> S'irons tornoier *moi* et vos. (Yvain 2503)
>
> Alons an *moi* e vos ansanble. (Perceval 3617)
>
> Le Graal cha oltre aportames,
> Quant *moi* et *li* la mer passames. (Gerb. de Montreuil (3185—6)

Diese Besonderheit lebt bei Betonung eines Gegensatzes im Nfr. noch weiter *(Eux le sentaient vaguement, lui, plus nettement)*, während sonst heute das Subjekt durch die schwache Form nochmals aufgenommen wird *(Moi, j'y étais)*.

§ 325. Subjektspronomen in Objektsfunktion. — Die starke feminine Form des direkten Objektspronomens *li* wird schon im Afr. sporadisch durch das Subjektspronomen *ele* ersetzt, das wohl in Analogie zum Plural *eles* (Subjekts- und Objektspronomen) auch Objektsfunktion übernahm:

> pour *elle* aidier et remettre en Angleterre. (Froissart 3, 35)

*Elle* hat sich zum Nfr. hin indessen nur als direktes Objekt durchgesetzt, während in der Funktion des indirekten Objekts *lui* an die Stelle von *li* getreten ist (§ 321).

## 25. Das Possessivpronomen

§ 326. Das Afr. kennt zwar bereits die beiden nfr. Reihen von Possessivpronomen (§ 214—218), ihre Verwendung aber ist weit weniger scharf getrennt. Dies betrifft indessen nicht so sehr die Reihe der nicht haupttonig entwickelten adjektivischen Possessiva, die auch afr. bereits nur in Verbindung mit einem Substantiv vorkommen:

> Il trait Almace, *s'*espee de acer brun. (Roland 2089)
>
> Molt ert *mes* peres fols naïs
> qui si m'avoit espoenté. (Courtois d'Arras 118—9)

Es ist vielmehr die haupttonig entwickelte Reihe, deren Verwendung umfassender ist als im Nfr. So findet sich einerseits das substantivierte

Adjektiv, dem Nfr. zwar vergleichbar, aber im Afr. noch elliptisch zu erklären:

> A lui amer estoit si buen
> qu'a mon cuer prenoie le *suen*. (Chast. de Vergi 797—8)
>
> Plus sui en joie
> Que je ne soloie,
> Quant cele est *moie*
> Que je tant desir. (Colin Muset I, 49—52)

Denn daneben ist die adjektivische Verwendung üblich, die erst vom 16. Jh. an rückläufige Tendenz zeigt:

> ... ceste *meie* grant ire. (Roland 301)
>
> La *meie* mort me rent si anguissus. (ib. 2198)
>
> Uns *suens* frere le fist ocire. (Eneas 384)
>
> Il la beisa maugré *suen*. (Perceval 3837)

Nfr. ist adjektivischer Gebrauch wie in *un mien ami* für 'un de mes amis' etc. selten und meist nur in scherzhaft archaisierenden Kontexten anzutreffen.

## 26. Die Demonstrativpronomen

§ 327. Die Paradigmen von afr. *cist* und *cil*, die auf ein mit *ecce* verstärktes lat. *iste* mit dem Merkmal 'in der Nähe von dir' und *ille* 'in der Nähe von ihm, d. h. relativ entfernt von dir und mir' zurückgehen (Kap. 14), sind besonders durch die Opposition 'Nähe : Ferne', die sie zum Ausdruck bringen, markiert. Die Funktionen des untergegangenen *hic* 'dieser hier, in der Nähe von mir', das nur in *co, ce* aus dem Neutrum *hoc* weiterlebt (§ 330, Anm. 220, 222), sind dabei durch *iste* resp. *cist* übernommen. Beispiele für die genannte Opposition:

> An *cestui* lit vuel je jesir. (Lancelot 505)
>
> En *ceste* note dirai
> D'une amorete que j'ai. (Colin Muset X, 1—2)
>
> Sire, un petit chi m'atendés:
> rouver vois a *cel* grant ostel. (Le Garçon et l'Aveugle 67—8)
>
> Ki est chieus clers a *chele* cape? (Jeu de la Feuillée 422)

Auffallend ist ferner die Verwendung von *cist* und *cil* in der Funktion eines Possessivpronomens der ersten bzw. zweiten Person:

Bien sont vengié de mon orgueil,
s'il savoient *ceste* souffraite.
['(diese) meine Armut'] (Courtois d'Arras 506—7)

Ja Dix ne m'aït ... se je ne vous fać ja *ćele* teste
voler! ['Euren Kopf'] (Auc. et Nic. 10, 76—7)

Auch Verwendung im Sinne des bestimmten Artikels ist anzutreffen:

si verrés *ćes* flors et *ćes* herbes s'orrés
*ćes* oisellons canter. (Auc. et Nic. 20, 23—4)

§ 328. In den angeführten Beispielen erscheinen beide Demonstrativa in adjektivischer Verwendung. Sie treten indessen beide auch s u b s t a n t i v i s c h auf:

*Chestes* ont chent diavles ou cors. (Jeu de la Feuillée 318)

*Cil* maintenant l'acole et baise. (Chast. de Vergi 865)

Puet *cel* estre ... (Cligès 2325)

*Cil* wird jedoch durchweg vor relativem Anschluß verwendet:

Je li serai de bone foi,
quar je sui *cil qui* molt vous prise. (Vair Palefroi 564—5)

Il n'est nus hom qui amer doie
*Celui qui* trahison li quiert. (Vair Palefroi 852—3)

... C'est *cele qui* prist
*Celui qui* son seignor ocist. (Yvain 1811—12)

Die im ersten Beispiel anzusetzende Bedeutung 'jemand, der' lebt in der nfr. Konstruktion *faire celui (celle) qui* weiter.

§ 329. Tendenziell läßt sich insgesamt die vorzugsweise adjektivische Verwendung von *cist* und die nicht adjektivische von *cil* feststellen.[300] Die nfr. syntaktische Opposition zwischen *ce, cet, cette, ces* und *celui, celle, ceux, celles* ist im Afr. also bereits angelegt; die vorhandene semantische Opposition 'Nähe : Ferne' wird schon vom 13. Jh. an

---

[300] Vgl. detaillierter dazu Pohoryles 1966, 172 f.; P. belegt (S. 187) auch die Verwendung des Personalpronomens *il* anstelle von demonstrativem *cil*, z. B.:

Et *il* sunt fol, qui te requierent ici. (Gerbert de Mez 1388)

Vgl. noch bei Molière: *Il est bienheureux qui peut avoir dix mille écus chez soi.*

allmählich durch angefügtes -*ci* : *là (cet homme-ci* : ~ *-là; celui-ci* : ~ *-là*) zum Ausdruck gebracht.

**§ 330.** Das neutrale Demonstrativum *ce* (< *hoc*) hat im Afr. einen wesentlich größeren Verwendungsbereich als im Nfr. So ist es z. B. heute als Subjekt in der Regel nur bei *être* (auch in Verbindung mit den Hilfsverben *pouvoir*, *devoir*, z. B.: *ce doit être un beau spectacle*) üblich. Im Afr. steht es auch bei anderen Verben, bei unpersönlichen Verben in Konkurrenz mit *il*:

Ço peiset mei que ma fins tant domoret. (Alexius 460)

Et *ce* lor fet grant soatume
que la nuit luisoit cler la lune. (Erec 4899—4900)

Daneben ist *ce* als direktes oder indirektes Objekt geläufig, eine Verwendung, die in einigen nfr. Ausdrucksweisen erhalten ist: *pour ce*, *pour ce faire*, *sur ce*, *ce disant*, *ce faisant*, *ce dit-on*, lexikalisiert in *cependant*, *parce que* etc. Vgl. afr.:

Ço sent Rollant que la mort li est pres. (Roland 2259)

Sire chevaliers, vos n'estes pas sages de *ce* dire.
(Queste del S. Graal 237, 8—9)

## 27. Das Relativpronomen

### 27.1. Die Rektusformen

**§ 331.** Afr. wie nfr. ist *qui* die normale Form des Relativpronomens im Rektus. Daneben steht in regionalen Texten (Osten, auch Norden und Westen) *que*, das z. B. als analoge Ausdehnung der Obliquusform oder des Neutrums erklärt werden könnte.

D'un drap d'or *qui* reflambele
Ot robe fresche et novele. (Colin Muset III, 9—10)

G'esgardai son corps gai
*ke* trop me plaist et agree. (ib. III, 25—6, ms. C.)

Die nfr. Volkssprache hat *que* für *qui* entweder bewahrt oder neu entwickelt: *c'est lui que me l'a dit*. Liegt vor vokalischem Anlaut Elision vor, so ist im Afr. wie Nfr. *que* und *qui* als Ausgangsform möglich:

· De tels barons *qu*'asez unt vasselage. (Roland 3037)

De la cité *qu*'est de mon eritage. (Couronnement de Louis 477)

Vgl. nfr. volkssprachlich: *c'est lui qu'est venu*.

§ 332. In besonderen Verwendungen erhält *qui* noch die allgemeine Bedeutung 'wenn man', wohl entwickelt aus 'derjenige, welcher', wobei ein vorausgehendes Demonstrativum fehlt:

> Qu*i* si le fet ne crient assaut. (Chast. de Vergi 956)
>
> Qu*i* croit consoil n'est mie fos. (Erec 1219)
>
> Qu*i* a marastre a dyable en l'astre. (Proverbes 1810)

Vgl. noch nfr. *comme qui dirait*; *tout vient à point qui sait attendre* etc.

§ 333. Das neutrale Relativpronomen *que* (< *quod*) findet sich in Subjektsfunktion vor allem in der Verbindung *ce que*:

> Quant li compaignon orent fet *ce que* comandé lor estoit, si retornerent a l'eve. (Queste del S. Graal 276, 11—2)
>
> Par la prée, *que* fu florie. (Roman de Thèbes 3366)

Dieses *que* ist in nfr. Restkonstruktionen noch vorhanden: *Faites ce que bon vous semblera; advienne que pourra, coûte que coûte, vaille que vaille.* Das im Nfr. sonst dafür eingetretene *(ce) qui* ist jedoch bereits im Afr., außer bei unpersönlichen Verben, der Normalfall:

> Lors li conte *ce qui* le jor li estoit avenu. (Queste del S. Graal 183, 8—9)

## 27.2. *Die Obliquusformen*

§ 334. Die Obliquusform *cui*, die noch dem Übergang von [*kw*] zu [*k*] ab dem 13. Jh. auch *qui* und *ki* geschrieben wird, ist beim Verbum vor allem als indirektes Objekt — seltener als direktes Objekt anstelle von *que* — und nach Präpositionen anzutreffen:

> Car cil *cui* vos obeïssez... (Villehardouin 146)
>
> ... la blondette *por cui* je morrai. (Colin Muset VI, 5—7)

Wenn heute nach Präpositionen und in bezug auf Personen stets *qui* steht, so handelt es sich dabei lediglich um eine andere Graphie für *cui*.

Daneben wird *cui* bisweilen als Ergänzung zu einem Substantiv, im Sinne eines Attributs verwendet, das dem Substantiv dann unmittelbar vorangestellt ist:

> Il fu mult honorez... par le roi de France, *cui* cusin il ere. (Villehardouin 42)
>
> La bouche,
> La *cui* douceurs au cuer me touche. (Pir. et Tisbé 491—2)

**§ 335.** Die Obliquusform *que* tritt vor allem als direktes Objekt zum Verbum auf:

> Une novele amorette *que* j'ai
> Me fait chanter et renvoisier. (Colin Muset VI, 1—2)

Beim Typus *ce que* wird vor allem im Neutrum vorangehendes *ce* weggelassen:

> Je te dirai *que* tu feras. (Rutebeuf, Théophile 258)

> Ke fait tes sires Hellekins?
> — Dame, *ke* vostres amis fins. (Jeu de la Feuillée 615—6)

Mit dieser Möglichkeit der Ellipse des *ce* lassen sich wohl auch verkürzte Relativsätze erklären:

> Il fist *que* proz ... (Roland 1209)

**§ 336.** Die Obliquusform *quoi* steht im allgemeinen nach Präpositionen und in bezug auf Sachen oder Tiere (entsprechend *cui* in bezug auf Personen):

> Comment celui envoierai
> Chose de *qoi* puist avoir aise
> ... ? (Vair Palefroi 866—7)

> li cevaus sor *quoi* il sist. (Auc. et Nic. 10, 5)

Anstelle von *quoi* erscheint bisweilen ein schwachtoniges *que*, dessen -*e* vor vokalischem Anlaut elidiert wird:

> le cheval sor *qu*'ele seoit. (Yvain 4846)

**§ 337.** *Dont* und *où*. — Für *de cui, de quoi* steht häufig *dont*:

> ... Halteclere, *dunt* li acer fut bruns. (Roland 1953)

> L'espee *dont* s'estoit ocis. (Chast. de Vergi 913)

*Où* zeigt als relativer Anschluß im Afr. Funktionen, die teilweise auch dem Nfr. noch nicht fremd sind (vgl. Grevisse, § 563). Üblicher aber ist im Afr. z. B. der Bezug auf Personen:

> Por la bele franche au chief bloi,
> *Ou* il n'a point de mautalent. (Béroul 3532—3)

**§ 338.** Das Relativum *li quels, la quele* tritt erst vom 13. Jh. an in Erscheinung:

> Li palefrois s'en va la voie
> *De la quele* ne se desvoie,
> Quar maintes foiz i ot esté. (Vair Palefroi 1067—9)

In der nfr. Rechts- und Verwaltungssprache lebt noch eine adjektivische Verwendung dieses Relativums weiter (z. B. *auquel cas*), die ursprünglich weiter verbreitet war:

> ... alerent au moustier Nostre-Dame en la ville; *liquex* moustiers estoit fais en la mahommerie des Sarrazins. (Joinville XXXVIII, 181)

## 28. Die Interrogativpronomen

§ 339. Ähnlich wie im Nfr. sind bei der Verwendung der Interrogativpronomen im Afr. der Bezug auf P e r s o n e n und der Bezug auf Sachen zu unterscheiden. Für ersteren stehen *qui* im Rektus und *cui* — auch *qui* geschrieben (vgl. § 222 b) — im Obliquus zur Verfügung, wobei vor vokalischem Anlaut jeweils Elision des *-i* erfolgen kann:

> Et aprés le graal, *qui* vint? (Perceval 3551)

> ... ses tu *qu'il* sont? (Béroul 4013)

> Ne pourquant ne poés amer,
> Dame, nul plus vaillant de lui.
> — Si puis bien faire. — Dame, *cui*?
> — Un demoisel de cheste vile. (Jeu de la Feuillée 714—7)

*Cui* (bzw. *qui*) steht ferner nach Präpositionen sowie attributiv zu einem Substantiv im Sinne von nfr. 'de qui':

> Savez de *cui* je vos voel dire? (Yvain 2401)

> Et il li respont qu'il ne set pas tres bien *cui* filz il fu. (Graal, 20, 6—7)

Abgesehen von dieser letzten Verwendung hat *cui* unter der Graphie *qui* im Nfr. die genannten afr. Funktionen bewahrt.

§ 340. In bezug auf T i e r e u n d S a c h e n steht im Rektus *que*:

> Mere, fet il, *que* est iglise? (Perceval 571)

Dieser Gebrauch ist im Nfr. bei unpersönlichen Verben sowie bei *être* und *devenir* bewahrt. In anderen Fällen steht das auf Personen bezogene *qui*, das bereits in afr. Zeit auch auf das Gebiet des Neutrums übergreift.
Im Obliquus findet sich ebenfalls *que*, nach Präpositionen jedoch im allgemeinen starktonig entwickeltes *quoi*:

> *Ke* dit chele feme? Est ele ivre? (Jeu de la Feuillée 280)

> ... et mult se mervoille por *quoi* ne a *quoi* vos iestes venu en sa terre. (Villehardouin 143)

**§ 341.** Das Interrogativpronomen *quel, li quel* bezieht sich auf Personen und Sachen und wird sowohl adjektivisch wie substantivisch verwendet:

> Ni li chalt, sire, de *quel* mort nus muriuns. (Roland 227)
> 
> Mais ço ne set *li quels* veint ne *quels* nun. (ib. 2567)

**§ 342.** Zur H e r v o r h e b u n g kennt das Afr. die Umschreibung *qui est-ce qui, qu'est-ce que*, die dem Lat. nicht unbekannt ist *(quis est qui me vocat)*, im Nfr. aber zur festgefügten Formel geworden ist und daher diese Funktion nicht mehr ausüben kann; vgl. afr.

> Ki es ce qui si bien m'avoie? (Le Garçon et l'Aveugle 22)

im Sinne von 'wer ist denn nur derjenige, der . . .'.

## 29. Die wichtigsten Indefinita

**§ 343.** *Aucun* wird im Afr. seiner Etymologie entsprechend *(\*alicunus)* positiv verwendet. Die negative Bedeutung ergibt sich erst in klassischer Zeit aufgrund des häufigen Gebrauchs in negativen Kontexten. Der positive Sinn ist im Nfr. teilweise bewahrt *(aucuns, d'aucuns croiront . . .* etc.; vgl. Grevisse § 580). Vgl. afr.:

> Souvent esgarde vers sa porte
> S'*aucuns* noveles li aporte. (Vair Palefroi 763—4)

**§ 344.** *Autre* wird bisweilen ohne Artikel verwendet und hat in dieser Verwendung als besonders betonte Variante im Obliquus *autrui*:

> Por *autre* amer et moi lessier. (Chast. de Vergi 770)
> 
> Lors a financie et plevie
> Celi qui n'a de lui envie,
> Et qui cuidoit *autrui* avoir. (Vair Palefroi 585—7)

Als direkte und als präpositionelle Ergänzung zum Verbum ist *autrui* in der nfr. Literatursprache in dieser Weise — und zwar als Plural — noch üblich. Im nichtliterarischen Sprachgebrauch ist es durch *(les, aux, des) autres* abgelöst.

Außerdem wird *autrui* im Afr. auch als Ergänzung zu einem anderen Wort verwendet und dabei ohne Präposition diesem vorangestellt:

> qui changera . . .
> ses bons dras por *autrui* malvés.
> ['gegen die schlechten (Kleider) eines anderen'] (Perceval 1169—70)

§ 345. *Chascun* wird, da *chasque* erst vom 13. Jh. an und nur sporadisch vorkommt, im Gegensatz zum Nfr. auch adjektivisch verwendet:

> *Chascuns* chiens qui abaie ne mort pas. (Proverbes 348)

Die daneben anzutreffende Verwendung mit dem unbestimmten Artikel, z. B.

> Desormais gart uns *chascuns* son ostal. (Colin Muset XIV, 11)

ist in archaisierenden Ausdrucksweisen des Nfr. bewahrt (... *comme un chacun le sait* etc.).

§ 346. *Maint* bleibt in adjektivischer Verwendung teilweise unverändert, teilweise richtet es sich — wie im Nfr. — in Genus und Numerus nach dem jeweiligen Substantiv. Seine absolute Verwendung, ohne Ergänzung oder mit folgendem *de*, ist im Nfr. selten und gilt als Archaismus (z. B.: *comme maints l'assurent; maints d'entre eux*); vgl. afr.:

> por lui plorent *maintes* et *maint*.
> [„viele Frauen und Männer"] (Perceval 4784)
>
> *Maint* des autres. (Villehardouin 51)

§ 347. *On,* auch *en, an* und *hom* geschrieben, läßt in seiner Verwendung in den frühen afr. Texten bisweilen noch seine substantivische Herkunft *(homo)* erkennen (vgl. noch nfr. *l'on*):

> En Sarraguce sai ben qu'aler m'estoet.
> *Hom* qui la vait, repairer ne s'en poet. (Roland 310—1)
>
> *L'en* ne doit pas mectre sa faulx en autruy blé. (Proverbes 1497)

§ 348. *Meïsme* läßt sich in adjektivischer Verwendung oft nur aufgrund des Kontextes semantisch einordnen, da sich der nfr. bedeutungsrelevante Gegensatz von Voranstellung ('derselbe', lat. *idem*) und Nachstellung ('selbst', lat. *ipse*) im Afr. nicht nachweisen läßt; vgl. Anm. 219:

> Nuncerent vos cez paroles *meïsme[s]*.
> ['diese gleichen Worte'] (Roland 204)
>
> Et an celui *meïsmes* jor
> que a la cort vint la pucele
> i fu venu la novele. (Yvain 4740—2)

§ 349. *Quel que* steht zunächst — und in Resten bis heute — für nfr. *quelque ... que*:

> Mes *quel* samblant *qu'*el en feïst,
> li chevaliers samblant n'en fist. (Chast. de Vergi 53—4)

Aus dem Nebeneinander der beiden Elemente in Sätzen (z. B. afr. *a quel que paine*) wie sie noch nfr. vor allem mit *être* als Verbum vorliegen (z. B.: *Quel que soit le lieu où* . . ), erfolgt die Verschmelzung, z. B.:

> A *quelque* poinne se dreça. (Erec 3036)

Die semantische Entwicklung von „mit welcher Mühe auch immer" zu „mit einiger Mühe" konnte sich leicht vollziehen. In einzelnen Wendungen ist das nfr. *quelque* . . . *que* bereits vorgeprägt:

> an *quel que* leu *que* vos ailliez. (Perceval 617)

§ 350. *Tout* kommt als vorwiegend generalisierend verstandenes Indefinitum in adjektivischer Verwendung vor allem im Plural häufig ohne Artikel vor:

> *Tute[s]* choses unt lour sesoun. (Proverbes 2395)

Dieser Gebrauch ist in nfr. Ausdrücken bewahrt: *Tous chemins mènent à Rome* (für 'tous les chemins'), *en toutes lettres, de toutes pièces* etc.

Die adverbielle Verwendung von *tout* ist von der adjektivischen, offenbar besonders vor Substantiven und Adjektiven, wenig rigoros unterschieden. So erklärt sich die teilweise Veränderlichkeit des Adverbs in diesen Positionen, die im Nfr. vor femininem Adjektiv zur Regel geworden ist (z. B.: *elle est toute honteuse*).

## 30. Die Negativadverbien

§ 351. *Non* — Im Gegensatz zu dem geläufigen *ne* wird das starktonig entwickelte *non* im Afr. nur in besonderen Fällen zur Verneinung einiger Verben verwendet. Hierher gehören auch nfr. Reste wie *nonchalant* und *nonobstant*, doch handelt es sich vor allem um die Verben *avoir, être, faire, savoir*, zumal diese oft auch zur Verneinung eines vorangegangenen Verbums verwendet werden können, das nicht wieder aufgenommen werden soll:

> Respunt Rollanz: « Jo i puis aler mult ben. »
> « *Nu[n]* ferez, certes », dist li quens Oliver. (Roland 254—5)

In Konstruktionen dieser Art kann die Wiederholung des Verbums unterbleiben, doch steht dann das Subjektspronomen:

Qu'est ce que vos avez vestu?
— Vaslez, fet il, don nel sez tu?
— Je *non*. — Vaslez, c'est mes haubers. (Perceval 259—61)

Anstelle des in dieser Ausdrucksweise vorgeprägten einfachen *non* des Nfr. bevorzugt das Afr. noch die Verbindung *naie (non ego), nenil*, denen die positiven *oie* und *oïl* (nfr. *oui*) entsprechen. Die gegenteilige Antwort auf einen negativen Hauptsatz hingegen wird — syntaktisch dem *non* identisch — schon afr. mit *si* gegeben:

Ne pourquant ne poés amer,
Dame, nul plus vaillant de lui.
— Si puis bien faire. (Jeu de la Feuillée 714—6)

§ 352. *Ne* — In archaischen Wendungen der nfr. Literatursprache wie *je ne sais, je ne puis* und anderen Verwendungen von einfachem *ne* (Grevisse, § 876) liegen Reste des im Afr. üblichen Sprachgebrauchs vor, in dem das schwachtonig aus lat. *non* entwickelte *ne(n)*[301] allein für die Negation ausreichte:

Il *ne* vout estre ses amis. (Chast. de Vergi 674)

Ja mais *n*'iert tel cum fut as anceisurs. (Alexius 5)

§ 353. *ne ... pas, point, mie* etc. — Vom 13. Jh. an finden sich in Verbindung mit *ne* und *non* Adjektive oder Pronomen,[302] Adverbien[303] und Substantive zum Ausdruck einer verstärkten Verneinung. Letztere, zu denen auch *ame, chose, goute, mie, nient* gehören, haben mit *pas, point* und *rien* nfr. Haupttypen ergeben. Ihre Verwendung läßt sich bereits afr. nicht mehr mit ihrer substantivischen Bedeutung in Einklang bringen:

Et cele suefre qu'il la beise,
ne ne cuit *pas* qu'il li enuit. (Perceval 2060—61)

N'est *mie* sages qui ne dote. (ib. 2810)

---

[301] *Nen* steht neben *ne* nur vor Vokal. Über die afr. Zeit hinaus hält es sich nur in *nenni, nenil* (< *non ille*), das heute veraltet ist.

[302] *nul* lebt nur in nfr. *nulle part* in seiner ursprünglich verneinenden Bedeutung weiter, afr. *ne ... nul* ist verstärkt negierend und nicht positiv; dasselbe gilt für *nun* (< *nec unum*). — *Aucun* ist positiv (vgl. § 343), desgleichen *plus*.

[303] Dazu gehören *mes; onques* 'jemals, mit Bezug auf die Zukunft'; *ja* 'jemals, mit Bezug auf die Vergangenheit', verstärkt durch *mes* (< *magis*) > nfr. *jamais; ainc; gueres*.

*Point* und *mie* lassen teilweise noch ihre ursprüngliche Bedeutung erkennen und verhalten sich syntaktisch häufig wie Substantive (z. B. mit folgender Präposition *de*, oder *mie* mit vorangehendem partitiven *en*):

> *De contredit n*'i avra point. (Perceval 512)
> Mais *de s'espee ne* volt mie guerpir. (Roland 465)

## 31. Die Zahlen

### 31.1. Die Kardinalzahlen

**§ 354.** Im Gegensatz zum Nfr. werden die Zahlen *un — trois* auch dekliniert.[304] Dasselbe gilt für afr. *andui (ambedui)* 'alle beide'. Zum Nfr. hin hat sich für erstere jeweils der Obliquus durchgesetzt, der bereits im Afr. bisweilen für den zu erwartenden Rektus verwendet wird:

> Maintenant l'a a reson mis
> seul a seul, ne furent qu'aus *deus*. (Chast. de Vergi 154—5)

**§ 355.** *Mil* und *mille,* ursprünglich als Singular und Plural (< *mille* resp. *milia*) differenziert, verlieren diese Unterscheidung schon seit dem 11. Jh. und werden trotz normativer Regelungen teilweise auch im Nfr. nicht differenziert *(Mille un, l'an mil* etc.); vgl. afr.:

> Vint *mil* vasal maintenant s'en partirent. (Aspremont 6937)

**§ 356.** In Verbindung mit dem bestimmten Artikel kann eine Kardinalzahl auch den Teil eines Ganzen, einer Menge zum Ausdruck bringen, z. B. 'neun von zwölf':

> De dose rois a il *les noef* perdu. (Aspremont 10291)

Vgl. nfr. *les deux premiers tiers du XVI$^e$ s., les trois cinquièmes* etc.

**§ 357.** In substantivischer Verwendung kann der Kardinalzahl im Sinne einer Mengenangabe eine Ergänzung mit *de* folgen, die sich noch im Nfr. bei *vingt* und *mille* für 'une vingtaine; un millieur' (*deux mille de fagots* etc.) sowie in Wendungen des Kleinhandels mit *cent* (z. B. *deux cents d'œufs*) findet. Vgl. afr.:

> ... il oit *de destriers dix mille*
> Parmy ces rues cler hanir. (Galeran 3340—1)

---

[304] Zu *un* als unbestimmter Artikel und Indefinitum vgl. § 293 und 295.

## 31.2. Die Ordinalzahlen

**§ 358.** Dem Nfr. fremd sind afr. Ausdrucksweisen wie z. B. *lui tierz* 'er als der dritte, als einer von dreien' (neben *lui troisième*), *soi quart* etc.:

> vos i seroiz, *vos tierz* de compaignons
> de la Table Reonde. (Graal 166, 7—8)

Erst vom 16. Jh. an ersetzt die Kardinalzahl wohl unter dem Einfluß der Schreibweise die Ordinalzahl in bestimmten Verwendungen wie z. B. *Jules III, le 15 janvier*.

## 32. Das Verbum

### 32.1 *Person und Numerus*

**§ 359.** Die vom Lat. zum Nfr. durchgehenden Erscheinungen des Pluralis maiestatis und modestatis in der ersten Person zeigen offenbar keine wesentlichen Abweichungen im afr. Gebrauch. Die Anrede mit *tu* und *vous* hingegen erfolgt nach keinen feststellbaren Regeln. Nicht nur in ein und demselben Text, sondern oft innerhalb eines Satzes wechselt die Anrede derselben Personen:

> Biaus fieus Cortois, car soiés chois,
> si *mangiés* del pain et des pois,
> si *lai* ester *ta* fole entente. (Courtois d'Arras 49—51)

> *Volez* k'aie merci de *tei*? (Folie Tristan 616)

**§ 360.** Im Numerus richtet sich das Verbum wie im Nfr. im allgemeinen nach dem Subjekt. Doch bei Kollektivbegriffen im Singular wird vorzugsweise die dritte Person des Plurals (anstelle des im Nfr. üblichen Singulars) verwendet, zumal wenn die Pluralidee betont ist:

> Ad une voiz *crient* la gent menude. (Alexius 531)

Bei mehreren Subjekten jedoch orientiert sich das Verbum entgegen dem nfr. Gebrauch häufig nur am nächststehenden Subjekt, bleibt somit im Singular:

> Malvestiez, honte ne peresce
> ne *chiet* pas, car ele ne puet. (Perceval 430—1)

> Enqui *fu mandé* li dux de Venise et li halt baron. (Villehardouin 194)

**§ 361.** In **unpersönlichen Konstruktionen** steht das Verbum sehr häufig im Einklang mit dem nachfolgenden logischen Subjekt:

Il i *corurent* set rei et quinze duc. (Couronnement de Louis 631)

Daneben steht indessen auch der im Nfr. in solchen Fällen weitaus üblichere Singular, d. h. die Orientierung am grammatikalischen Subjekt (z. B.: *il se trouve des hommes qui* . . .).
Ähnliches gilt für den Gegensatz afr. *ce sui je* — nfr. *c'est lui*. Vgl. afr.:

Ha! Galaad, *estes vos ce*? — Sire, fet il, oïl, *ce sui je voirement*. (Graal 250, 26—7)

Lediglich in der dritten Person Plural *(ce sont)* hat *ce* nicht die Rolle des den Numerus bestimmenden Subjekts übernommen und verhält sich noch wie das attributive afr. *ce*. Volkssprachlich ist aber auch hier *c'est* eingetreten (*c'est des hommes qui* . . ; *c'est eux*, etc.).

### 32.2. Die Modi

#### 32.2.1. Konjunktiv und Konditional

**§ 362.** Die **Setzung des Konjunktivs** unterliegt im Nfr. zum einen Teil zwar einem festgefahrenen Automatismus, der keine Aussagealternative zum Indikativ enthält, kann zum anderen Teil aber noch solche Alternativen semantischer und/oder stilistischer Art gegenüber dem Indikativ ausdrücken.[305] Letzteres trifft für das Afr. grundsätzlich zu, wo der Konjunktiv durchweg als vitaler Modus, d. h. als tatsächliche Möglichkeit der Ausdruckswahl, betrachtet werden muß, je nachdem, ob «la *suggestion* ou le *doute* à l'affirmation décidée» (Foulet, § 297) auszudrücken ist oder nicht. Dies gilt sowohl für den Konj. Präsens wie für den im Nfr. praktisch ausgestorbenen Konj. Imperfekt, der nur noch sporadisch, vor allem mit *eût* und *fût*, anzutreffen ist.

**§ 363.** Entsprechend erscheint der Konjunktiv im Afr. auch wesentlich häufiger in **Hauptsätzen**, als dies im Nfr. der Fall ist, wo nur Reste dieses Gebrauchs vorliegen (z. B.: *Vive le roi! Sauve qui peut*),

---

[305] Vgl. zur Diskussion u. a. Rothe 1967; Wunderli 1970 (zum Mfr.); Boysen 1971; Hunnius 1976.

und in mit *que,* das im Afr. fehlen kann, eingeleiteten Befehls- und Wunschsätzen (Qu'*il s'en aille* etc.). Vgl. afr.:

> Male gote les eulz li criet! (Béroul 1916)
> 
> Ne mes devant moi ne *reveingnes*! (Yvain 1717)
> 
> Oiez, seignor, que Deus vos *seit* aidanz! (Couronnement de Louis 1)

§ 364. In Nebensätzen (a) nach Verben des Sagens und Denkens *(cuidier, croire, penser, m'est avis que* etc.) steht auch dann der Konjunktiv, wenn sie nicht verneint sind:

> Quidet li reis que el se *seit* pasmee. (Roland 3724)

(b) ferner — häufiger als im Nfr. — bei Vergleichen:

> Je vos aim plus que vos ne faćiés mi. (Auc. et Nic. 14, 16)
> 
> Amener fait Balans son bon ceval
> Qui plus est blans que *soit* nois ne cristal. (Aspremont 2689)

(c) nach verneintem *savoir* in anschließender indirekter Frage, die etwas Zukünftiges betrifft:

> Deus! dist li quens, or ne sai jo que *face.* (Roland 1982)
> 
> Ne sai le l[i]eu ne n'en sai la contrede
> U t'*alge* querre. (Alexius 133—4)

(d) nach einem Konjunktiv im übergeordneten Satz durch Angleichung:

> C'oncques n'oï que on parlast
> que cil en autre lieu *amast*. (Chast. de Vergi 215—6)

§ 365. In Konditionalperioden steht im Falle des realen Konditionalsatzes vom Lat. bis zum Nfr. der Indikativ. Vgl. z. B. afr.:

> Il ne m' faldrat, s'il *veit* que jo lui serve. (Alexius 495)

§ 366. Im Falle des hypothetischen Konditionalsatzes jedoch wird im lat. Gebrauch der Konj. Präs. oder Perf. verwendet, wenn die Realisierbarkeit gegeben ist *(Quid mihi sit boni, si mentiar?).* Reste der Konjunktivverwendung in diesem potentialen *si*-Satz reichen bis ins 16. Jh.,[306] z. B. afr.:

---

[306] Vgl. u. a. Sneyders de Vogel, § 239; er gibt in § 238 ff. einen guten Überblick zur Entwicklung der Konditionalperiode, zumal die Veränderungen vom Lat. zum Nfr. auch heute noch nicht als geklärt und erklärt betrachtet werden können.

> S'en ma mercit ne se *culzt* a mes piez
> E ne *guerpisset* la lei de crestïens,
> Jo li toldrai la corune del chef. (Roland 2683—5)

Doch in der Regel unterscheidet sich die afr. Modusverwendung hier nicht mehr vom folgenden Fall.

**§ 367.** In diesem Fall fehlt die Realisierbarkeit, und es handelt sich um einen i r r e a l e n Konditionalsatz, in dem im Lat. der Konj. Imperfekt oder Plusquamperfekt zu stehen hat *(fecissem, si potuissem),* wobei sich im Hauptsatz bisweilen auch der Indikativ Imperf. findet. Dieser lat. Gebrauch liegt im Afr. u. a. noch vor und erklärt die im Gegensatz zum Nfr. stehende häufige Verwendung des Konjunktivs im Hauptsatz und im irrealen Konditionalsatz:

> Se Deu *ploüst,* sire en *doüsses* estre. (Alexius 420)

> S'il s'*acordast* a ma penssee,
> Tost *fust* la chose creantee. (Vair Palefroi 389—90)

> Se je ne *fusse* en tel prison,
> Bien *achevaisse* cest afere,
> Mes je ne puis nule rien fere,
> Ne fors issir de cest manoir. (ib. 612—5)

Der Konjunktiv Imperfekt steht hier zum Ausdruck einer Eventualität und besagt nichts über eine Zeitstufe. Nur der Kontext kann Auskunft geben, ob es sich zeitlich um die Gegenwart, die Vergangenheit oder Vorvergangenheit handelt. Dies hängt zweifellos auch damit zusammen, daß der Konj. Imperfekt formal auf den lat. Konj. Plusquamperfekt zurückgeht *(ploüst < placuisset)* und sowohl dessen Funktion als auch diejenige des untergegangenen lat. Konj. Imperfekt wahrnimmt, bevor er in der ersten Funktion von der analytischen Form *(oüst ploü)* abgelöst wird, vgl. § 245.

Auch bei fehlendem Konditionalsatz steht der Konjunktiv häufig anstelle des Konditionals:

> Je l'avoie ... levee et bautisie et faite ma filole,
> si li *donasse* un baceler qui du pain li *gaegnast*
> par honor. ['und ich hätte ihr gegeben ...']

In diesem Falle wie auch generell im Hauptsatz der irrealen Konditionalperiode wird indessen der Konjunktiv mehr und mehr durch das Konditional ersetzt. Im Nfr. ist in der Verwendung der Konjunktivform *j'eusse été* als zweiter Konditionalform neben *j'aurais été* noch ein Rest des afr. Sprachgebrauchs erhalten, in dem Konjunktiv und Konditional in vielen Fällen austauschbar erscheinen.

Daneben steht im irrealen Konditionalsatz indessen auch der im Nfr. üblich gewordene Indikativ Imperfekt, der schon im Lat. den Konj. Plusquamperfekt ersetzen konnte, um eine lebhaftere Darstellung zu erreichen. Vgl. afr.:

> Ha! Diés, se mes peres *savoit*
> que je vesquisse a si vil fuer,
> li prendroit grant pitiés au cuer. (Courtois d'Arras 556—8)

## 32.2.2. Die übrigen Modi

§ 368. I n d i k a t i v. — Im Unterschied zum Nfr. wird nach Verben der Gemütsbewegung weitgehend der Indikativ verwendet:

> N'i ad icel [ki] ne demeint irance
> Quë il ne *sunt* a Rollant le cataigne,
> Ki se cumbat as Sarrazins d'Espaigne. (Roland 1845—8)
>
> Si sui mout liés ke je te *voi*. (Jeu de la Feuillée 345)

Die nfr. Volkssprache stimmt hier mit dem afr. Sprachgebrauch überein, z. B. *c'est embêtant qu'il n'est pas là*.

§ 369. I m p e r a t i v.[307] — Auffallend ist aus nfr. Sicht vor allem die nicht seltene Setzung des Subjektspronomens beim Imperativ:

> Pren le nape, et *tu*, le pot tien. (Jeu de la Feuillée 1058)
>
> Einz m'oci *tu*, biax dolz amis,
> que tu a lui aler me faces. (Perceval 2306—8)

§ 370. I n f i n i t i v. — Der Infinitiv wird im Afr. in Fortführung lat. Sprachgebrauchs (vor allem seit der nachklassischen Zeit) einerseits substantivisch verwendet, d. h. mit Artikel und Ergänzungen, darunter auch ein direktes Objekt, wobei auch in dieser Verwendung sein verbaler Charakter zum Ausdruck kommt:

> ... jusqu'*au mien partir* (Colin Muset XV, 12)
>
> Si n'i ot que *del avaler*
> le pont ... (Yvain 4159—60)

Vom 16. Jh. an ist solcher Gebrauch rückläufig und heute werden nur noch einige Infinitive substantiviert verwendet (z. B. *boire, dire, sortir*), andere sind vollständig zu Substantiven geworden *(avenir, plaisir* etc.).

---

[307] Zur Verwendung des Konjunktivs und des Infinitivs in Imperativfunktion vgl. § 363 u. 370.

Dem verbalen Charakter des Infinitivs entspricht indessen mehr seine Funktion als Imperativ. Diese liegt einerseits mit *ne* zum Ausdruck eines Verbots vor:

[Dames]deus per(r)e, *n'en laiser* hunir France! (Roland 2337)

Fui, Boort, *nel touchier,* car tu l'ocirroies ja. (Graal 193, 7—8)

Andererseits nach *or* + *a/de* + Artikel zum Ausdruck eines Befehls oder einer Aufforderung:

Or *au cerchier* par toz ces engles. (Yvain 1127)

### 32.3. Die Tempora des Indikativs[308]

§ 371. Präsens, Passé simple, Passé composé. — Die augenfälligste Erscheinung im afr. Gebrauch der Tempora ist das konkurrierende Nebeneinander von Indikativ Präsens, Passé simple und — wenn auch seltener — Passé composé in der Erzählung. Alle drei Zeiten werden — nach weitverbreiteter Auffassung — abwechselnd und meist ohne eindeutig erkennbare Unterschiede in ein und demselben Text verwendet. Diese Auffassung steht freilich nach wie vor zur Diskussion, zumal längst nicht alle Interpretations- und Differenzierungsmöglichkeiten als bekannt oder erkannt gelten können.[309]

Carles li reis, nostre emperere magnes,
Set anz tuz pleins *ad estéd* en Espaigne,
Tresqu'en la mer *cunquist* la tere altaigne. (Roland 1—3)

Li quens Rollant quant il *veit* mort ses pers /.../
Tendrur en *out, cumencet* a plurer. (ib. 2215—7)

Dedenz une garderobe *entre*
ou une pucelete estoit
qui aus piez du lit se gisoit
mes ele ne la *pot* veoir.
El lit *s'est lessie* cheoir
la chastelaine mout dolente;
iluec *se plaint* et *se demente*
et dist: « Ha! sire Dieus, merci! » (Chast. de Vergi 726—33)

---

[308] Zu den Tempora der übrigen Modi vgl. Kap. 32.2.1; zu den Partizipien, die wegen ihres adjektivischen Charakters nach dem Adjektiv behandelt sind, vgl. Kap. 23.

[309] Vgl. weiterführend U. Schweizer 1974.

Solcher Zeitgebrauch gilt z. B. auch für die in Versen abgefaßten Teile von Aucassin et Nicolete, doch in den Prosateilen nimmt das Passé composé bereits eine eigene Funktion ein, die zum nfr. Gebrauch hinführt. Nach Foulet (§ 329) steht es hier wie auch in anderen (z. B. dramatischen) Texten, die der gesprochenen Sprache näherstehen, ausschließlich für eine in der Vergangenheit begonnene oder auch abgeschlossene Handlung, deren Folgen aber bis in die Gegenwart reichen. Vgl. den Gegensatz zum Passé simple, in dem lediglich etwas Vergangenes berichtet wird, im folgenden Beispiel:

> Nicolete est une caitive que *j'amenai* d'estrange
> tere, si l'*acatai* de mon avoir a Sarasins, si l'*ai*
> *levee* et *bautisie* et *faite* ma fillole, si l'*ai nourie*. (Auc. et Nic. 6, 14—7)

§ 372. Imperfekt, Passé simple — Das zunächst selten verwendete Imperfekt übernimmt seit dem Ende des 12. Jh. jene Funktionen, die es auch heute noch von den anderen Zeiten der Vergangenheit unterscheiden.[310] Es steht vor allem lange in Konkurrenz zum Passé simple, das in den folgenden frühen Beispielen anstelle des sich später zum Nfr. hin durchsetzenden Imperfekts und neben diesem steht:

> Bo[e]ns *fut* li s[i]ecles al tens anciënur,
> Quer feit i *ert* e justise ed amur. (Alexius 1—2)

> Gent *out* le cors et les costez *out* larges,
> Tant par *fut* bels, tuit si per l'en esguardent. (Roland 284—5)

§ 373. Plusquamperfekt, Passé antérieur — Ähnliches wie für das Imperfekt, das im Afr. zunächst selten ist und dann das Passé simple teilweise verdrängt, gilt auch für das Plusquamperfekt und seine Ausbreitung auf Kosten des Passé antérieur. Vgl.:

> Li empereres *out* sa raisun *fenie*. (Roland 193)

> Si virent qu'il *orent perdu* trois de leur compaignons. (Mort Artu 96, 4)

> Et ce n'estoit mie merveille, car mesire Gauvains
> *avoit esté* li chevaliers el monde plus amés de diverses gens. (ib. 173, 11)

Andererseits verdrängt das Plusquamperfekt auch das Passé simple aus Verwendungen wie der folgenden:

> Dis blanches mules fist amener Marsilies,
> Que li *tramist* li reis de Suatilie. (Roland 89)

---

[310] Vgl. die Untersuchung von M. W. Lewis 1966.

## 33. Die Wortfolge im Aussagesatz

### 33.1. Zwischen Latein und Neufranzösisch. Die afr. Konstruktionstypen

§ 374. Abgesehen von stilistischen Nuancen ist die lat. Wortstellung im Prinzip frei,[311] da die Beziehungen zwischen den Wörtern eines Satzes morphologisch ausgedrückt werden. Im Neufranzösischen hingegen hat die Wortfolge die Funktion übernommen, die im Latein die Flexion hatte. In einem Satz wie *mater puellam vocat* liegt die Wortfolge nicht fest und kann ohne semantische Folgen verändert werden. Demgegenüber wirkt nfr. *la mère appelle la fille*, wo z. B. ein Austausch von *mère* und *fille* zur entgegengesetzten Bedeutung führen würde, fast versteinert.

§ 375. Im Afr. sind aufgrund der erhaltenen Zweikasusflexion (§ 181 f.) prinzipiell noch lat. Freiheiten in der Wortfolge möglich, so daß sich — mit Foulet (§ 51—56) — für die Reihenfolge von Subjekt, Verbum und Ergänzung sechs Typen ergeben, deren Klassifizierungsproblematik sich Foulet durchaus bewußt ist[312]:

(1) SVE  *Li chevaliers adonc penssoit*
         *A une amor vaillant et bele.* (Vair Palefroi 80—1)
(2) SEV  *E li dus la carole esgarde.* (Chast. de Vergi 851)
(3) ESV  *Sire, fet il, amistié grande*
         *Mesire Guillaume vous mande.* (Vair Palefroi 1289—90)
(4) VSE  *Par foi, or ai jou malvais gage*
         *de chou que jou lor ai creü.* (Courtois d'Arras 352—3)
(5) VES  *Lors a commencié a plorer*
         *la duchoise.* (Chast. de Vergi 609—10)
(6) EVS  *Tantost a la voie se met*
         *li chevaliers.* (Chast. de Vergi 384—5)

Von diesen sechs Konstruktionstypen sind jene am häufigsten, in denen das Verbum an zweiter Stelle steht. Als Tendenz kann die Zweitstellung des Verbums zwar bereits im Vulgärlatein nachgewiesen werden,[313] doch hat das Französische — wohl durch fränkischen Einfluß noch unterstützt — diese Tendenz „fast zur verbindlichen Regel gemacht"[314].

---

[311] Vgl. J. Marouzeau, L'ordre des mots en latin, Paris 1933.
[312] Vgl. auch die weiterführende Prüfung und Diskussion bei Woledge 1979, chap. VII. Vgl. auch unten Anm. 316.
[313] Vgl. u. a. A. Schmidl, Die vlat. Wortstellung, München 1953.
[314] G. Hilty 1968, 515 f.

Schon in ältesten Prosatexten, z. B. in 'Aucassin et Nicolette', erscheint sie als Regelfall. Dazu zählen die Konstruktionen SVE (1), die im Neufranzösischen zur Normalkonstruktion wird, EVS (6) und ebenfalls — wie sich bei näherer Betrachtung herausstellt — VSE (4).

### 33.2. Verb-Subjekt-Ergänzung (4) / Ergänzungs-Verb-Subjekt (6). Die Inversion als Charakteristikum

§ 376. Die beiden Konstruktionen zeigen eine wesentliche Gemeinsamkeit. Aus heutiger Sicht handelt es sich um die Inversion des Subjekts, die als « le grand fait qui domine la construction médiévale »[315] gilt. Die Folge VSE ist nun trotz ihrer Häufigkeit kein Widerspruch zu der oben genannten Tendenz, das Verbum an zweiter Stelle im Satz zu nennen. Denn in den meisten Fällen geht dem Verbum eine adverbielle Bestimmung im weitesten Sinne voraus, die ebenso wie ein direktes oder indirektes Objekt die Inversion nach sich zieht, d. h. die Zweitstellung[316] des Verbums wird durch die Inversion bewahrt.

*Ja avez vos ambsdous les braz sanglanz.* (Roland 1711)

Reste dieser Konstruktionen sind — teilweise stilistisch eingeschränkt — im Nfr. erhalten[317]:

*Toujours est-il vrai qu'on remarque dans l'allemand un rapport avec le grec* (Staël),
*Au plus toucheraient-ils huit centimes* (Zola);

ferner nach: *ainsi, aussi (bien), à peine, à plus forte raison, du moins, encore, en vain, sans doute,* etc.

Die wesentlich seltenere afr. Konstruktion mit dem Verbum an der Satzspitze ist nfr. als Stilmittel auf einige Verben beschränkt, wie *rester, venir, arriver, entrer*.[318]

§ 377. Die afr. ebenfalls sehr verbreitete Konstruktion (6) mit Inversion nach vorangestelltem Objekt ist auf der Zweikasusflexion auf-

---

[315] Foulet, § 449; Lerch 3, § 395; die Inversion ist auch im Mfr. noch allgemeiner Sprachgebrauch (vgl. Br III, 663).
[316] Die Zweitstellung ist hier nicht unbedingt im strengen Sinne der eingangs genannten Satzglieder (V, S, E) zu sehen. Da der Begriff des „Complément" (= E) bei Foulet sehr weit gefaßt ist, ergeben sich hier die erwähnten klassifikatorischen Schwierigkeiten z. B. gegenüber Typ (6).
[317] Beispiele aus Gamillscheg 555 f.
[318] Vgl. Br I, S. 265; zum Fragesatz s. u. § 381.

gebaut, d. h. auch von deren Schicksal abhängig. In den folgenden Beispielen (Foulet 56) entscheidet nur das flexivische -s von *sages, nus* und *Dieus* über den Sinn des jeweiligen Satzes:

> Et la pucele aloit menant
> Li plus sages c'on ot eslit (Vair Palefroi 998—9)
>
> La demoisele ne convoie
> Nus, se Dieus non; ... (ib. 1052—3)

Im Rolandslied repräsentieren noch 42 % der Konstruktionen diesen Typ, bei Joinville sind es nur noch 11 %.[319] Allerdings zeigt die Prosa diese Konstruktion auch wesentlich seltener als die gebundene Sprache, und in der «langue de la conversation elle se classe certainement troisième»[320], also nach Typ (1) und (4). Außer im Relativsatz geht die Voranstellung des Objekts mit den normativen Regelungen des 17. Jh. im Gebrauch zurück.[321] Heute ist diese Wortfolge einerseits noch in Sprichwörtern und feststehenden Wendungen erhalten, z. B.[322]:

> *Pain et mauvaise connaissance doit-on rompre. — Qui dort bien, puces ne sent. — Où femme y a, silence n'y a. — Grand bien vous fasse. — A chaque fou plaît sa marotte.*

ferner in: *chemin faisant, à son corps défendant, sans mot dire, sans coup férir, geler à pierre fendre, avoir maille à partir* etc.; sowie in Wortbildungen wie *bouleverser, culbuter,* die nfr. lexikalisiert sind. Umgangssprachlich finden sich Ausdrucksweisen mit vorangestelltem Objekt wie z. B. *avoir un service à demander, un conseil à donner, une explication à donner.*

Andererseits hat sich die Reihenfolge EVS halten können:

(a) in eingeschobenen Sätzen mit vorangehender direkter Rede als Objekt bei *dire, faire, penser* etc.[323]

> afr.: *E dist li quens: Sainte Marie, aiue!* (Roland 2303)
> nfr.: *Me voilà, dit le jeune homme.*

(b) nach Relativpronomen und Konjunktionen[324]:

---

[319] Sneyders de Vogel, § 446.
[320] Foulet, § 480.
[321] Br III, S. 671 f.
[322] Lerch 3, § 404; Gamillscheg 550; v. Wartburg/Zumthor 305.
[323] Vgl. Foulet 460; so interpretiert bei Lerch 3, 397; Grevisse, § 186 B 3°.
[324] Vgl. Foulet 461, 477; Lerch 3, 398, 438—446; Grevisse, § 187, 2°.

afr.: *une litiere que portoient dui palefroi.* (Graal 58, 15—16)

*Quant l'ot li chapelain escrit,*
*A la Croiz Roge le pendit.* (Béroul 2649—50)

nfr.: *Voici le livre, que m'a donné mon père.*
*Pendant que se passaient ces choses.*

## 33.3. *Subjekt — Ergänzung — Verb (2)*

§ 378. Die Konstruktion ist in Hauptsätzen selten und hat hier im wesentlichen poetischen Charakter:

Elle colpes n̄ auret ... (Eulalia 20)

In Nebensätzen, besonders nach relativem Anschluß im Rektus und nach Konjunktionen wie *quant, se, si ... que,* erfreut sie sich größerer Beliebtheit (Foulet, § 463—65):

*Et li chevaliers ancïens,*
*Qui engingneus ert de toz sens.* (Vair Palefroi 141—2)

*Quant je vostre fille avrai prise,*
*Ja ne me quier de vous partir.* (ib. 566—7)

Ein pronominales Subjekt muß ähnlich wie bei den oben betrachteten Konstruktionen nicht immer eigens genannt werden:

*Sire, que se deniers avoie,*
*moi et vous en aaisseroie.* (Le Garçon et l'Aveugle 108—9)

Die Konstruktion gehört zwar mit den drei bereits genannten Typen (1), (4) und (6) zu den vier Hauptkonstruktionen des Afr., doch gilt sie unter ihnen als « la moins fréquente dans l'usage ordinaire de la langue » (Foulet 480).

## 33.4. *Die selteneren Konstruktionen (3) und (5)*

§ 379. Die beiden restlichen Konstruktionen ESV (3) und VES (5) treten nur vereinzelt auf und bleiben ohne Bedeutung. Typ (3) steht der für das Afr. charakteristischen Inversion des Subjekts, d. h. der Folge EVS (6) entgegen. Bei Typ (5) mag die sonst unübliche Trennung von Verbum und nachfolgendem Subjekt die Seltenheit dieser Konstruktion motiviert haben.

## 34. Die Wortfolge im Fragesatz

**§ 380.** Abgesehen von der Intonationsfrage, die in den meisten Sprachen bekannt ist, kennt das Latein nur die Konstruktion mit den Fragepartikeln *ne, num* und *nonne: dicitne? nonne dicit?*
Das Afr. kennt die Partikel *en (enne < et ne, ennement, ennevoire)*, die jedoch sehr selten verwendet wird.[325]

> *Coment? fait Aucassins. En volés vos que je*
> *vos venĝe?* (Auc. et Nic 32, 12—13)

**§ 381.** Im Prinzip wird die Frage im Afr. in der Wortfolge VS formuliert, vorzugsweise mit nachgestellter Ergänzung:

> *Ke dit chele feme? Est ele ivre?*
> *Me met ele sus sen enfant?* (Jeu de la Feuillée 280—1)
>
> *[Ja] avrum nos la victorie del champ?* (Roland 3512)
>
> *Savoit nus, fors vous dui, ceste œuvre?* (Chast. de Vergi 346)

Da diese Wortfolge indessen auch im Aussagesatz (vgl. § 376) vorliegt, kann sie allein im Afr. noch nicht ausreichen, um eine Frage zu kennzeichnen, so daß die Intonation wohl noch eine Rolle dabei spielt. — Im Nfr. ist diese Konstruktionsmöglichkeit auf Fälle mit einem Personalpronomen *(vient-il?)* oder dem pronomen *on, ce* als *Subjekt (part-on?)* eingeschränkt. Es ist charakteristisch für das Afr., daß es diese Einschränkung noch nicht kennt. Entsprechend findet sich mit substantivischem Subjekt, z. B.:

> «... est morte m'amie?» (Chast. de Vergi 872)
>
> *Font ensi li autre a Paris?* (Jeu de la Feuillée 962)

**§ 382.** Die im Nfr. dafür eingetretene, seit dem 17. Jh. verallgemeinerte Konstruktion *(Dieu est-il français?)* läßt sich sporadisch auch im Afr. bereits nachweisen, wenngleich die Interpretation strittig ist[326]:

> *L'aveir Carlun est il apareilliez?* (Roland 643)

Diese wiederholende Inversion ist im Nfr. auch dann üblich, wenn ein Fragepronomen am Satzanfang steht *(Quand ton frère partira-t-il?)*.

---

[325] Vgl. auch die Fragepartikel *-ti* des Français populaire; Grevisse, § 711.
[326] Nach Lerch (3, § 416) u. a. ist „das vorausgenommene Subjekt als ein N o m i n a l s a t z zu betrachten («L'a v e i r s  C a r l u n ? *est-il appareillez?»)*".

Die Wortfolge im Fragesatz

In diesem Falle wird im Afr. hingegen die einfache Inversion verwendet:

> Quant fust avenus chieus afaires? (Jeu de la Feuillée 283)
> Comment l'osa cis vieus pensser? (Vair Palefroi 633)

Die Konstruktion ist im Nfr. selten geworden *(Quand est arrivée cette aventure?).*

§ 383. Die heute geläufige Umschreibung mit *est-ce-que* wird im Afr. lediglich zur Hervorhebung verwendet:

> *Dame, k'est che la ke je voi*
> *En chele roe?* (Jeu de la Feuillée 766)

Der Satz entspräche also nfr. *Dame, qu'est-ce donc ce que je vois sur cette roue?*

§ 384. Ein weiterer Unterschied zum Nfr. liegt in der Konstruktion der Alternativfragen, deren Glieder im Afr. häufig nicht parallel konstruiert sind:

> *Senescal, dors tu ou tu veilles?* (Jeu de Saint Nicolas 1391)

Auch zeigt sich u. a. bei solchen Alternativfragen, daß eine direkte Frage auch in der Form einer indirekten Frage (im folgenden Beispiel eingeleitet mit *se*) vorkommen kann[327]:

> Ies tu, va, crestiens ...
> U se crois Mahomet ...? (Elie de Saint-Gille 384—5)

Fragesätze dieser Art lassen sich teilweise noch bis zum 17. Jh. nachweisen.

---

[327] Weitere Beispiele (auch für den umgekehrten Fall) bei Ménard, § 102 bis 104.

# BIBLIOGRAPHIE

*A. Zitierte afr. Texte*
(nach Autoren, Titeln oder — soweit abgekürzt zitiert — nach den verwendeten Sigeln)

Adenet le Roi, Berthe as Grans Piés, p. p. A. Henry, Les œuvres d'Adenet le Roi IV. Bruxelles/Paris 1963 (Univ. libre de Brux., Trav. de la Fac. de Phil. et Lettres XXIII).

Adgar — Adgar's Marienlegenden nach der Londoner Handschrift Egerton 612, hrsg. v. C. Neuhaus. Wiesbaden 1968 (Nachdruck der Ausgabe v. 1880, Afr. Bibl. 9).

Aimon von Varennes, Florimont, hrsg. v. A. Hilka. Göttingen 1932 (Gesellsch. f. rom. Lit. 48).

Alexius — Sankt Alexius. Altfranzösische Legendendichtung d. 11. Jh., hrsg. v. G. Rohlfs, 3., verb. Aufl. Tübingen 1958 (SrÜ 15).

Aspremont — La chanson d'Aspremont, éd. p. L. Brandin, t. 1.2., 2$^e$ éd. rev. Paris 1923 (Repr. 1970), 1924 (CFMA 19 u. 25).

Auc. et Nic. — Aucassin et Nicolette. Textausgabe ... bearbeitet v. W. Suchier. Paderborn 1932.

Benoît de Sainte-Maure, Le roman de Troie, p. p. L. Constans, t. 1. Paris 1904 (SATF).

Béroul — Béroul, Le Roman de Tristan, éd. p. E. Muret. Paris 1913 (CFMA 12).

Charroi de Nîmes — Le charroi de Nîmes, éd. p. D. McMillan. Paris 1972 (Bibl. fr. et rom., sér. B.: Ed. crit. de textes 12).

Chast. de Vergi — La Chastelaine de Vergi, éd. p. G. Raynaud, 3$^e$ éd. rev. par L. Foulet. Paris 1921 (CFMA 1).

Cligès — Christian v. Troyes Sämtliche Werke I: Cliges, hrsg. v. W. Foerster. Halle 1884.

Colin Muset — Les Chansons de Colin Muset, éd. p. J. Bédier; avec la transcription des mélodies par J. Beck. Paris 1912 (CFMA 7).

Conon de Béthune — Chansons de Conon de Béthune, éd. crit. p. A. Wallensköld. Helsingfors 1891.

Couronnement de Louis — Le Couronnement de Louis, p. p. E. Langlois. Paris 1888 (SATF).

Courtois d'Arras — Courtois d'Arras. Jeu du XIII$^e$ siècle, éd. p. E. Faral. Repr. Paris 1967 (CFMA 3).

Elie de S. Gille — Elie de Saint Gille, p. p. G. Raynaud. Paris 1879, Repr. New York/London 1966.

Eneas — Eneas, Texte crit. p. p. J. Salverda de Grave. Halle 1891 (Bibliotheca Normannica IV).

Erec — Les romans de Chrétien de Troyes I: Erec et Enide, p. p. M. Roques. Paris 1955 (CFMA 80).

Eulalia — Eulaliasequenz, zit. nach der Ausgabe in: W. Foerster/E. Koschwitz, Afr. Übungsbuch. Leipzig 1911, S. 50—51.

Folie Tristan — Les deux poèmes de La Folie Tristan, p. p. J. Bédier. Paris 1907, Repr. New York/London 1965.

Froissart — Chroniques de Froissart; p. p. S. Luce et G. Raynaud. Paris 1869 ff.

Galeran — Jean Renart, Galeran de Bretagne, éd. p. L. Foulet. Paris 1925 (CFMA 37).

Le Garçon et l'Aveugle — Le Garçon et l'Aveugle, éd. p. M. Roques, 2ᵉ éd. rev. Paris 1921 (CFMA 5).

Garnier de Pont-Sainte-Maxence — Guernes de Pont-Sainte-Maxence, La vie de Saint Thomas Becket, éd. p. E. Walberg. Paris 1971 (CFMA 77).

Gerb. de Montreuil — Gerbert de Montreuil, La continuation de Perceval, t. 1.2., éd. p. M. Williams. Paris 1922, 1925; t. 3, éd. p. M. Oswald. Paris 1975 (CFMA 28, 50, 101).

Graal — La queste del Saint Graal, éd. p. A. Pauphilet. Paris 1923, Repr. 1972 (CFMA 33).

Huon de Bordeaux — Huon de Bordeaux, éd. p. P. Ruelle. Bruxelles—Paris 1960.

[Jean de Meung, La consolation de Boëce] publ. in: L. V. Delisle, Inventaire général et méthodique des Manuscrits français de la B. N., t. II: Jurisprudence — Sciences et Arts. Paris 1878, Repr. Hildesheim/New York 1975, S. 317—350.

Jeu de la Feuillée — Adam Le Bossu, Le Jeu de la Feuillée, éd. p. E. Langlois, 2ᵉ éd. rev. Paris 1970 (CFMA 6).

Jeu de Saint Nicolas — Jean Bodel, Le Jeu de Saint Nicolas, éd. p. A. Jeanroy. Paris 1925 (CFMA 48).

Joinville — Joinville, Histoire de Saint Louis, [p.] p. Texte original ... N. de Wailly, Nouv. Ed. Paris 1890.

Lancelot — Christian v. Troyes Sämtliche erhalt. Werke IV: Der Karrenritter (Lancelot) u. Das Wilhelmsleben ..., hrsg. v. W. Foerster. Halle 1899.

Mort Artu — La Mort le Roi Artu, éd. p. J. Frappier, 3ᵉ éd. Genève—Paris 1964 (Textes litt. fr. 58).

Perceval — Les romans de Chrétien de Troyes V. VI: Le Conte du Graal (Perceval) t. 1.2, éd. p. F. Lecoy. Paris 1975 (CFMA 100. 103).

Philippe de Beaumanoir — Philippe de Reimes, The Romance of Blonde of Oxford and Jehan of Dammartin, ed. by M. Le Roux de Lincy, 1858, Repr. New York/London 1968.

Pir. et Tisbé — Piramus et Tisbé, éd. p. C. De Boer. Paris 1921 (CFMA 26).

Queste del S. Graal — cf. Graal.

Roland — Das altfranzösische Rolandslied, nach der Oxforder Handschrift, hrsg. v. A. Hilka, 5. Aufl. v. G. Rohlfs, Tübingen 1960 (SrÜ 3/4).
Roman de Thèbes — Le roman de Thèbes, p. p. L. Constans, t. 1.2., Paris 1890.
Rutebeuf — Rutebeuf, Le miracle de Théophile, éd. p. G. Frank. Paris 1925 (CFMA 49).
Vair Palefroi — Huon Le Roi, Le Vair Palefroi, éd. p. A. Långfors, 2$^e$ éd. Paris 1927, Repr. 1970 (CFMA 8).
Vie de Saint-Thomas — Guernes de Pont-Sainte-Maxence, La Vie de Saint Thomas Becket, éd. p. E. Walberg. Paris 1971 (CFMA 77).
Villehardouin — Villehardouin, La conquête de Constantinople, éd. et trad. p. E. Faral, t. 1.2. Paris 1938, repr. 1973 (Class. de l'hist. de France au Moyen Age 18).
Yvain — Les romans de Chrétien de Troyes IV: Le Chevalier au Lion (Yvain), éd. p. M. Roques. Paris 1975 (CFMA 89).

## B. Sekundärliteratur

### Verzeichnis der abgekürzten Zeitschriftentitel

ASNS : Archiv für das Studium der neueren Sprachen und Literaturen
CFS : Cahiers Ferdinand de Saussure
LBer : Linguistische Berichte
Lg : Language
RF : Romanische Forschungen
RLaR : Revue des langues romanes
RLiR : Revue de linguistique romane
RPh : Romance Philology
TLL : Travaux de linguistique et de littérature
TPS : Transactions of the Philological Society
VR : Vox romanica
ZfSL : Zeitschrift für französische Sprache und Literatur
ZrP : Zeitschrift für romanische Philologie

Abel, F.: L'adjectif démonstratif dans la langue de la bible latine. Etude sur la formation des systèmes déictiques et de l'article défini des langues romanes. Tübingen 1971.
Alessio, G.: Grammatica storica francese. I. Introduzione — Fonetica, II. Morfologia. Bari I. 1951, II. 1955.
Altheim, F.: Geschichte der lateinischen Sprache von den Anfängen bis zum Beginn der Literatur. Frankfurt 1951.
Anderson, J. M.: A Study of Syncope in Vulgar Latin. In: Word 21, 1965, 70—85.
Anglade, J.: Grammaire de l'ancien provençal. Paris 1921.

Ashby, W. J.: Clitic Inflection in French. An Historical Perspective. Amsterdam 1977.
Avalle, d'Arco S.: Monumenti Prefranciani. Torino 1967.
Baldinger, K.: Zu Weinrichs phonologischen Studien. In: ZrP 74, 1958, 440—480.
—: Entstehung und Entwicklung der Suffixe *-ard* und *-aud* im Französischen im Hinblick auf die Methodologie der Wortbildungslehre. In: Sitzungsberichte der Heidelberger Akademie der Wissenschaften, Jahresheft 1959/60, 12—14.
—: Prä- und Postdeterminierung im Französischen. In: Festschrift für W. v. Wartburg zum 80. Geburtstag, Tübingen 1968, Bd. I, 87—106.
— (avec la collaboration de J.-D. Gendron et G. Straka): Dictionnaire étymologique de l'ancien français. Fasc. 1—3 (G — genoil). Québec/Tübingen/Paris 1971 ff. (DEAF).
Batany, J.: Français médiéval. Paris/Bruxelles/Montréal 1972.
Bauche, H.: Le langage populaire. Paris 1920, ²1928.
Benveniste, E.: Problèmes de linguistique générale. Paris 1966, ²1968.
Berchem, Th.: Zu den altfranzösischen Pronominalformen *gie* und *cie*. In: ZfSL 83, 1973, 291—316.
Berschin, H./Felixberger, J./Goebl, H.: Französische Sprachgeschichte. München 1978.
Bichakjian, B. H.: The Evolution of French [y]: An Integrated Change. In: Anderson, J. M./Jones, C. (eds.): Historical Linguistics, Bd. II. Theory and Description in Phonology. Amsterdam 1974, 71—88.
Blondin, R.: Fonction, structure et évolution phonétiques. Paris/Lille 1975.
Bonnard, H.: Synopsis de phonétique historique. Paris 1975.
Bork, H. D.: Materialien, Aufgaben und Hilfsmittel für den Anfängerunterricht im Altfranzösischen. Bonn ²1969.
Boysen, G.: Subjonctif et hiérarchie. Odense 1971.
Brandenstein, W.: Kurze Phonologie des Lateinischen. In: F. Altheim, 1951, 481—498.
Brunot, F.: Histoire de la langue française des origines à 1900. 13 Bde. Paris 1905—1952.
Carton, F.: Introduction à la phonétique du français. Paris 1974.
Chaurand, J.: Introduction à la dialectologie française. Paris/Bruxelles/Montréal 1972.
Clancy, P.: The Rise of the Synthetic Future Tense in Romance: A Critique of Some Recent Hypotheses (Benveniste, Valesio, Butler). In: RPh 28, 1975, 545—554.
Coleman, R.: The Monophthongization of /ae/ and the Vulgar Latin Vowel System. In: TPS, 1971 (1973), 175—191.
—: The Monophthongization of Latin AE: A Replay. In: TPS, 1974 (1975), 86—92.
Coseriu, E.: Sprache. Strukturen und Funktionen. Tübingen 1970, ²1971.

Daniels, E. R.: The Old French Case System: A Functional Study. The City University of New York, Ph. D. 1972.
Dardel, R. de: Considérations sur la déclinaison romane à trois cas. In: CFS 21, 1964, 7—23.
DEAF: siehe Baldinger 1971.
Dees, A.: Etude sur l'évolution des démonstratifs en ancien et en moyen français. Groningen 1971.
Delbouille, M.: Comment naquit la langue française. In: Phonétique et linguistique romanes, Mél. off. à G. Straka, vol. I, Lyon—Strasbourg 1970, 187—199.
Deutschmann, O.: Lateinisch und Romanisch. München 1971.
Devoto, G.: Storia della lingua di Roma. Bologna ²1944. Geschichte der Sprache Roms; dt. Übers. Heidelberg 1968.
Dietz, K.: Die Rezeption des vorkonsonantischen L in romanischen Lehnwörtern des Mittelenglischen und seine Reflexe im neuenglischen Standard. 2 Bde. München 1968.
Dorfman, E.: Correlation and Core-relation in Diachronic Phonology. In: Anderson. J. M./Creore, J. A. (eds.): Readings in Romance Linguistics. The Hague 1972, 262—280.
Draye, H.: Die Zahlengröße der fränkischen Siedlung in der nördlichen Romania. In: Jb. f. Fränk. Landesforschung 20, 1960, 175—180.
Falc'hun, F.: L'histoire de la langue bretonne d'après la géographie linguistique. Rennes 1951.
—: Les origines de la langue bretonne I: Argumentation historique. Rennes 1977.
Figge, U. L.: Die romanische Anlautsonorisation. Bonn 1966.
—: Anmerkungen zur Aufgabe der Sprachgeschichte am Beispiel von „ei" im Französischen. In: Lendemains 1, 1976, 89—99.
Fischer, T.: Ausgleichserscheinungen in der Genusbildung des französischen Adjektivs nach Texten des XI.—XVI. Jahrhunderts. Unter besonderer Berücksichtigung des 14. und 15. Jahrhunderts. Heidelberg 1912.
Flobert, P.: Les verbes déponents latins des origines à Charlemagne. Paris 1975.
Foley, J.: Theoretical Morphology of the French Verb. Amsterdam 1979. (Wurde nicht mehr berücksichtigt.)
Fouché, P.: Morphologie historique du Français. Le verbe. Paris 1931, ²1967.
—: Phonétique historique du français. I. Introduction. II. Les voyelles. III. Les consonnes et index général. Paris I. 1952, ²1973; II. 1958, ²1969; III. ²1966.
Foulet, L.: Petite syntaxe de l'ancien français. Paris 1923, ³1961.
Galet, Y.: L'évolution de l'ordre des mots dans la phrase française de 1600 à 1700. La place du pronom personnel complément d'un infinitif régime. Paris 1971.
Gamillscheg, E.: Studien zur Vorgeschichte einer romanischen Tempuslehre. Wien 1913; Tübingen ²1970.

Gamillscheg, E.: Historische französische Syntax. Tübingen 1957.
—: Romania Germanica. Sprach- und Siedlungsgeschichte der Germanen auf dem Boden des alten Römerreiches. Bd. 1: Zu den ältesten Berührungen zwischen Römern und Germanen. Die Franken. Berlin ²1970.
Gebhardt, K.: A propos du changement u > ü. Mise au point des principales hypothèses. In: Bulletin des jeunes romanistes 15, 1968, 44—51.
Geschiere, L.: La nasalisation des voyelles françaises: Problème phonétique ou phonologique? In: Neophilologus 47, 1963, 1—23.
Godefroy, F.: Dictionnaire de l'ancienne langue française et de tous ses dialectes du IX. au XV. siècle. 10 Bde. Paris 1881—1902, ND, Vaduz 1969.
Goebl, H.: Die normandische Urkundssprache. Ein Beitrag zur Kenntnis der nordfranzösischen Urkundensprache des Mittelalters. Wien 1970.
Gossen, C. Th.: Die Pikardie als Sprachlandschaft des Mittelalters. Phil. Diss. Zürich—Bienne 1942.
—: De l'histoire des langues écrites régionales du domaine d'oïl. In: Les anciens textes romans non littéraires (Coll. international..., Strasbourg 1961), Actes p. p. G. Straka, Paris 1963 (Actes et Colloques 1), 3—16.
—: Französische Skriptastudien. Untersuchungen zu den nordfranzösischen Urkundensprachen des Mittelalters. Wien 1967.
—: Petite grammaire de l'ancien picard. Paris 1951, ²1969.
Greimas, A. J.: Dictionnaire de l'ancien français jusqu'au XIVe siècle. Paris 1969.
Greive, A.: Etymologische Untersuchungen zum französischen h aspiré. Heidelberg 1970.
Grevisse, M.: Le bon usage. Grammaire française. Gembloux ¹⁰1975.
Große, E. U.: Altfranzösischer Elementarkurs. München 1971.
Gsell, O.: Zur Entwicklung der Gruppe 'Haupttonvokal vor Muta cum Liquida' im Französischen. In: ZfSL 85, 1975, 219—246.
Guiraud, P.: La Grammaire. Paris 1958, ⁵1970.
—: L'expression du virtuel dans le Roland d'Oxford. In: Romania 83, 1962, 289—302.
—: L'ancien français. Paris 1963, ⁴1971.
—: L'assiette du nom dans la chanson de Roland. II Le démonstratif. In: Romania 88, 1967, 59—83.
Hall, R. A. jr.: The Reconstruction of Proto-Romance. In: Lg 26, 1950, 6—27.
—: Initial Consonants and Syntactic Doubling in West Romance. In: Lg 40, 1964, 551—556.
Hamlin, F. R./Arthurs J.: Quelques cas de la survivance du cas-sujet en ancien français: une nouvelle perspective. In: RLaR 81, 1974, 459—466.
Harris, M.: 'Demonstratives', 'Articles' and 'Third Person Pronouns' in French: Changes in Progress. In: ZrP 93, 1977, 249—261.
—: Gallo-Romance third Declension Plurals. In: RLiR 30, 1966, 57—70.
Haudricourt, A. G./Juilland, A. G.: Essai pour une histoire structurale du phonétisme français. Paris 1949; The Hague, Paris ²1970.

Heisig, K.: Warum heißt es nfz. *bon* und *mal* und nicht *buen* und *mel*? In: RF 76, 1964, 312—333.

Herman, J.: Le latin vulgaire. Paris 1967, ²1970.

—: Statistique et diachronie: essai sur l'évolution du vocalisme dans la latinité tardive. In: Word 24, 1968, 242—251.

Herslund, M.: Phonologie des voyelles du latin vulgaire. In: Revue Romane 9, 1974, 232—243.

—: Structure phonologique de l'ancien français. Morphologie et phonologie du français classique. Copenhague 1976.

Hilty, G.: Westfränkische Superstrateinflüsse auf die galloromanische Syntax. In: Festschrift für W. v. Wartburg zum 80. Geburtstag, Bd. I, Tübingen 1968, 493—517.

—: La Séquence de Sainte Eulalie et les origines de la langue littéraire française. In: VR 27, 1968, 4—18 (= Hilty 1968a).

—: Westfränkische Superstrateinflüsse auf die galloromanische Syntax. In: RF 87, 1975, 413—426.

Hunnius, K.: Zur Frage der syntaktischen Entlehnung. In: RF 87, 1975, 64—81.

—: Der Modusgebrauch nach den Verben der Gemütsbewegung im Französischen. Heidelberg 1976.

—: Frz. *je*: ein präfigiertes Konjugationsmorphem? Ein Forschungsbericht zur Frage der Prädetermination. In: ASNS, Bd. 124, 129. Jg., 1977, 37 bis 48.

Ineichen, G.: Repetitorium der altfranzösischen Lautlehre. Berlin 1968.

Jänicke, O.: Betrachtungen zu weiteren frankoprovenzalischen Wörtern vermeintlich burgundischen Ursprungs. In: Festschrift K. Baldinger. Tübingen 1979, 829—841.

Johnson, J.: Etude sur les noms de lieu dans lesquels entrent les éléments *court, ville* et *villiers*. Paris 1946.

Kattinger, G.: Die Verwendung des Personalpronomens als Subjekt zum Verbum, dargestellt an ›Erec und Enide‹ von Chrétien de Troyes. Phil. Diss., Erlangen—Nürnberg 1970.

Keller, H.-E.: Quelques réflexions à propos de l'influence germanique sur les dialectes de la langue d'oïl. In: Festschrift K. Baldinger. Tübingen 1979, 813—828.

Kesselring, W.: Grundlagen der französischen Sprachgeschichte. Bd. 7: Die französische Sprache im Mittelalter — von den Anfängen bis 1300. Tübingen 1973.

Kienast, W.: Studien über die französischen Volksstämme des Frühmittelalters. Stuttgart 1968.

Klausenburger, J.: French Prosodics and Phonotactics. Tübingen 1970.

—: Historische französische Phonologie aus generativer Sicht. Tübingen 1974.

—: Rule Generalization: Bartsch's Law Revisited. In: LBer 38, 1975, 31—39.

—: Latin Vocalic Quantity to Quality: A Pseudo-Problem? In: Saltarelli, M./ Wanner, A. (eds.) 1975, 107—117.

Klausenburger, J.: Morphologization: Studies in Latin and Romance Morphophonology. Tübingen 1979. (Konnte nicht mehr berücksichtigt werden.)

La Chaussée, F. de: Initiation à la phonétique historique de l'ancien français. Paris 1974.

—: Initiation à la morphologie historique de l'ancien français. Paris 1977.

Landgraf, G./Leitschuh, M.: Lateinische Schulgrammatik. Bamberg ³³1962.

Lanly, A.: Fiches de philologie française. Paris 1971.

—: Morphologie historique des verbes français. Paris 1977.

Laubscher, G. G.: The Syntactical Causes of Case Reduction in Old French. Princeton 1921, ND New York 1965.

Lausberg, H.: Zum romanischen Vokalismus. In: RF 60, 1947, 295—307.

—: Zum französischen Vokalismus. In: RF 60, 1947, 308—315.

—: Romanische Sprachwissenschaft. I. Einleitung und Vokalismus, II. Konsonantismus, III. Formenlehre (2 Bde.). Berlin, Bd. I ²1963, Bd. II ²1967, Bd. III 1962.

Le Bidois, G./Le Bidois, R.: Syntaxe du français moderne. Ses fondements historiques et psychologiques (2 vols.). Paris 1967.

Leonard, C. S. jr.: Umlaut in Romance. Grossen-Linden 1978.

Lerch, E.: Historische französische Syntax. Bd. 1—3. Leipzig 1925—34.

Leumann, M.: Lateinisch *habere* mit Infinitiv. In: Museum Helveticum 19, 1962, 65—71.

Lewis, M. W.: Etude de l'imparfait dans la langue française. Son emploi dans la prose du XII$^e$ au XVI$^e$ siècle. The Catholic University of America, Ph. D. 1966.

Löfstedt, E.: Late Latin. Oxford 1959. — Kap. III: Local Variation in Latin, S. 39—58, Zit. nach der dt. Übers. in A. Önnerfors (Hrsg.) 1975, 385—410.

Lüdtke, H.: Sprache als kybernetisches Problem. In: H. Pilch/H. Richter (Hrsg.), Theorie und Empirie in der Sprachforschung. Basel 1970, 34—50.

Lyons, J.: Introduction to Theoretical Linguistics. Cambridge 1968, ²1969; dt. Übers.: Einführung in die moderne Linguistik. München 1971.

Mańczak, W.: Survivance du nominatif singulier dans les langues romanes. In: Revue Romane 4, 1969, 51—60.

Maniet, A.: La phonétique historique du latin dans le cadre des langues indo-européennes. Paris 1975.

Maurer, T. H. jr.: The Romance Conjugation in *-esco (-isco), -ire,* its Origin in Vulgar Latin. In: Lg 27, 1951, 136—145.

Mayerthaler, W.: Zur Diachronie von französisch *-ons*: Eine generativ-transformationelle Analyse. In: ZfSL 82, 1972, 289—335.

—: Einführung in die generative Phonologie. Tübingen 1974.

Meier, H.: Das lateinische v- und die alten Germanen. In: Zeitschrift für deutsche Wortforschung 1, NF, 1960, 32—46.

Meillet, A.: Esquisse d'une histoire de la langue latine. Paris ⁶1952.

Ménard, Ph.: Syntaxe de l'ancien français. Bordeaux ³1973 (Manuel du français du moyen âge sous la dir. d'Y. Lefèvre 1).

Merkle, L.: Bairische Grammatik. München 1975.
Moignet, G.: La chanson de Roland. Texte original et traduction. Paris 1969.
—: Grammaire de l'ancien français. Paris 1973, ²1976.
Müller, B.: Das lateinische Futurum und die romanischen Ausdrucksweisen für das futurische Geschehen. In: RF 76, 1964, 44—97.
—: La bi-partition linguistique de la France. In: RLiR 35, 1971, 17—30.
Nyrop, K.: Grammaire historique de la langue française. T. I—VI. Copenhague 1899—1930; 2ᵉ éd., t. I 1904, t. II 1924.
Önnerfors, A.: Mittellateinische Philologie. Beiträge zur Erforschung der mittelalterlichen Latinität. Darmstadt 1975.
Olschki, L.: Der ideale Mittelpunkt Frankreichs im Mittelalter. Heidelberg 1913.
Palm, L.: La construction *li filz le rei* et les constructions concurrentes avec *a* et *de*, étudiées dans des œuvres littéraires de la seconde moitié du XIIᵉ siècle et du premier quart du XIIIᵉ siècle. Phil. Diss., Uppsala 1977.
Petri, F.: Germanisches Volkserbe in Wallonien und Nordfrankreich. 2 Bde. Bonn 1937.
Petri, F. (Hrsg.): Siedlung, Sprache und Bevölkerungsstruktur in Frankreich. Darmstadt 1973.
Pfister, M.: Die sprachliche Bedeutung von Paris und der Ile-de-France vor dem 13. Jahrhundert. In: VR 32, 1973, 217—253.
—: Die Bedeutung des germanischen Superstrats für die sprachliche Ausgliederung der Galloromania. In: Aspekte der Nationenbildung im Mittelalter. Sigmaringen 1978, 127—170.
Plank, F.: The Functional Basis of Case Systems and Declansion Classes: From Latin to Old French. In: Linguistics 17, 1979, 611—640.
Pohoryles, B. M.: Demonstrative Pronouns and Adjectives in Garin le Loheren and Gerbert de Mez. Etymology, morphology, syntax and comparison with five old French epic poems and five old French "romans". Ph. D. New York 1966.
Pope, M. K.: From Latin to Modern French with Especial Consideration of Anglo-Norman. Manchester 1934, ²1952.
Posner, R.: The Imperfect Endings in Romance. In: TPS 1961, 17—55.
—: On Synchronic and Diachronic Rules: French Nasalization. In: Lingua 27, 1971, 184—197.
—: Ordering of Historical Phonological Rules in Romance. In: TPS 1974 (1975), 98—127.
Price, G.: Quel est le rôle de l'opposition cist/cil en ancien français? In: Romania 89, 1968, 240—253.
—: La transformation du système français des démonstratifs. In: ZrP 85, 1969, 489—505.
—: The French Language: Present and Past. London 1971, ²1973.
—: Sur le pronom personnel sujet postposé en ancien français. In: Revue Romane 8, 1973, 226—236.

Pulgram, E.: Synthetic and Analytic Morphological Constructs. In: Festschrift A. Kuhn, 1963, 35—42.

—: Latin-Romance Phonology: Prosodics and Metrics. München 1975.

Rauhut, F.: Warum wurde Paris die Hauptstadt Frankreichs? In: Festschrift H. Rheinfelder. München 1963, 267—287.

Regula, M.: Historische Grammatik des Französischen. I. Lautlehre. II. Formenlehre. III. Syntax. Heidelberg, I. 1955, II. 1956, III. 1966.

Reichenkron, G.: Historische latein-altromanische Grammatik. Bd. I.: Das sogenannte Vulgärlatein und das Wesen der Romanisierung. Wiesbaden 1965.

Remacle, L.: Le problème de l'ancien wallon. Paris 1948.

Rheinfelder, H.: Altfranzösische Grammatik. 1. Teil Lautlehre. 2. Teil Formenlehre. München, 1. Teil ³1963, 2. Teil 1967.

Richter, E.: Beiträge zur Geschichte der Romanismen I: Chronologische Phonetik des Französischen bis zum Ende des 8. Jh. Halle 1934.

Rickard, P.: The Rivalry of *m(a)*, *t(a)*, *s(a)*, and *mon*, *ton*, *son* before Feminine Nouns in Old and Middle French. In: Archivum Linguisticum 11, 1959, 21—47, 115—147.

—: A History of the French Language. London 1974.

—: Geschichte der französischen Sprache. Tübingen 1977.

Roblin, M.: Le terroir de Paris aux époques gallo-romaine et franque. Paris 1951.

Robson, C. A.: Literary Language, Spoken Dialect and the Phonological Problem in Old French. In: TPS, 1955, 117—180.

Rochet, B.: A Morphologically-Determined Sound Change in Old French. In: Linguistics 135, 1974, 43—56.

—: The Formation and the Evolution of the French Nasal Vowels. Tübingen 1976.

Rohlfs, G.: Sermo vulgaris Latinus. Vulgärlateinisches Lesebuch. Halle 1951, Tübingen ³1969.

—: Vom Vulgärlatein zum Altfranzösischen. Tübingen 1960, ³1968.

—: Romanische Lehnübersetzungen aus germanischer Grundlage. In: Festschrift K. Baldinger. Tübingen 1979, 805—812.

Rohr, R.: Die Resultate von vlat. é[ im 17. Jh. In: ZrP 83, 1967, 505 bis 511.

Romeo, L.: The Economy of Diphthongization in Early Romance. The Hague 1968.

Rothe, W.: Romanische Objektkonjugation. In: RF 78, 1966, 530—547.

—: Strukturen des Konjunktivs im Französischen. Tübingen 1967.

—: Phonologie des Französischen. Berlin 1972.

Ruhlen, M.: Some Comments on Vowel Nasalization in French. In: Journal of Linguistics 10, 1974, 271—275.

Saltarelli, M./Wanner, D. (eds.): Diachronic Studies in Romance Linguistics. The Hague 1975.

Schane, S. A.: French Phonology and Morphology. Cambridge, Mass. 1968.

Schmitt, Ch.: Cultisme ou occitanisme? Etude sur la provenance du français 'amour' et 'ameur'. In: Romania 94, 1973, 433—462.
—: Zur Herkunft von französisch *jaloux* und *époux*. In: Neuphilologische Mitteilungen 75, 1974, 279—304.
—: Die Sprachlandschaften der Galloromania. Bern 1974.
Schön, I.: Neutrum und Kollektivum. Innsbruck 1971.
Schøsler, L.: Sur la disparition de la déclinaison casuelle de l'ancien français. In: Revue Romane 8, 1973, 242—261.
Schüle, E.: Le problème burgonde vu par un romaniste. In: Colloque de dialectologie francoprovençale, Actes p. p. Z. Marzys. Neuchâtel/Genève 1971, 27—55.
Schürr, F.: La diphthongaison romane. Tübingen 1970.
Schwan, E./Behrens, D.: Grammatik des Altfranzösischen. Leipzig 1925.
Schweizer, U.: Die erzählenden Vergangenheitstempora im Altfranzösischen (›Chanson de Roland‹) und im Altspanischen (›Poema de Mio Cid‹). Phil. Diss., Zürich 1974.
Seifert, E.: Zur Entwicklung der Proparoxytona auf -ite, -ita, -itu im Galloromanischen. Phil. Diss. Berlin 1919.
Skårup, P.: *Filiolum:* déplacement d'accent ou synérèse? In: Revue Romane 1, 1966, 104—109.
—: Sur la date de l'amuissement du /d/ final en ancien français. In: Revue Romane 4, 1969, 85—90.
Sneyders de Vogel, K.: Syntaxe historique du français. Groningue, La Haye ²1927.
Söll, L.: Gesprochenes und geschriebenes Französisch. Berlin 1974.
Spence, N. C. W.: A Problem in Romance Accentuation. In: RLiR 27, 1963, 449—457.
—: Quantity and Quality in the Vowel System of Vulgar Latin. In: Word 21, 1965, 1—18.
—: Existait-il en ancien français une opposition « actuel/virtuel »? In: RLiR 30, 1966, 183—197.
—: La survivance des formes du nominatif latin en français. Fréquence ou analogie? In: Revue Romane 6, 1971, 74—84.
—: The Old French Pronoun Subjects and the Problem of Stress. In: RLiR 37, 1973, 377—386.
—: A Further Note on the Monophthongization of Latin AE. In: TPS 1974 (1975), 81—85.
—: A Note on the History of the French Definite Article *le/la/les*. In: RPh 29, 1975/76, 311—318.
—: The French *-ons* Ending. In: RLiR 41, 1977, 66—76.
Spore, P.: La diphthongaison romane. Odense 1972.
Stimm, H.: Fränkische Lehnprägungen im französischen Wortschatz. In: Verba et Vocabula, Festschrift E. Gamillscheg zum 80. Geburtstag. München 1968, 593—617.
—: Ein neuer früher Beleg des synthetischen Futurs. In: ZfSL, Beiheft NF

Heft 5, Festgabe für J. Wilhelm zum 80. Geburtstag. Wiesbaden 1977, 40—52.

Stolz, F./Debrunner, A./Schmid, W. P.: Geschichte der lateinischen Sprache. Berlin ⁴1966.

Straka, G.: Observations sur la chronologie et les dates de quelques modifications phonétiques en roman et en français pré-littéraire. In: RLaR 71, 1953, 247—307.

—: L'évolution phonétique du latin au français sous l'effet de l'énergie et de la faiblesse articulatoire. In: TLL 2, 1964, 17—98.

—: Naissance et disparition des consonnes palatales dans l'évolution du latin au français. In: TLL 3, 1965, 118—151.

Strunk, K. (Hrsg.): Probleme der lateinischen Grammatik. Darmstadt 1973.

Suchanek-Fröhlich, S.: Kulturgeschichte Frankreichs. Stuttgart 1966.

Tagliavini, C.: Le Origini delle lingue neolatine. Bologna ³1959.

—: Einführung in die romanische Philologie. München 1973.

Thielmann, Ph.: Habere mit dem Infinitiv und die Entstehung des romanischen Futurums. In: Archiv für lateinische Lexikographie und Grammatik 2, 1885, 48—89, 157—202.

Tobler, A./Lommatzsch, E.: Altfranzösisches Wörterbuch. Berlin 1925 ff.

Togeby, K.: SUUS et ILLORUM dans les langues romanes. In: Revue Romane 3, 1968, 66—71.

Väänänen, V.: Introduction au latin vulgaire. Paris ²1967.

Vidos, B. E.: Handbuch der romanischen Sprachwissenschaft. München 1968.

Walker, D. C.: Analogy, Simplification, and the History of French. In: The Canadian Journal of Linguistics 19, 1974, 69—78.

—: Competing Analyses of the Vulgar Latin Vowel System. In: The Canadian Journal of Linguistics 20, 1975, 1—22.

Walsh, Th. J.: Review of: Ferguson, Th. 1976. In: RPh 33, 1979, 185 bis 194.

Wandruszka, U.: 'Post-' oder 'Prädetermination' in den romanischen Sprachen? Erscheint in: Romanistisches Jahrbuch 1981.

Wartburg, W. v.: Evolution et structure de la langue française. Leipzig, Berlin 1934, Berne ⁷1965, ¹⁰1971.

—: Umfang und Bedeutung der germanischen Siedlungen in Nordgallien im 5. und 6. Jh. im Spiegel der Sprache und Ortsnamen. Berlin 1950.

—: Die Ausgliederung der romanischen Sprachräume. Bern 1950.

—: La fragmentation linguistique de la Romania. Paris 1967.

—: Einführung in Problematik und Methodik der Sprachwissenschaft. Tübingen ³1970.

Wartburg, W. v./Zumthor, P.: Précis de syntaxe du français contemporain. Berne 1947, ²1958.

Weinrich, H.: Phonologische Studien zur romanischen Sprachgeschichte. Münster 1958, ²1969.

—: Sonorisierung in der Kaiserzeit? In: ZrP 76, 1960, 205—218.

—: Ist das Französische eine analytische oder synthetische Sprache? In: Mitteilungsblatt des Allgemeinen deutschen Neuphilologenverbandes 15, 1962, 177—186.

Woledge, B. et al.: La déclinaison des substantifs dans la chanson de Roland. Recherches mécanographiques. In: Romania 88, 1967, 145—174; 90, 1969, 174—201.

—: Noun Declension in Twelfth-Century French. In: TPS 1973, 75—97.

—: La syntaxe des substantifs chez Chrétien de Troyes. Genève 1979.

Wunderli, P.: Die Bedeutungsgrundlagen der romanischen Futurbildungen. In: ZrP 85, 1969, 385—415.

—: Die Teilaktualisierung des Verbalgeschehens (Subjonctif) im Mittelfranzösischen. Tübingen 1970.

—: Modus und Tempus. Beiträge zur synchronischen und diachronischen Morphosyntax der romanischen Sprachen. Tübingen 1976.

—: Strukturen des Possessivums im Altfranzösischen. In: VR 36, 1977, 38—66.

Wydler, K.: Zur Stellung des attributiven Adjektivs vom Latein bis zum Neufranzösischen. Bern 1956.

# WORTREGISTER*

## 1. Latein

acer 186b. 192. 198
advenire 41. 83
ager 55
agere A70
agger 55
alienum A48
altus 192. 196
amabilis 186b
amare 130. 243. 271
amat 153. 271
amica 87. 92
amita 179
amor, amorem A118
amplus, amplum 102
angustia 98
anima 155
*annata 155
annus, annum 55. A79. 155
antecessor 176
antiquus 61
anus 55
aperire 237b
appropiare 101. 147
arbor 169. 175
arcus, arcum 105
arena 59
argentum 71. 122. 150
-arius 130
audere 238e
audire 237a
auri fabru A175
auris, auricula 119
aurum 115, 131

ausare 238e
avena A159

baro, baronem 176
bassiare 98
battuere 234. 235b
bella mente 49. 199. 200. 201
bellus, bellum A126. 144. 190c
bonitas, bonitatem 47. 105. A107. 150
bonus, bonum 152. 153. 191c. 192. 198a
bos, bovem 180b
brevis 188

caballus, caballum 148. 180c
caballu + ariu 130
caelum A128. 180d
Caesar 52. 115
calida 46
calidus 80. 144
camera 48. 72
campus, campum 105. 150
candelarum (festa) 227d
cantans, cantantis 188
cantare 150. 234. 237a. 243. 244. 245. 246. 248. 261. 262. 263. 256—269. 276. 283
cantator, cantatorem 49
cantatus 186
cantio, cantionem 69
cantus 102. 104. 169. 174
capillus, capillum 180

---

\* Die Zahlen verweisen auf die Paragraphen; mit A davor auf die Anmerkungen.

*capu(t)* 105. 110. 170b. 174. 180
*caro, carne* 165
*Carolus* A185. 176
*carus, carum* 147
*castellum* 81
*castra, castrorum* A170
*cauda* 119
*cavea* 45. 101
*cella* 52
*cellarium* 52
*centum* 71. 72. 102
*cinis, cinerem* 48. 71
*cista* 52
*civitas, civitatem* 47. 177
*clarus, clarum* 130
*claudere* 232. 237b
*clavis, clavem* A74. 105
*cognoscere* 163. 261c
*cohors, cohortem* 120
*collum/collus* A168
*color, colorem* 169. 170c. 178
*comes, comitem* 79. A88. 176
*commeatus, commeatum* 101. 147
\*companio 176
*conficere* 232
*constans* 188
*construere* A284
*consul* 57
*cor* 104. 126. A111. 142. 169
*cornu* 169. 170a. 170b. A165. A173
*corpus* 49. 120. 169. 170b. 174
*corrigia* 94. 140
*cras* 198d
*crassus* A61
*crescere* 238b
*crudelis* 188
*crux, cruce* 105. 140
*cubitus, cubitum* 107. A88. A89
*cui* 222
*currere* 237b. 238f

*debeo* A80. 140. 266a
*debebat* 163
*debere* 90. 255. 282
*debita* 46. 84. 93. 106. 118. 120

\**debutu* 90
*delere* 237a. 238
*de + mane* 198d
*descendere* 238f
*Deus, Deum* 137. 141. A174
*dies* 169
\**disieiunare* A278
*displicet* A46
*diurnus, diurnum* A48. 67
*dixi* 277b
*domus* A165
*donare* 273
*donas* 104
*donat* 104. 153
*donatis* 83
*donique* 198
*donum* 61
*dormire* 234. 237. 277. 284
*dormit* A109
*duos* 128
*dupplex* A120a
*durare* 122
*durus* 186. 198a

*ecce* 208
*eccu* 208
*ego* 226
*eius* 219. 220
*esse* 233. 254. A277
*Eva, Evanem* 179

*faba* 60
*facere* 232. 237b
*facies* 100. 169. 170a. 177
*facilis* 192
*factum* 191c
*falsus* 198a
*favilla* A273
*februarius* A52. 84
*femina* 79. 155
*ferus* 192
*festa (dies)* 81
*filia* 95
*foliolus* 44
*filius* A185

*finire* 236
*firmus, firmum* 191a
*flamma* A79. 155
*florere* A245
*florescere* 236. A245
*florire* 236. A245
*folium, folia* 138. 142. 170b. 177
\**formaticu* A109
*fortis* 188. A197
*fortiter, forte* 198
*fossa* A79
*fragrare* 54. 85. 143
*Francorum villa* A175
*frumentum* A109
*fugere* 234. 235b

*gallina* 72
*gaudium, gaudia* 94. 140. 170b. 177
*gelare* 87
*gente paganorum* A175
*gentilis, gentile* 71. 80. 110
*Georgius* 68
*grandescere* 236
*grandire* 236
*grandis* 188
*gratia* 157
*gravis* 188
*grossus, grossum* A61. 134
*gutta* 49. 93. A101. 120

*habeo* A80. 143. 266
*habere* 234. 237b. 238c. 251. 252. 253. 254. 255. 256. 257. 258. A264. 266. 267. 281
*hac hora* A175. 198d
*harena* 59
*hasta* A70
*heri* 49. 198d
*hic* 205. 206. A220. A222
*hodie* 94. 198d
*homo, hominem* 155. 176
*hora* 41. 59. 87. 128
*hortari* 239

*iam* 66

*idem* 205. A219
*illa* A79. 118. 120. 202. 203
*ille* 202. 203. 205. 206. 207. 209. 227
*ille ... qui* 203a. 205. 206
*illorum* 220. A234. 227d
*illos* 141. 202
*includere* 232
*insignire* 85
*insula* 81
*intrare* 105
*intras* 49
*intro* A261
*ipse* 205. A219
*irrita(vi)t* 276c
*is* 205. 206
*iste* 205. 207
*iunior* 192
*iunius, iunium* 159
*iurare* 66. A120

*lacrima* 165
*lancea* 70
*largus* 191
*latro, latronem* 176
*latus* 170b. A169
*laudabilis* 192
*lavare* 271
*laxare* 262b. c
*lectus* 138
*legalis* 190b
*legere* 91. 238b
*leo, leonem* A110
*levare* 49. 60. 90
*levis* 114
*liber* 114. 169. 175
*lingua* 61. 150
*linteolum* 150
*loca/loci* A170
*locare* 91. 122
*locus, locum* 137. 141
*longus, longum, longe* 105. 191a. 197
*loqui — locutus sum* 61
*luna* 153
*lunae dies* 150
*lustrum* 114

*magis* 192. 198c
*magnus/maior/maximus* 49. 192
*malum* 114. A137
*malus* 192. 198a
*manere* 64
*mansio, mansionem* 98. 143
*manus* 169. 178
*mappa* 93
*Martis die* 169. A175
*Martius* 69. 105. 120
*masculus, masculum* 81
*maxime* 192. 193
*me* 226
*mea* A50
*mei* 137
*mel* A111
*melior, melius* 192. A200. 196. 198
*mens, mentem* 199. 200
*mensa* 57
*mensis, mensem* 57. 58. 105. 117. 118. 127
*mentiri* 239
*merces, mercedem* 71. 146
*meus* 215
*mihi* 45
*minor/minimus* 192
*misi* 277b
*modus, modo* 199. A207
*molere* 48. 80. 121. 141
*mollescere* 236
*mollire* 236
*moneta* A117
*monicus* A154
*mons, \*montania* 156
*mortalis* 188. 190a
*mors, mortem* A109
*mulierem* 44. A123
*multum* 195. 198c
*muri* A120
*muros* 104
*murus, murum* 129. 169. 171. 174

*nasus* 174
*necessarius* 192
*nepos, nepotem* 90

*nomen* 105. 152
*nos* 226
*noster* 217
*novus, novum* 105
*nox, noctu* 138
*nullus, nullum* 120

*oblivisci* 238e
*oboedire* A110
*occidere* 238d
*offerre* 233. 249
*optimus* 192

*panis, panem* 152. 169. 170c. 174
*par, paria* 97. 130. 143
*palatium* 105
*paries, parietem* A52
*pars, partem* 78. 83. 120. 169. 170c. 178
*parvus/minor/minimus* 192
*pater, patrem* 130. 169. 175
*paupertas, paupertatem* 131
*pavor, pavorem* 90. A110
*peior, peius* 192, 196. 198
*pensare* A279
*per* 104. 195
*perdere* 63. 78. 102. 238f
*peregrinus* 54. A273
*perficere* 232
*pes, pedem* 117. 118. 125. 169. 170c. 174
*pessimus* 192. 196
*pictor, pinctor* 176
*pirum, pira* 170b. 177
*placere* 64. 92. 143. 146. 174
*placet* A46
*plangere* A284
*plena* 153
*plenus, plenum* 152
*plus* 192. 193. 196. 198c
*pluvia* A80
*poena* 115. 119
*populus, populum* 84. 114
*porta* 169. 177
*posse* 233. 282

# Wortregister 211

*potest* 126
*preco* A261
*prehendere* 45. 59. 238d. 280
\**prensu* 186a
*princeps, principem* 110
*privare* 122
*probavi* 276a
*propheta* 169. A183
*prudens* 188
*ptisana* A81
*pulvis* 169. 170c. 177
*punire* 236
*putida* 179

*quaerere* 237
*quaeris* 115. 119. 125
*qualis* 105. 188. 224
*quando* 49. 61. 74
*querel(l)a* 61. 74
*qui* 74. 221
*quid* 222
*quindecim* 61. 150
*quis* 221
*quomodo* 61. A207
*quomodo et* 61

*ratio, rationem* 99. 143
*regalis, regalem* 92. 140. 188
*regina* 92
*Remis* A175
*repatriare* 97
*res, rem* 58. 153
*respondere* 235a
*retineo* A44. 232
*ridere* 235a
*ripa* 89. 177. 118
*rota* A101
*rūbeūs, rubeum* 49. 101
*rumpere* 79. 102. 150. 238c. 238f
*rumpit* 94
*rupta (via)* 84. 93

*sal* 104
*sapere* 86. 235a. 266a. 271
*sciens/scienter* 198b

*scribere* 234. 237b. 280
*scripta* 62
*scriptum* 118. 120
*se* 316
*securus, securum* 86. 91
\**seior* A185. 196
*senior* 192. 196
*septem* 118. 120
*Sequana* 169
*serus/sero* 198a
*siccus, siccum* 191b
*simulare* 48. 150
*sol* 123
*solus* A101
*soror, sororem* 178
*spiritus* 62
*sponsa* 62. 87. A118
*stella* A101
*submonere* 203b
*sufferre* 233
*summa* 155
*sumus* 261b
*suus* 216. 219. 220

*tabula* 46. A120a
*talentum* A135
*talis* 188
*tardus, tarde* 197
*te* 226
*tectum* 140
*tempestas* 169. 177
*tenebrae* 44
*tenent* 153
*tener* 187
*tenere* 87. 232
*tepidus, tepidum* A88. 93
*terra* A79
*tertius* 138
*testimonium* 96. 102. 105. 156
*tisana* A81
*tonitrus* 44
*toti* 136
*tractare* 63. 85. 143. 147
*tractas* 63
*traditor* 176

trans 195
tristis 186b
tristities A166
tu 226
tuus 216

umquam 198d
unde 223
undecim A90
unus, unum 152
uti 238 e

vacca 72. 93
vacuus, vacua 45
vagina A69
valere 238a. 277. 284
valuit 238a. 277
vastare A69
valde A53. 198c
velle 233. 255
vendere 238f. 261. 262. 263. 264. 265—269
veni 136. 279b
veniens 188
venire A108. 234. 237b. 238c.

255. 263. 264. 265. 273. 279
venisti 136. 279c
*venutus 186a. 238c
verecandia 96
vespa A69
vesper 169. 175
vester 217
via A50. 117. 118. 127
vicinus, vicinum 92. 140
videre 88. A110. 280
vigilare 85
vilis 55
villa, villis 55
vinea 45. 64. 96
vinum 105. 152. 169. 170b. 174
virga 72
viridis, viridem 46. 105. 188. A197
virtus, virtutem 122
vita 86. 88
vivere A74. 237. 274
vivus 191b
vos 226

zelosus, zelosum A66. A118

## 2. Fränkisch
(vgl. auch § 25—28)

*bannjan 236
*haist 77
*skina 153
*wapsa A69
*hatjan 77. 260

*wardon 77. 260
*werra, westgerm. 25. 76
*wisa 76
*wosti A69

## 3. Französisch

advenir 41. 83
ai A80. 143
aignel 109
aigre 186b
aimable 186b
aime 153. 159

aimer 130. A121. 272
aïr 109
al 204
âme 155
amical A198
amie 87. 92

## Wortregister

*amour* A87. A118
*ample* 102
*an* A79
*ancessour* 176. A185
*ance(s)tre* 176
*andui* 351
*anel* 109
*angoisse* 98
*an(n)ée* 155
*ante, antain* 179
*appeler* A279
*aproch(i)er* 102. 147
*arbre* 175
*arc* 105
*argent* 71. 122. 150. 158
*as* 204
*au* 204. A215
*aucun* 343
*aujord'hui* 94. 198d
*autre* 344
*aux* 204
*avenant* 41. 83
*avoine* A154
*avoir* 252. 253. A255. 281
*avoit* 163b
*av(u)ec* A220

*baisier* 109
*baiss(i)er* 98. 109
*ballade* 157
*bannir* 236
*baron* 176
*bat(t)re* 235b
*beaucoup* 195
*beaus* A126. 144. 159. 190c
*beaux* A126. 144. 190c
*bellement* 49
*ber* 176
*bien* 198a
*boas* 163
*bœuf* 180b
*bois* 163
*bon* A137. 191c
*bonté* 47. 105. A107. 150. 158
*brief, bries* 188. 189

*brusque* 113
*buef* 180b
*buen* 152. 159
*buene* 153. 159
*bues* 180b

*cage* 101
*camarade* A68
*canevas* A68
*cantatrice* A68
*cantique* A68
*cap* A68
*carnaval* A189
*ce* A222. 212. 213
*ceci/cela* A222. 213. 330
*celui-ci, ceux-ci, etc.* 213
*cendre* 48. 49. 71
*cent* 71. 79
*chage (dial.)* 101
*chair* 165
*chaire* A93
*chaise* A93
*chalt* 46. 80. 143
*chambre* 48. 72
*champ* 105. 150. 158
*Chandeleur* 227d
*chanson* 69
*chant* 109. 174
*chanteur* 188. 189
*chanter* 150. 158. 261—269. 276. 283
*chanteur* 49. A87
*chanz* 104
*Charles, Charlon* A185. 176
*char(n)* 165
*chascun* 345
*chastel* 81
*chat* 151
*château* 81
*chaud(e)* 46. 80. 143. 159. 162
*chef* 105. 110. 180a
*chef d'œuvre* A86
*cheval, chevaux* 148. 180c
*chevalier* 130
*chevels, cheveux* 180a

chief 105. 110. 174. 180a
chier 147
ciel, cieux A115. 159. 180d
cil, cel, cele(s), celui, etc. 209
cinq 103
cire 109
cist, cest, ceste, cez, etc. 210
cité(t) 47. 177
clair 130
clé, clef 105
cler 130
cles A74
ço A222
code 107
cœur 104. 126. A115. A119. 142
colour 178
com(m)e 61. 74. A207
compagnon 176
comte 79. A88
confire 232
cong(i)é(t) 101. 147
connaître, conoistre 164. 261c
constant 188. 189. 201
construire A284
conte 79. A88. 176
copain 176
cor A173
corne A173
corps 49. 120. 158. 174
correie 140
cort 120. 158. A145
coude 107. A89
couper 159
courir 238f. A248
courroie 94. 140
court 120. 121. 158. A145
coute 107. A89
cras (dial.) A61
croistre 163
croix 105. 140
croiz 105. 140. 159
cruel 188
crut 238b
cuens 176

cuer 104. 126. 159
cui 222

dei A81. 140. 266a
déjà 66
déjeuner A278
del 204
demain 198d
des 204
det(t)e 46. 84. 93. 106. A115. 118. 120. 158
deus 129
deüt 90
deux 128
deveir, devoir 90. 282
devait, deveit, devoit 163
Dieu 137. 141
dimarz A175
dire A87
dis 277b
di(s)ner A278
doi(s) A80. 140
don(n)e 104. 153. 158
don(n)er 273
don(n)es 104
don(n)ez 83
donc 198
donques 198
dont 223
dorénavant 198
d'ores et déjà 198
dormir A109. 277. 284
dorrai 273
dous 129. 159
du 204
dû 90
dur 186
durer 122. 158

el 204
el(l)e A79. A115. 118. 120. 227. 228. 229
els 141. 227
embellir 236
en A215

## Wortregister

*enclore* 232
*enl* 204
*enorter* 239
*enseigner* 85
*entre* A268
*entrer* 105
*entres* 49
*es* 204
*escharpe* 165
*eschine* 72. 153. 158
*escientre* (men) 198b
*e(s)crire* A87. 280
*e(s)crit* 62. 118. 120. 158
*e(s)pouse* 87. A118
*esprit* 62
*e(s)pus* 62
*estre, être* 233
*eus* 141. 159. 227
*eüt* 238c
*eux* 141. 227
*Eve, Evain* 179

*face* 100. 177
*fait* 191c
*fame* 79. 155
*fatal* A198
*fe* 163
*fem(m)e* 79. 155
*ferme* 191a
*feste* 81
*festival* A189
*fête* 81
*feuillage* 170b
*feuille* 138. 142. 170b. A173. 177
*feutre* 159
*fève* 60
*fevrier* 84
*file* 109
*fille* 95. 109
*filleul* 44
*fils* A185
*finir* 236
*flair(i)er* 54. 85. 143
*flam(m)e* A79, 155
*foi* 163

*foiier* 159
*forme* A145
*fort* 188. 189. 198
*fortment* 201
*fosse* A79
*fourme* A145
*français: François* 163
*Francourville* A175
*froment* A109
*fro(u)mage* A109
*fueille* 138. 142. 170b. A173. 177
*fuir* 235b

*gaine* A69
*gard'* 262a
*garder* 76
*gâter* A69
*geler* 87
*geline* 72
*gent* 109
*gentil* 71. 110
*gentils* 80
*gentis* 80
*Georges* 68
*gié* 226
*gote* → *goutte*
*gout(t)e* 49. 93. 120. 121. 158. A145
*grace* 157
*grand, grant* 188. 189
*grand-mère* 189
*Gran(d)ville* 189
*granment* 201
*gras* A61
*grief, gries* 188. 189
*guaine* A69
*guarder* 76
*guaster* A69
*guêpe* A69
*guerre* 76
*guise* 76

*haïr* 77. A70. 109
*halçour* 196
*haste* 77. A70
*hâte* 77. A70

*hautbois* 163
*heure* 41. 59. 87. 128. 162
*hier* 49. 198d
*hom(m)e* 155. 176
*hore* 41. A118
*houre* 41. 128. 159
*hui* 94. 159. A152. 198d
*hure* 41. A118

*ier* 49
*-ier* 130
*ier, iers* ... A277
*il* 227. 229. A244
*île* 81
*isle* 81

*ja* 66
*jaloux* A66. A118
*jamais* 66. 198d
*jo, je* 226
*jurer* 66. A116
*joie* 94. 140. 159. 177
*jorn* 67
*jour* 67
*juin* 159. 162
*jurer* A120

*la* 203. 227. 229
*lairme* 165
*laiss(i)er* 262b. c
*lance* 70
*langue* 61. 150
*large* 191
*larme* 165
*larron* 176
*le* 203. 227
*legier* A142
*leial* 190b
*lendemain* 198d
*lengue* 150
*lequel* 224
*lerme* 165
*lerre* 176
*les* 203. 227
*leur* 220. 227

*leüt* 91
*lever* 49. 60. 90. 272
*li* 203. 227. 228
*lieu* 137. 141. 159
*lieve* 159
*lincuel, linceul* 150. 158
*lion* A110
*lit* 138
*livre* 175
*lo* 203. 227
*loer* 91. 158. A145
*loin* 198a
*lonc, long* 105. 191a
*lor* 227
*louer* 91. 122. 158. A145
*lour* 220. 227
*loyal* 190b
*lu* 91
*lui* 227. 228. 229
*luisir* 159
*lundi* 150. 158
*lune* 153. 158
*lut* 238b

*ma* 215
*main* 178
*maint* 346
*maire* 49
*mais* 198d
*maison* 98. 143. 159
*mal* A137. 198a
*mâle* 81
*manoir* 64
*mars* 69. 105. 120
*mar(s)di* 169. A175
*marz* 69. 105. 120
*mei, moi* 226
*meie* A50. 215
*meillour, meilleur* 196
*meis* 118. 127. 159
*meïsme* A219. 348
*mel* A137
*même* A219
*mentir* 239
*merci(t)* 71. 146

*mes* 215
*mi* 137
*miel* A111
*mielz, mieux* A200. 196. 198
*mien* 215
*mil(l)e* 355
*mis* 277b
*moil(l)er* 44
*moine* A154
*mois* 57. 105. 127
*moldre* 48. 141
*molre, pik.* 48
*molt* 195. 198c
*mon* 215
*moneie* A117
*monnaie* A117
*monta(i)gne* 156
*Montaigne* 156
*mortel* 188. 189. 190a
*moudre* 48. 49. 80. 121. 141. 159. 162
*mou(l)t* 195. 198c
*moustache* 113
*muil(l)er* 44
*mur(s)* 104. 129. 174

*nap(p)e* 93
*naval* A198
*ne* 352
*nenil* A301
*nes* 174
*neveu* 90
*nevout* 90
*nom* 105. 152
*non* 351
*nostre* 217
*noz, nos* 217
*nous, nos* 103. 226. A242
*nuit* 138. 159. A152
*nul* 120. 158. A302

*oan* A220
*obeïr* A110
*ocis* 238d
*œuf* A119
*offrande* 249

*offrir* 233
*oïl* A220
*on* 176. 347
*on* 204
*onc, onque(s)* 198d
*onze* A90
*or* 131
*or(e)(s)* A175. 198d
*oreille* 119
*orfèvre* A175
*organe* A148
*oser* 238c
*ou* 204
*oublier* 238e
*oui* A220
*oure* 41. 159

*paienour* A175
*pain* 152. 159. 162. 174
*paire* 97. 130. 143. 159. 162
*palais* 105. 159
*paour* 90. A110
*par* 104. 195
*parfaire* 232
*paroi* A52
*part* 78. 120. 158. 178
*pedre* 83. 130. 175
*peine* 119
*peintre, peintour* 176
*pèlerin* 54. A273
*perdre* 78. 102. 238f
*père* 83. 130. 175
*peser* A279
*pesmes* 196
*peuple* 84
*peur* 90. A110
*peut* 126. A115. 128. 162
*pied, piet* A115. 118. 174
*pire/pis* A201. 196. 198
*plaindre* A284
*plaisir* 64. 92. 143. 146. 174
*plein(e)* 152. 153. 159. 162
*pluie* A80
*plus* 193. 194. 198c
*poeir* 233

*poire* 170b. 177
*poise* A279
*poldre, poudre* 177
*pouvoir* 282
*povretét* 131. 158
*prendre* 45. 59. 280
*pri* A268
*prince* 110
*pris* 186a
*priver* 122. 158
*prudent* 188. 189. 201
*pueble* 84. 159
*puet* 126. 128. 162
*punir* 236
*pute, putain* 179

*quand, quant* 49. 61. 74
*que* 222
*quei, quoi* 222
*quel* 105. 188. 224
*quel que* 349
*querel(l)e* 61. 74
*queue* 119
*qui* 74. 222
*quiers* 119. 125
*quinze* 61. 150. 158

*raison* 99. 143
*reial* 140. 159. 188
*Reims* A175
*reine* 92
*repairier* 97
*re(s)pondre* 235a
*retenir* 232
*rien* 58. 152
*rire* A87. 235a
*rive* 89. 118. 158
*roge* 102
*roial* 92
*rompiet* 238f
*rompre* 79. 102. 150. 158
*rompt* 102
*romput* 238c
*ront* 94
*rot* 238c

*rote* 84. 93
*rouge* 49. 101
*route* 84. 93
*royal* 140. 188
*ruine* 159

*sa* 216
*sai(s)* 266a
*sanler, pik.* 48
*sauver* 159
*saveiet* 263b
*saveir* 86
*saveir, savoir* 235a. 271. 272
*sec, seche* 191b
*serai* A277
*ses* 216
*seignour* 196
*Seine* 169
*sel* 104
*sembler* 48. 150. 158
*semondre* 203b
*sendra* 196
*senestre* 163
*serour* 179
*set* 118. 120. 158
*seür* 86. 91
*si* 216
*sien* 216
*sieur* 176. 196
*sire* 109. 176. A185. 196
*six* 103
*sœur* A119
*soi* 316
*soleil* 123
*som(m)e* 155
*som(m)es* 261b
*son* 216
*sons* 261b
*soue* 216
*souffrir* 233
*souleil* 123
*spuse* 62
*structure* 113
*suen* 216
*suer* 179

*ta* 216
*table* 46. A120a
*talent* A135
*tante* 179
*tard* 198a
*taule* (dial.) A120a
*te* 226
*tei, toi* 226
*teit* 140
*tel* 188
*temoigner* 156
*tempeste* 177
*tendre* 187
*tenèbres* 44
*tenir* 87. A87
*terre* A79
*tes* 216
*te(s)moin* 96. 102. 105. 156. 159. 162
*ti* 216
*tiède* 93. A88
*tien* 216
*tien(n)ent* 153. 159
*tierce* 138. 159
*tisane* A81. A148
*tôle* A120a
*ton* 216
*tonerre* 44
*toue* 216
*tout* 103. 350
*traites* 63
*très* 195
*trait(i)er* 63. 85. 143. 147
*traitre, traitour* 176
*triste* 186b
*trop* 103
*tu* 226
*tuen* 216
*tuit* 136

*u* 204
*uem* 176
*un* 152
*uns, unes* 295
*user* 238e

*vache* 72. 93
*valoir* 277. 284
*valut* 238a. 277
*vedeir* 88
*veie* A50. 118. 127. 159
*veiller* 85
*venant* 188. 189
*vendre* 261. 262—69
*venir* A108. 273. 279
*venis* 136
*venu(z)* 186a. 238c
*veoir* 88. A110. 280
*verge* 72
*verrai* 273
*vert* 46. 105. 188. 189
*vertut* 122. 158
*vespre* 175
*vidhe, vithe* 86. 88
*vie* 86. 88
*vif, vive* 191b
*vigne* 64. 96
*vin(s)* 105. 152. 174
*vin(s)* (Verb) 136
*vivre* A74. 274
*voie* 127
*voir* 88. A110. 280
*voisin* 92. 140
*voleir* 233
*vostre* 217
*vous, vos* 226. A242
*voz, vos* 217